21世紀の
生協の共済に
求められるもの

公益財団法人 生協総合研究所
生協共済研究会・編著

はじめに

　本書は、『生協の共済　今、問われていること』（2008年、コープ出版）の続編であり、生協共済研究会（Ⅳ－Ⅴ期）の報告書である。

　2006年4月生協共済研究会が発足して以降、一部参加者が交代したものの、前書の著者の多くが本書を執筆している。研究会を重ねていくことで、参加者の生協共済の現状や直面する課題について理解が進んだからであろうか、それぞれの研究領域の観点から、新たな論点の提示や示唆に富む考察が多くみられるように思われる。可能であれば、前書と読み比べていただければ幸いである。

　本書のテーマである、「21世紀の生協の共済に求められているもの」について、各参加者の論点または課題は、おおむね次ページのように整理できるだろう。もちろん、これらは広範囲におよぶ生協共済の課題、要請または期待の一部を表すにすぎない。

　また、参考編においても、生協共済への重要な問題提起がみられる。ファイナンシャルプランナーとして豊富な経験をもつ内藤真弓氏による、「共済が人々の暮らしにおける楔のような役割を果たせないものか」という提言は、生協共済の本質的な課題として受け止める必要がある。全労済経営企画部が翻訳された「国際協同組合保険連合（ICMIF）によるサステナビリティ・レポートの概要」は、諸外国での取組みが簡潔に紹介されており、サステナビリティの視点から共済制度や業務のさらなる改善が求められる日本の生協共済にとって、大変興味深く、参考になる。さらに、鈴木岳氏による「共済（生協共済）に関連する文献レビュー」は、生協共済（研究）の動向を知るうえで有用であり、課題や問題意識が的確に抽出されている。

21世紀の"生協共済"の制度とガバナンス	第1部	
・生協共済の特徴をふまえた連合会ガバナンスの構築と実効性の向上	第1章	岡田論文
・消費者や利用者のためのADR（裁判外紛争解決制度）の導入	第2章	甘利論文
・緩やかな危険選択という共済契約の独自性の維持	第3章	千々松論文
・協同組合の外部資本導入の問題点	第4章	福田論文
21世紀の"生協共済"の事業課題	第2部	
・マイクロクレジットへの積極的関与など生協共済らしい独自の資産運用	第1章	江澤論文
・社会的責任活動を通じた「共済らしさ」を強みとする差別化軸の明確化	第2章	恩藏論文
・優位性と独自性を発揮するための共済サービスの付加価値の向上	第3章	宮地論文
・アルペン型保険に属する生協共済の高齢社会における戦略の選択	第4章	梅田論文
・生協共済に対する組合員の相互扶助意識の実態と特徴	第5章	山崎論文

　卒爾ながら，発生から2か月が経過しても復興の道筋さえ描けていない未曾有の大震災に被災された生協共済関係者の皆様に心よりお見舞いと哀悼の意を表したい。同時に，被災地での支援をはじめさまざまな活動を行われている生協共済関係者の皆様にも深く敬意を表したい。本書の出版にあわせて開催を予定していた公開研究会も今秋に延期された。そこで，公開研究会は当初の計画を一部変更し，東日本大震災の経験をふまえて，共済関係者の方々と共済の原点に立ちかえり，「21世紀の生協の共済に求められているもの」について議論し，思いや課題を共有したいと考えている。

　人々の生活や文化を破壊した東日本大震災に対して，住宅災害を補助する被災者生活再建支援制度の支援が役立っている。これは，1995

年阪神・淡路大震災を教訓に，兵庫県，連合，日本生協連，全労済グループが中心となって取組み，2500万人の署名を集めて，1998年に成立した被災者生活再建支援法により創設されたものである。その後少しずつ改善が重ねられ，救済範囲が拡大している。まさに国民的運動の成果といえるだろう。

　IT社会が進み，ホームページなどを通じて，東日本大震災に対する各共済の対応や物心両面からの支援をうかがうことができる。なかには，「コープ共済ご契約者訪問活動日記」（コープ共済連）というブログがあり，（被災した）組合員，職員の率直な思いが伝わってくる。

　「21世紀の生協の共済に求められているもの」を明らかにするためには，将来を展望した生協共済の未来図を描く必要がある。確かに，現代的で洗練された共済事業の経営も重要であるが，人と人との助け合いと共済事業を分離させないことが大切である。なぜなら，日々の暮らしの助け合いを基礎に共済事業が成立しているからである。それは共済事業が始まって以来変わるものではないが，つながりや絆が求められている21世紀の社会においてこそ最も本質的な課題であり，使命なのではないだろうか。

　最後に，阪神・淡路大震災後の1995年10月に行われた増田大成コープこうべ副組合長理事の講演の一節を紹介したい。

　「コープこうべのやったことのなかで一番素晴らしかったことは，本部からの指示一つないままでも職員が動いたということです。その働きを支えていたものは何だったのか。それこそまさに『組合員のために』という，この一言なんです。組合員のため，いや被災して困っている地域の人たちのために今，私たちがやらなければならないことは何なのか，何ができるのか。このことだけを考えてコープこうべはあの数日間，動いていたのです。私たちコープこうべの職員が，いつの間にか知らず知らずのうちにそういうものを身につけてきた。生協の職員としての使命感が血肉となり，組織の文化となっていったのです。これからのコープこうべの大きな発展，あるいは二十一世紀に向けて

の最も大きなポイントだと思っています。」(『協同の心　明日への力――コープこうべの創造的復興――』より)

　2012年国連の定める国際協同組合年のスローガンは,「協同組合がよりよい社会を築きます」(Co-operative enterprises build a better world.) である。生協共済事業が他の協同組合と協力し合い,組合員の保障を軸に,社会づくりに貢献することが期待されている。そのためにも,組合員と職員の思いが共鳴し,小さな力が結集して大きな力を生み出すという協同組合の根本を再確認すべきだろう。

　巻末に掲載されている研究会参加者をはじめ,多くの関係者のご協力と支援がなければ,研究会の成果として,本書を出版することはできませんでした。なかでも,生協総研事務局とコープ出版には,論文執筆が当初の計画どおり進まないなかで,辛抱強く対応していただきました。深く感謝とお礼を申し上げます。

　2011年5月

　　　　　　　　　　　　　　　　　生協共済研究会　岡田　太

　生協共済研究会

　共済における生協らしさをテーマとした研究を深めていくため,全労済,全労済協会,コープ共済連,大学生協連が委託研究費を出し合い公益財団法人生協総合研究所を事務局に,2006年4月から研究者をあつめ開始された研究会。http://www.ccij.jp

21世紀の生協の共済に求められるもの　もくじ

もくじ

はじめに ……………………………………………………………… 3

第1部　21世紀の"生協共済"制度とガバナンス

連合会のガバナンス　◎岡田　太 ……………………………19
　はじめに ─────────────────────20
　1　生協と連合会の所有構造 ──────────────21
　　（1）生協の所有構造
　　（2）連合会の所有構造
　2　共済連の所有構造と分析 ──────────────26
　　（1）共済連の所有構造
　　（2）共済連の所有構造の特徴
　　（3）保険会社との比較
　　　①効率性
　　　②健全性
　　　③関係性
　　　④ガバナンス
　　　⑤リスク負担
　3　共済連のガバナンス ───────────────36
　　（1）ガバナンスの構造
　　（2）補完組織の重要性
　おわりに ────────────────────39

生協共済とADR　◎甘利公人 ……………………………51
　1　はじめに ───────────────────52
　　（1）金融ADRの意義

（2）生協法の場合
2　**金融ADRの概要** ――――――――――53
　　（1）紛争解決機関の指定・監督
　　（2）保険会社の義務
　　（3）金融ADRの利用
　　（4）金融ADRにおける苦情処理・紛争解決手続
　　（5）紛争の解決
　　（6）他のADRとの関係
3　**日本共済協会の紛争解決機関** ――――――57
　　（1）取り扱う紛争の範囲
　　（2）審査委員会の設置
　　（3）委員会の義務・業務,審議会等の権限,委員会委員の独立性の確保
　　（4）裁定の方法
　　（5）審査委員会の構成
　　（6）裁定申立のための提出書類
　　（7）裁定申立の受理
　　（8）裁定申立の不受理
　　（9）相手方の手続応諾義務
　　（10）裁定書の作成,団体による裁定結果の尊重
　　（11）和解案の提示・受諾勧告・和解契約書の提出
　　（12）裁定申立の取下げ
　　（13）裁定の打ち切り
　　（14）裁定手続の終了
4　**日本共済協会における現状** ――――――63
　　（1）相談・苦情の状況
　　（2）紛争解決支援
5　**ADRにおける問題点** ――――――――69
　　（1）裁定等の判断基準

（2）裁定の受諾義務
　　（3）裁定申立のための要件
 6 　おわりに ─────────────────── 73

保険法における危険選択
〜保険法改正の実務への影響〜　◎千々松愛子 ……… 77

はじめに ───────────────────── 78
 1 　**保険契約・共済契約における危険選択の意義** ─── 79
　　（1）沿革
　　（2）意義
　　（3）現在の危険選択手段
　　　①危険選択の各段階
　　　②医（学）的危険選択手段
　　（4）民間保険会社と共済の危険選択手段の相違
 2 　**保険法改正と危険選択** ──────────── 81
　　（1）告知義務
　　　①概要
　　　②主な改正点
　　（2）契約前発病不担保条項
 3 　**医療技術の進歩が危険選択に与える影響** ───── 86
　　（1）疾病と非疾病，治療と予防の境界
　　（2）遺伝子情報
　　　①危険選択手段としての遺伝子情報の利用
　　　②諸外国の状況
　　　③我が国における遺伝子情報の取扱い
結びにかえて ──────────────────── 93

協同組合と外部資本導入——協同組合原則と
アメリカ法の状況を中心に—— ◎福田弥夫 ……………………99
1　はじめに ————————————————————————100
2　アメリカにおける外部資本導入に関する協同組合法 ————101
　　1）ミネソタ州法308B（協同組合法）の概要
　　2）ミネソタ州法308Bの定義規定
　　3）組合員の投票権に関する規定
　　4）パトロンメンバーの利用高に応じた付加的な投票権
　　5）組合員資格の利益
3　ミネソタ州308B協同組合法の基本定款の実例 —————109
4　CROPPの資金調達 ————————————————————110
5　協同組合の外部資本の導入の問題点——結びにかえて ———112

第2部　21世紀の"生協共済"事業課題

大規模生協共済の「資産運用」とその課題　◎江澤雅彦 ………119
Ⅰ　はじめに ———————————————————————120
Ⅱ　伝統的見解における共済事業による「資産運用」——————121
　　（1）笠原長寿教授の所説
　　（2）賀川豊彦氏の所説
Ⅲ　生協共済3団体における資産運用の現状 ——————————124
　　（1）コープ共済連
　　（2）全労済
　　（3）全国生活協同組合連合会
Ⅳ　生協共済資金の新たな運用－マイクロクレジットの可能性 —131
　　（1）生命保険会社の4つの機能
　　（2）提案－消費者信用生活協同組合への資金提供

	V むすびにかえて ──────────── 138

生協共済らしさと社会的責任活動　◎恩藏三穂 ……… 143
1	はじめに ──────────────── 144
2	生協共済の現状と問題点 ──────────── 145

　　（1）生協共済の低迷
　　（2）共済と保険との同質化問題
3	我が国における社会的責任の動向および重要性 ──── 148

　　（1）社会的責任の重要性
　　（2）社会的責任の有効性
4	生協共済における組合員の意識 ──────── 151

　　（1）全労済の事例
　　（2）CO・OP共済の事例
5	生協共済における社会的責任活動 ─────── 155

　　（1）共済視点のベクトル設定
　　（2）組合員とのコミュニケーション重視
　　（3）コンタクト・ポイントの活用
6	結びにかえて ──────────────── 163

生協共済における優位性と独自性
―共済サービスの付加価値―　◎宮地朋果 ……… 169
Ⅰ	はじめに ──────────────── 170
Ⅱ	生協共済のサービス提供における現状と課題 ──── 170

　　1．サービスの特性
　　2．サービスにおける取引の特性と生協共済への示唆
　　3．共済サービスと消費者問題
　　4．生協共済のサービス・エンカウンター
Ⅲ	生協共済における顧客分類と顧客満足 ─────── 178

1．生協共済における顧客分類
　　2．生協共済のサービス・ロイヤリティ
　　3．生協共済の顧客満足度調査結果と解釈
Ⅳ　おわりに ───────────────────── 185

生協共済の経営に関する理論的考察と
商品を中心とした経営戦略　◎梅田篤史 ────── 191
1　はじめに
　　──チャンドラーの命題と経営理念・経営戦略・経営組織 ── 192
2　生協共済における経営理念・経営戦略・経営組織 ────── 193
　　（1）生協共済の経営理念
　　（2）生協共済（組合組織）の経営組織
　　（3）経営戦略と生協共済の理念・組織・戦略の関係
3　経営戦略と経営環境──高齢社会の現状 ────────── 199
4　生協共済の商品を中心とした経営戦略への期待と展望 ──── 205
　　（1）課題となること
　　（2）期待されること
5　むすびにかえて
　　──21世紀の"生協の共済"の「展望・課題」─────── 209

共済に対する「相互扶助」意識に関する検証──エフコープ組合員に対する調査に基づいて──　◎山崎博司 ──────── 215
はじめに ──── 216
1　CO・OP共済の認知状況，加入状況，および印象 ────── 217
2　年齢や家族構成等と「組合員同士の助け合い」との関係 ─── 220
3　年収や就業状況等と「組合員同士の助け合い」との関係 ─── 225
4　生協とかかわりと「組合員同士の助け合い」の評価 ───── 231
終わりに ──────────────────────── 234

第3部　参考編

「FPから見た生協の共済」〜暮らしを支える草の根の連帯を結び直す〜　◎内藤眞弓 ……………241
- Ⅰ　はじめに ────────────────242
- Ⅱ　民間生命保険会社の販売手法の問題点 ─────243
  - 1　不安を喚起するセールス手法
  - 2　契約であることの認識が薄い
- Ⅲ　民間保険会社の「多様なニーズにこたえる」複雑な商品 ───247
  - 1　アンケートやデータで誘導
  - 2　情に訴えやすく売り易い商品の開発
- Ⅳ　意識しないままに「公共」をおとしめる手法 ──────250
- Ⅴ　暮らしにおいて「保険・共済に入る」ことの意味 ─────252
- Ⅵ　協同組合が保障を売ることの意義 ─────────253
  - 1　シンプルな商品ほど多様なニーズに応える
  - 2　保険・共済の「実体」と「限界」を伝える
  - 3　「請求」を予定しない保険・共済はない
  - 4　愚直に組合員の暮らしに寄り添う
  - 5　公的医療保険と民間医療保険の違い
  - 6　「暮らしとお金」のライフサイクル
- Ⅶ　おわりに ────────────────263

ICMIFによるサステナビリティ・レポートの概要 …………267
- Ⅰ　はじめに ────────────────268
  - 1．背景
  - 2．レポートの構成
- Ⅱ　レポートの内容 ──────────────271

1. サステナビリティの定義
2. サステナビリティのガバナンス
3. サステナビリティ政策
4. 利害関係者の関与
5. 事業活動における実践
6. 保険制度およびサービスにおける実践
7. 人的資源

共済(生協共済)に関する文献レビュー　◎鈴木　岳 ⋯⋯⋯ 293
はじめに ─────────────────────294
1　第1期　共済論の古典的文献 ──────────295
2　第2期　1980年代に入った生協共済論 ──────301
3　第3期　保険業法の改正(1996年)と共済論 ────308
4　第4期　無認可共済問題に伴う保険業法の一部改正(2006年)と生協法の改正(2008年)をむかえて ──310
5　若干のまとめ ─────────────────314

資料 ─────────────────────────325
日本の共済事業の概要 ────────────────327
全労済の事業概要 ─────────────────331
全労済協会の事業概要 ────────────────339
コープ共済連の事業概要 ───────────────343
大学生協共済連の事業概要 ──────────────353
全国生協連の事業概要 ────────────────359

〈付〉 ────────────────────────325
生協共済研究会の構成 ────────────────368
生協共済研究会活動日誌 ───────────────370

第1部

21世紀の"生協共済"制度とガバナンス

連合会のガバナンス

◎日本大学商学部准教授
岡田 太

はじめに

　生協共済事業を実施する主要な協同組合は，会員生協の連合会組織の形態をとる。保険会社（株式会社，相互会社）との組織形態の違いは，企業の所有構造の違いを意味する。所有者は，目的物を全面的または一般に支配する権利が与えられ，その所有物を自由に使用，収益，処分することができる。経済学の視点からみると，残余コントロール権の帰属と残余利益の配分が所有の大きな要素である。残余コントロール権とは，事前の契約，慣習または法律に違反しない限り，資産の使用について自由に決定できる権利をさす。残余利益とは，総収入からすべての支払い義務を差し引いた後に残る利益をさす。Hart and Moore（1998）によれば，保険市場が完全市場であると仮定した場合，投資家が所有する株式会社が最も効率的な組織であることが示される。それでは，今日の共済事業の成長をどのように理解すればよいのだろうか。規制緩和が進み，競争が促進されているにもかかわらず，なお保険市場は不完全であり，市場の失敗があるのかもしれない。見方を変えれば，現実の市場経済における共済の存在の大きさを表しているといえるだろう。

　組合員が出資，利用，運営する三位一体の原則は，これまで協同組合の特質として説明されているが，経済的な意義についての考察は必ずしも十分でないようである。組合員が所有することの長所と短所は，どのようなものだろうか。開かれた組織である協同組合のなかでも，消費者が所有者である生協は一般に，消費者の支持が生協の規模に反映されるため，市場競争の影響が最も大きい。本稿では，全労済，全国生協連およびコープ共済連について，所有構造の観点から，保険会社との相違を明らかにしたい。

　共済事業の所有構造は，ガバナンスにも大きな影響を及ぼす。一方，生協事業の規模が拡大するにつれて，高度な経営能力とガバナンスの

強化，充実が要請されるようになり，その結果，生協法の改正を受けて株式会社型のガバナンスが導入されている。もっとも，生協共済に関する研究のなかで，共済生協連合会（共済連）のガバナンスに関するものはほとんどない。連合会は高次の協同組合であるため，制度上の所有者は組合員（契約者）ではなく，会員生協であり，それをふまえて検討する必要がある。しかしながら，連合会も本来組合員の組織であるため，組合員主権の確保が重要である。ガバナンスの実効性を高めるために，地域または職域の会員生協の主体的な役割の発揮および連合会と会員生協の良好な関係の強化が必要である。本稿は，予備的な整理にすぎないが，共済事業の経営者のコントロールについて，その特徴と民主的管理の視点からの課題を明らかにしたい。

　本稿の構成は，第1に，所有構造からみる生協と連合会の特徴，第2に，共済連の所有構造と事業へ与える影響，第3に，共済連のガバナンスの特徴と課題である。

1　生協と連合会の所有構造

(1) 生協の所有構造

　生協は，組合員の生活を守り，くらしを豊かにするために事業を営む主体である。その特徴として，組合員が出資を行い，事業を利用し，運営に参加する。生協法は原則，員外利用を禁止しており，消費者が生協の事業を利用するためには，出資金を支払い，生協に加入して組合員になる必要がある。すなわち，組合員は出資を通じて生協の所有者になる。組合員が所有する対象は，商品や店舗など生協の個別の資産ではなく，総体としての生協（法人）である。それでは，組合員が生協を所有するとは，どのような意義があるのだろうか。以下，協同組合原則と生協法を参照に，株式会社との相違を考慮して，生協の所有構造の特徴を明らかにしたい。

一般に，企業は所有者の利益を追求すべきである。この点においては，生協も株式会社も変わらないが，利益の性格が異なる。株式会社の場合，株主（投資家）の利益は金銭的な利益を指すのに対して，生協の場合，組合員（消費者）の主な利益は食の安全・安心を基軸とする，くらしの多様なニーズである[1]。他方，所有者は利益を獲得するために，企業とその活動をコントロールすべきであるが，生協と株式会社とではその仕組みやコストが大きく異なる[2]。

　協同組合のコントロールは，「組合員による民主的管理」（democratic member control）に象徴される。これは1995年協同組合原則の第2原則[3]として知られ，組合員主権を表す。企業の最高意思決定機関で行使する議決権の配分に関して，株式会社の場合，株主が所有する株式数に応じて議決権が配分される。端的にいえば，議決権の50％超を保有する株主が会社を支配（control）する。他方，協同組合の議決権は，出資金額または出資口数の多少に関係なく，組合員に平等に与えられる（1人1票または議決権平等の原則）[4][5]。それゆえ，協同組合において，株式会社のような保有株式数または富による支配は生じない[6]。

　しかしながら，組合員による民主的管理が適切に機能しないとき，協同組合らしさが失われ，組合員自治の形骸化または「経営者支配」[7]（management control）が生じる可能性がある。バーリー（Adolf A. Berle）・ミーンズ（Gardiner C. Means）は，企業の大規模化に伴い，株式所有権が広く分散され，会社を支配する個人や小集団が存在しないとき，事実上経営者が会社を支配すると指摘した。「所有と（有効な）支配の分離」が最も進んだ状態である。協同組合も規模が拡大するにつれて，所有権が組合員に広く分散され，しかも議決権が等しく配分されるため，個々の議決権の効果は小さい。組合員が運営に参加せず，もしくはコントロールのコストを負担することなく，利益だけを享受するフリーライダーの問題が起こりうる。

　生協法第47条によれば，500人以上の組合員を有する組合は，定款

により，総会に代わる総代会を設けることができる。実際，総代会制をとる生協がほとんどであろう。組合員の投票で選ばれた組合員の代表すなわち総代[8]にのみ議決権が与えられ，代議制民主主義とよばれる。このため，大多数の組合員の議決権は失われるが，総代会制度はコントロールのコストを軽減し，経営者支配[9]を防ぐ効果が期待される。そして，組合員の運営参加または関与は，コントロールを補完する重要な役割を果たしている。

　また，総収入からすべての利害関係者に対する支払義務を差し引いた後の収益すなわち事業を通じて得られた残余利益は，所有者に帰属すべきである。この点において株式会社も生協も同様であるが，投資家と消費者という所有者の属性または所有目的の違いが利益分配の仕組みに表れている。株式会社の場合，出資または投資に応じて株主に利益が分配されるのに対して，生協の場合，おもに事業の利用に応じて組合員に利益が分配される[10]。ただし，剰余を最大化し，分配することが事業の目的ではなく，生協の非営利性が認められる[11]。

　協同組合原則の第3原則である「組合員の経済的参加」によれば，出資に対する補償として組合員へ利子が支払われることがあるが，その場合利率は制限される（出資利子制限の原則）。すなわち，利子の支払いは協同組合の本質的要件ではない。そして支払い後剰余があれば，剰余金は準備金の積み立て（一部分割不可能なものを含む），協同組合の利用高に基づく組合員への還元（利用高割戻し）[12]，他の活動の支援のいずれかまたはすべてに使用される。

　利益の留保または内部留保は，株式会社と比べて資金調達が制約される協同組合においてとりわけ重要な役割を果たす。内部留保は組合員への利益分配を制限するものであるが，その一部は組合員へ分配されない，分割不可能な準備金（不分割積立金）として，協同組合の存続，発展のために使用される。そして，協同組合が解散または清算した場合でも，分割不可能な純財産は組合員に分配されず，社会目的または他の協同組合のために使用される。このように，組合員に対する

利益分配の制限は協同組合の大きな特徴といえるが、その根拠として、協同組合の所有は共同所有（common ownership）の要素を含んでいるからと考えられる。

　生協法第51条によれば、組合は出資総額の2分の1以上の額に達するまで、毎事業年度の剰余金の10分の1以上を準備金として積み立てなければならず、損失の填補に充てる場合を除いてこれを取り崩してはならないと定めている。また、毎事業年度の剰余金の20分の1以上を教育事業等繰越金として翌事業年度に繰り越さなければならない。また、生協法第2条および第52条によれば、剰余金を組合員に割り戻す場合、主として組合員の事業の利用分量により行われるとし、払込済出資額に応じて行われる場合は年1割以内に制限されている[13]。生協法第21条によれば、脱退した場合、払込済出資額の全部または一部の払戻しが認められている。残余財産の分配については生協法の規定はないが、消費者生活協同組合模範定款例第77条によれば、払込済出資額に応じて行うと定め、出資額以上の持分払戻しが認められている[14]。もっとも、総(代)会の議決により、社会目的または他の協同組合のためにその一部または全部を使用することも可能である。

(2) 連合会の所有構造

　生協連合会は、会員生協（単協）から構成される法人を指し、日本生協連、事業連合、共済連など多様な連合会が存在する。連合会は、会員生協の指導、連絡および調整という独自の役割を担うだけでなく、生協と同様、生協法で定める組合員のための事業を行うことができる。なぜ連合会が購買事業など組合員のための事業を行うのだろうか。そのおもな理由として、経済と規制の両面が考えられる。競争環境の変化に対応するため、個々の生協が経営資源を共有化し、システムを共通化することで、規模の経済により効率的な事業運営が可能となる一方、組合員へのサービスの向上が期待される。他の事業連帯の手段として、生協間の合併によっても同様の効果が得られるかもしれないが、

生協法第5条の県域規制により，都道府県の区域を越えて生協を設立することができない。そこで，連合会を通じて事業機能の統合が進められてきた。もっとも，生協法の改正により，県域規制が緩和され，隣接する県を区域とする生協の合併が可能である(15)。

連合会の所有者は，法人たる生協である。したがって，コントロールは会員生協に帰属し，議決権は会員生協の役職員から選ばれた代議員に与えられる。議決権の配分に関して，生協法第17条によれば，会員生協の組合員数に基づいて，定款で別段の定めをすることができるとしている。すなわち，議決権は各生協に1個与えられるのではなく，会員生協の組合員数を基準に配分される。組合員と連合会の間に直接の所有関係はない。このため，組合員の意思は直接連合会には表れず，組合員によって形成される会員生協の意思として間接的に表れるにすぎない。しかしながら，連合会もまた（高次の）協同組合である以上，協同組合原則が適用され，組合員の意思が適切に反映されるような議決権の配分方法が望ましい。もっとも，連合会は会員生協の関与の程度が異なるなど，多様な利害が存在するため，事業利用高など他の基準を加えることが認められている(16)。実際の議決権の配分はそれぞれの連合会に委ねられるが，民主的な視点から評価し，適時見直す必要があろう(17)。

一方，残余利益の分配については，生協と同様であり，連合会特有の規定はみられない。なお，生協法第16条によれば，経済事業を行う連合会は，1会員生協の出資金上限規制（総出資口数の4分の1を超えてはならない）が適用されない。財務基盤の安定化を図るためであるが，大口出資者の利害に影響を受けるおそれがある。

連合会のなかでも事業連合は，会員生協の購買事業を統合した組織であり，他の事業は会員生協が行う（単協主権）。この意味で，完全な統合体である合併生協と比べると，事業連合はハイブリッドな組織であり，事業機能の統合度の違いから多様性がみられる。改正生協法により，県を超える生協間の合併が可能となった現在，所有構造の観

点から，両者の比較も必要であろう。組合員が直接所有する生協のほうが望ましいようにも考えられるが，巨大生協は一定の地域による人と人とのつながりや民主的運営をどのように確保するか，課題も多い。

2 共済連の所有構造と分析

(1) 共済連の所有構造

厚生労働省「消費生活協同組合（連合会）実態調査結果表」（2009年度）によると，共済事業を実施する141組合のうち，連合会は11団体である[18]。連合会は，元受契約件数9779万件の76.7％，元受契約高1112兆6209億円の78.5％，受入共済掛金1兆5904億円の74.3％を占めるが[19]，事業成績の大部分は全労済，全国生協連およびコープ共済連による。以下，3共済連の設立と所有構造を概観する（**図表1を参照**）。

全労済の前身は，1957年18都道府県の労済生協が中央組織として創立した全国労働者共済生活協同組合連合会（労済連）である。労働組合を中心とした共済活動が1954年大阪府で事業を開始してから各地に広がっていったが，設立してほどなく新潟県と富山県で大火が発生し，共済金の支払問題が表面化した。そこで，大火災リスクを分散する必要性から再共済制度の確立と労働者共済の全国組織化を図られた。その後，1976年全国事業統合を契機に，連合会の略称が労済連から全労済へ変更された。全国生協連は，1971年設立，生活物資の卸売事業を行っていた首都圏生活協同組合連合会が前身で，1981年全国生活協同組合連合会（全国生協連）へ改組した。会員生協である埼玉県民共済生協の成功をうけ，全国生協連は県民共済システムを全国に普及することを目指して，1982年共済事業を開始した。現在，39都道府県で事業が実施されている。最後に，コープ共済連は日本生協連の共済事業部門として，1984年共済事業を開始，購買生協と共

同で事業を展開した。生協法改正により，日本生協連から分離・独立する形で，2008年共済専業の日本コープ共済生活協同組合連合会（日本コープ共済連）が設立された。

　共済連の所有者は誰だろうか。すでに述べたように，制度上の所有者は会員生協である。全労済は58の会員から構成される。そのうち47会員は，都道府県の区域毎に設立され，地域の勤労者を主体とする共済生協である。8会員は，都道府県の区域を越えて設立され，職域の労働者を主体とする共済生協である。残りの3会員は生協連合会である。そして，46都道府県の労済生協と2つの職域労働者共済生協は，運動方針，損益会計，共済事業，機関・事務局運営などを統合した単一の事業体（全労済）として運営されており，それぞれ地方または職域の事業本部を形成している[20]。なお，会員への出資配当（割戻し）は行われていない。このように，全労済は共済連のなかで最も事業の統合度が高い[21]。

　全国生協連は，39の都道府県民共済生協，1つの地域勤労者生協および6つの職域生協の合計45会員から構成される。そのうちすべての都道府県民共済生協と1つの職域生協は，全国生協連から委託された共済事業の一部を行い，とりわけ共済募集に関して共済契約の締結の代理または媒介の業務を行う共済代理店として位置づけられている[22]。一部の生協は，紳士服の販売やブライダルなど他の事業も実施しているが，収益の大部分を共済受託手数料に依存している。なお，会員への出資配当（割戻し）が行われている。

　最後に，コープ共済連は，全国159の地域生協，職域・学校生協と5つの生協連合会の合計164会員から構成される。主要な地域購買生協は従来，主力共済について日本生協連と共同で契約を引き受けていた。しかしながら，生協法改正により，一定規模以上の共済事業は購買事業などとの兼業が禁止されたため，コープ共済連に事業譲渡および共済契約の包括移転を行い，元受共済事業から受託共済事業へ移行した。現在，159生協が共済代理店として受託共済事業を行い，3つ

の共済連合会[23]がコープ共済連と共同で元受共済事業を行っている。店舗事業の不振が長期化するなかで，共済事業の収益は購買生協の収益の改善に貢献している。なお，会員への出資配当（割戻し）が行われている。

(2) 共済連の所有構造の特徴

組合員の出資，利用，運営参加を三位一体とする生協の所有構造は，協同組合の特質を表すだけでなく，一定の条件のもとで経済合理性が存在する。ハンズマン（H. Hansmann）によれば，企業と契約を結んでいる多様な取引相手のなかで，市場の失敗によりもっとも大きな影響を受ける者が企業を所有すべきであるという。なぜなら，その者が企業を所有することで，所有権のコストを含む全体の取引コストが最小化されるからである[24]。購買事業の場合，食品被害を受けるおそれのある消費者が所有し，コントロールすることで，もっとも効果的なコストの軽減が期待される[25]。購買生協の存在の大きさは，消費者（組合員）の食の安全・安心に対する高い意識を反映しているように思われる。

共済事業の場合はどうであろうか。かつての競争制限的な保険市場において，組合員の保障ニーズを満たす保険商品の購入は困難であった。保険契約のコストが大きかった要因として，保険規制のほか，高コストの保険募集，逆選択とモラルハザードなどがあげられよう。共済を利用する組合員（制度上は会員生協）による所有とコントロールは，保険規制の適用除外，低価格でシンプルな保障，低コストの加入推進，逆選択とモラルハザードへの対応を通じて，取引コストの軽減に寄与し，共済事業の堅実な成長をもたらした。

ハンズマンは，所有権のコストとして，経営者の管理コストや集合的意思決定のコストなどをあげる。共済事業における所有権のコストについて，1つは，エージェンシー問題である。所有と経営（支配）の分離のもと，情報の非対称性が存在する場合，依頼人である組合員

または共済契約者（所有者かつ利用者）と代理人である経営者との間で利害対立が生じうる。経営者は，組合員のために，契約の履行を含む一連の保障プロセスの充実を図るとともに，割戻しを通じて残余利益の還元に努める必要がある。しかしながら，民主的な管理が有効に機能しなければ，情報優位にある経営者は私的な利益を追求して，経費選好などの裁量的な経営を行うかもしれない。その結果，事業の効率性が低下するおそれがある。また，制度上組合員の意思は，会員生協を通じて間接的にしか反映されないため，組合員の関与と参加が重要である。これらについては，ガバナンスとの関連で改めて考察を行う。

　もう1つは，自己資本の問題である。その源泉は，出資金，内部留保または割戻金の振替出資（回転出資金）に分けられる。組合員または会員生協が拠出する出資金は，利用と所有が一体化しているため，外部から所有だけを目的とする自己資本の調達は認められていない[26]。出資金はまた，組合を脱退する場合，返還されなければならず[27]，返済不要な自己資本ではない。しかも，組合員や会員生協は投資家と異なり，分散投資によるリスクの軽減が難しい。自己資本の調達，充実およびリスク負担の点で，共済事業には大きな制約が存在する。

　ここで，保険会社の所有構造について概観し，共済連の所有構造の特徴をさらに明確にしよう。まず，保険株式会社の所有構造は，所有者（投資家），経営者および契約者がそれぞれ独立している。すなわち，投資家の資本提供およびリスク負担機能，経営者の意思決定機能および契約者の保障機能が分離され，それぞれが専門化されている点が特徴である。資本調達力を強化して，国内外での企業買収合併（M&A），グローバルな事業展開を行うのに有利である。実際，近年日本を含む海外の主要な相互会社が相次いで株式会社化している。確かに，投資家が保険会社を所有する場合もまた，エージェンシー問題が生じうる。

　もっとも，所有者と経営者の利害対立をコントロールするうえで，

株式市場が重要な役割を果たす。たとえば，ストックオプションなど，事後的な企業業績と経営者報酬が連動するような仕組みを持つインセンティブ報酬を導入することで，所有者が経営者の努力水準を観察できないために生じるコストが軽減される。また，会社支配権市場（market for corporate control）の存在は，敵対的買収を避けるために経営者が努力水準を高める規律づけの効果が働く。他方，所有者と保険契約者の利害対立について，所有者の代理人である経営者は，契約者よりも所有者の利益を優先して，自己資本の価値を高めようとするかもしれない。たとえば，株主への配当は，契約者への保険金，給付金支払い後の最終的な剰余から支払われるため，キャッシュフローのほとんどが確実に契約者に支払われるようなリスクの低い投資（保障額の小さな保険商品の開発，安全資産だけの資産運用など）は，見送られる可能性がある。反対に，リスクの高い投資が積極的に実施されるかもしれない。この問題を解決するための有効な方法として，保険規制または監督の外部コントロールによる契約者保護の充実がある。歴史上，保険株式会社が発展するうえで，保険監督・規制が重要な役割を果たしたといわれる。

次に，保険相互会社の所有構造は，契約者が所有者（社員）であるため，共済連とよく似ている。ただし，制度上の共済連の所有者は会員生協である点で，相互会社と異なる。その他，自己資本に関して，相互会社の保険契約者は出資金を支払う必要がない。保険料に出資金が含まれるとされるが，両者の区別は困難である。また，相互会社は株式会社の資本金に相当する基金，自己資本に近い性質を持つ劣後ローン・劣後債といった外部の資本調達が可能である。さらに，相互会社の主要な商品は剰余金を契約者に還元する有配当タイプであるが，保険料の割安な利差配当保険や無配当保険も販売されている。無配当保険の契約者には社員権が与えられておらず，共済事業の員外利用に相当する[28]。そのため，無配当保険（非社員契約）の販売は，再保険調整後の保険料ベースで全契約の20％までに制限されている[29]。

(3) 保険会社との比較

保険会社との所有構造の違いは，共済事業にどのような影響を及ぼすのだろうか。**図表2**は，上述の議論をふまえ，いくつかの項目について生命保険会社（株式会社と相互会社）と共済連を比較したものである。これらの相違は，所有構造だけでなく，事業規模や商品政策などの複合的な要因から生じると考えられるため，厳密な分析は実証研究を行う必要がある。また，保険組織の所有構造または組織形態の経済分析に関して，米国を中心に多くの先行研究が存在するが，通常相互会社と協同組合は契約者が所有する組織（相互組織）として区別されない。しかしながら，共済連の制度上の所有者は会員生協であり，所有権の分配の仕組みが相互会社と異なるため，両者の相違について有益な示唆が得られるかもしれない。以下，共済事業特有の組織形態が及ぼす影響について考察する。

①効率性

エージェンシー理論によれば，相互組織は株式会社よりも経営者に対するコントロールが弱いため，事業の効率性が低い。そして，多くの実証研究がこの仮説を支持している。ここでは，効率性の指標として，総資産利益率（ROA）と自己資本利益率（ROE）を使用する[30]。保険会社の負債の大部分が契約者へ支払うための準備金であることから，相互組織の場合，自己資本だけでなく，総資本を効率的に活用して利益を獲得しているかにも着目する必要がある。**図表2**より，共済連の平均的な総資産利益率（ROA）および自己資本利益率（ROE）はともに，保険会社よりも著しく高い。これは共済事業の効率性が格段に高いことを意味するのだろうか。利益率の相違は，商品ポートフォリオの相違による影響が大きいのかもしれない。共済事業の主力商品は，比較的保障の小さな1年更新タイプの定期共済であり，収益のなかから繰り入れる責任準備金や危険準備金，価格変動準備金などの額が相対的に少ない結果，利益率が高くなる傾向がみられる。ただし，

資産運用利回りは，共済連が最も低い[31]。もっとも，シンプルで低廉な保障，単年度毎の割戻し，相対的に低い資産運用リスクは，共済事業経営の透明性を高め，裁量経営を抑制する効果が働いているとも考えられる。

②健全性

　契約者にとっての最大の関心は，保険または共済契約を履行するのに必要な支払能力が十分に確保されていることであろう。健全性の指標として，ソルベンシー・マージン（支払余力）比率が従来使用されている。もっとも，それは支払余力が通常の予測を超えるリスクを下回った（200％未満）場合，監督上の措置（早期是正措置）を講じるための基準を定めたに過ぎない。リスクの大きさは状況しだいで変わるため，どのくらいの支払余力があれば安全，安心なのかは明らかでないが，**図表2**より，1,000％（総リスクの5倍）前後が多いようである。ただし，一部の共済事業は，火災や自動車の損害保険種目を引き受けており，生命保険会社と共済連を単純に比較することはできない。平均的にみて株式生保の比率がやや高いが，他社の2倍近く比率が高い株式生保1社を除くと，組織形態での差はほとんどみられない。

　一方，所有者は，支払余力の規模よりも源泉に関心があるかもしれない。自己資本利益率（ROE）は，総資産利益率（ROA）と自己資本比率の逆数（財務レバレッジ）の積で表される。したがって，支払能力を充実するために自己資本を増加するほど，自己資本利益率（ROE）または企業価値は低下する。この意味で，自己資本による支払能力の充実は所有者の利益，とりわけ株式生保の所有者（投資家）の利益を損なう恐れがある。保険会社および共済連は，負債勘定である危険準備金と価格変動準備金の積立てが法律上，義務づけられている。また，それらは広義の自己資本として位置づけられるが，税引き前に積み立てられるため，税引き後の内部留保よりも有利である。したがって，エージェシー・コストが最も低い。

近年，健全性のもう1つの指標として実質純資産比率が使用される。実質純資産は契約者に保険金または共済金が支払われた後に残る資産であり，時価評価後の実質的な自己資本を表す。実質純資産比率（保険会社は一般勘定資産に占める実質純資産の割合）をみると，平均して株式生保が最も低く，共済連が最も高い[32]。自己資本（純資産）比率についても，同様の傾向がみられる。共済連の自己資本比率の高さは，総資産が小さいためであるが，制度上の所有者である会員生協と経営者間のエージェンシー・コストが大きくなる可能性を示している。

③関係性

相互組織は，所有者（投資家）と契約者の利害対立が生じないため，契約者との関係性がより強いと考えられる。とりわけ，相互扶助を本質とする共済事業にとってきわめて重要である。関係性の指標として，解約失効率（件数ベース）を使用する。**図表2**から，解約失効率について，共済連は保険会社よりも平均的に解約失効率が低いようにみえる。ただし，共済連の場合，保障種類毎の数値であり，一部の共済については解約払戻金が支払われないため，単純な比較は難しい。

日経ビジネス誌の「2010年版アフターサービスランキング（生命保険）」によれば，顧客満足度指数はそれぞれ相互生保6社21.5％～38.4％（平均28.6％），株式生保5社22.5％～64.0％（平均48.7％），共済連2会51.9％～65.2％（平均58.6％）であり，全国生協連と全労済が20社中それぞれ1位と4位を占める[33]。また，サービス産業生産性協議会「2010年度日本版顧客満足度指数（JCSI）」によれば，生命保険と火災・住宅保険について，全国生協連と全労済が13社中それぞれ1位と2位を占めている。いずれの調査もコープ共済連は対象外であるが[34]，共済連に対する高い満足度が表れている。

さらに，2009年度の苦情発生率（苦情受付件数／個人契約保有契約件数）をみると，相互生保6社0.2％～0.9％（平均0.67％），株式生保7社0.2％～1.9％（平均0.74％），共済連2会0.04％～0.05％

（平均0.04％）であり，共済連の低さが際立つ。商品内容がシンプルでわかりやすいことも確かであるが，それだけではない。共済の加入から，保全，共済金の支払い，そして終了へ至るプロセスにおいて，組合員価値を追求した結果，高い満足度が得られたように思われる。なかでも，共済金の支払いは「相互扶助」の価値を提供し，助け合いを実践するうえで最も重要な局面である。2005年以降，保険会社で相次いで発生した保険金の不払い問題を受けて実施された保険会社と共済連の調査結果から，調査対象件数に占める不払い件数の割合（発生率）は，相互生保4社1.4％～3.2％（平均2.2％），株式生保4社0.3％～15.8％（平均4.9％），共済連3会0.01％～0.3％（平均0.1％）である[35]。

④ガバナンス

相互組織は，株式市場の規律づけが働かないため，ガバナンスを通じて経営者のコントロールを強化する必要があるとされる。**図表2**より，取締役会の規模について，取締役または理事の人数は，平均して株式生保，相互生保，共済連の順で多い。柳瀬（2008）によれば，相互生保は，株式生保よりも取締役が多いという仮説が実証されている。もっとも，取締役または理事の人数が多くなると，他の取締役または理事への依存が強くなり，モニタリング機能が低下すること，役員間のコミュニケーション不足により，迅速な意思決定が行えないことへの懸念が指摘されている[36]。同様の理由で，取締役会の構成について，社外取締役の構成割合（外部比率）は，相互組織のほうが高いと考えられるが[37]，保険会社間でほとんど差はみられない[38]。一方，共済連の場合，会員生協出身理事と員外理事のうち連合会出身理事を除く理事を社外取締役に近いと仮定すると，共済連の理事会の外部比率は著しく高い。

また，監査役または監事はどうだろうか。2009年度末の人数は相互生保6社4人～6人（平均5.0人），株式生保4社3人～5人（平均

4.5人),共済連3会5人〜7人(平均5.7人)である。外部比率は,相互生保6社60.0％〜75.0％(平均63.6％),株式生保4社60.0％〜100.0％(平均75.0％),共済連3会80.0％〜100.0％(平均86.7％)である。顕著な差はないようにみえるが,規模,外部比率ともに共済連が最も大きい。

　さらに,経営者報酬について,相互組織は株式オプションのようなインセンティブ付の報酬が少ないとされるが,一部の会社しかデータが得られず,比較できなかった[39]。

⑤リスク負担

　最後に,相互組織は株式会社と比べて所有者のリスク分散が困難であるため,リスクの負担が限定的であると考えられる。**図表2**より,保険リスクについて,共済連が最も多く再保険を利用している。ただし,理論と異なり,相互生保の再保険利用は最も低い。運用リスクについてみると,共済連,株式生保,相互生保の順で,総資産に占める株式のシェアが大きくなる。さらに,ソルベンシー・マージン比率の分母を構成する諸リスクのうち,共済連は保険リスクの割合が高く,相互生保は資産運用リスクの割合が高い傾向がある。相互生保と共済連のリスク負担の相違は,商品ポートフォリオの構成に由来すると考えられる。契約者への還元について,保険金・共済金および給付金を支払ったうえで,契約者配当・割戻しを行う点では共通するが,長期の保障を提供し,手厚い自己資本をもとに保険リスクと運用リスクを積極的に取る(大手)相互生保は,契約者配当の最大化を重視しているようにみえる。

3 共済連のガバナンス

(1) ガバナンスの構造

　エージェンシー理論の視点から，組合員（契約者）が所有すべき生協共済事業において，契約者と経営者の利害対立の可能性と市場による経営者コントロールの困難性を指摘した。2007年生協法改正により，組織・運営の強化に関して，①組合員の意思が反映される運営の確保，②機関の権限の法定化，機関相互の関係の明確化，③外部監視機能等の強化が図られ，共済連は株式会社型のガバナンスを導入している。その結果，ガバナンスにおいて保険会社と共済連の制度上の差異は少なくなり，市場規律が働きにくい共済連にとって，その機能をいかに高めていくかが課題であろう。

　すでに述べたように，高次の協同組合である連合会の所有者は，組合員ではなく，会員生協である。共済連の総会における議決権は，会員生協の役職員から選ばれた代議員に与えられる。しかしながら，総会は通常，年1回開催されるだけであり，会員生協にとって日常的な経営者の監視（モニタリング）は難しい。このため，多様なまたは多重のモニタリングの仕組みが必要である。総会で選ばれた理事による理事会と監事(会)である。

　総会は最高の意思決定機関として，組織の重要な意思決定を行う一方，理事会は日常の業務執行の意思決定を行い，それに従い経営者（代表理事）が業務執行する[40]。生協法第40条によれば，総会の議決事項に毎事業年度の事業計画と収支予算が含まれており，総会の権限は保険会社の株主総会または社員総代会よりも広いようである。

　業務執行の監督機関である理事会について，保険会社と同様，執行役員制を導入している全労済の場合，監督機能と執行機能の分離が明確である。全国生協連とコープ共済連の場合，連合会の業務の一部を受託する会員生協（共済代理店）出身の理事が多数を占める。これら

の会員生協は共済事業の業務を執行していると考えられるため，両者の機能の分離にあいまいさが残る。共済事業は会員生協と連合会の共同事業であって，統合度の違いはあるが，両者は利益共同体の関係にある。この意味で，共済募集を受託する会員生協の理事は自己規律が強く求められる一方，共済連の経営者は会員生協への目標とインセンティブの付与および監視を適切に実施する必要がある。

　また，コーポレート・ガバナンスに関して，取締役の社外性および独立性について多くの議論がある。共済連の場合，多くの理事は社外取締役の要件[41]を満たしており，外部性が認められるものの，自治組織のため，そのほとんどは共済連と直接の取引または利害関係があるため，独立性の点で問題がある。改正生協法により，員外理事の人数は理事定数の3分の1にまで広げられたが，連合会出身の理事も員外理事に含まれるため，独立取締役に相当するような有識者や別組織の経営者の理事は少ないかもしれない。しかしながら，連合会の自治機能または理事会の監督機能の実効性を高めるためには，共済事業に対して強い利害または長期的なコミットメントを持つ理事のほうが積極的にモニタリングすることが期待される。この意味での理事の役割を過小評価すべきでない。さらに，組合員の構成・利害を考慮した理事の多様性（ダイバーシティ）への対応も課題であろう。

　総会が理事会を監督し，理事会が業務執行を監督する一方，理事と同様，総会で選ばれた監事が独立した立場から理事の業務執行を監査する[42]。監査の範囲は，理事の職務一般の適法性であり，監事は理事会には出席するが，議決権は与えられていない。改正生協法により設置が義務づけられた員外監事は，独立，中立および専門的な立場から監査を行うことが求められている。さらに，共済連の場合，会計監査人による会計監査が義務づけられている。以上，経営者のモニタリングについて，相互補完的な役割分担が行われている。

　ところで，取締役会のもう1つの重要な役割は，経営者が適切な行動をとるような目標やインセンティブを与えることであるといわれる。

事業成績などに基づく報酬の仕組みがその典型である。もっとも，非営利組織である共済事業の場合，経営者の動機づけは使命感によるものが大きく，過度の金銭的インセンティブはそのような動機づけを歪めてしまうおそれがある。報酬の仕組みとして，事業の剰余などだけではなく，組合員の生活への貢献を評価軸とすることが生協にふさわしいかもしれない。

(2) 補完組織の重要性

共済連は制度上会員生協が所有するため，契約者が直接所有する場合に生じる問題点を回避することができる。相互会社の社員総代会は1人1票制など，生協の総代会と似ているが，以前より制度の形骸化が指摘され，改善が重ねられている。総代会の経営チェック機能の強化を図る一方，バランスのとれた総代の選定，選出を含む民主的運営には多大なコストがかかる。ただし，共済連の場合，会員生協で総代会が開催されるため，コストが低いとはいえない。

一方，共済連のガバナンスにおける制度上の問題点は，本来組合員（契約者）の組織でありながら，最高の意思決定機関である総会の意思決定に組合員が参加できないことである。また，組合員は所属生協に対して直接請求権を行使できるが，生協連に対しては行使できないようにみえる。対照的に，相互会社の場合，社員（契約者）は代表訴訟が可能である。したがって，組合員の共済連経営者のコントロール権は制限されている。このため，協同組合における組合員の運営参加の観点から，法的に定められたガバナンスを補完する組織（自治組織）が必要であるとともに，ガバナンスの実効性を高めるうえで重要な役割を果たすことが期待される。たとえば，全労済の地区運営組織，地区共済会，コープ共済連の地域共済運営委員会がこれに相当する。ただし，多くの保険会社にも契約者懇談会のような組織がある。

おわりに

　本稿の目的は，1つは所有構造または協同組合の三位一体の観点から，保険会社との相違を明らかにすること，もう1つは共済事業の経営者のコントロールについて，その特徴と民主的管理の視点からの課題を明らかにすることであった。

　契約者（組合員）が所有する共済事業はリスク負担が難しく，市場による経営者の規律づけが困難であるが，生協共済の廉価でシンプルな保障や協同組合原則に立脚した生協らしい取組みがエージェンシー・コストの軽減に貢献している可能性を指摘した[43]。すなわち，協同組合原則または生協の理念は，モニタリングコストの軽減する効果が期待される[44]。

　共済連の制度上の所有者は会員生協であるが，「共済事業が誰のために経営されるべきか」の問いかけに対しては，おそらく組合員と答えるであろう。共済事業の規模の拡大，高度化により，専門経営者の必要性と監視が求められている。おもに会員生協の理事が多数を占める共済連の理事構成は外部性，独立性の点で興味深い。社内出身の社長の保険会社と大きく異なる。さらに，理事会，監事会などのモニタリングだけでなく，長期的なコミットメントを持つ組合員および職員の関与，参加がガバナンスの実効性を高めるうえで欠かせない。

　最後に，今後の課題をもう1つあげるならば，情報開示の強化である。生協は組合員の組織であるが，開かれた組織である。消費者は誰でも組合員になることができる。たとえば，共済連の総会における会員生協の代議員について内訳の開示やインターネット上での総会の公開が考えられる。組合員の視点から，透明性を高めることが大切である。

図表1　主要共済連の概要（2009年度末）

略　称	全労済	全国生協連	日本コープ共済連
設　立	1957年	1971年	2008年
共済種類	生命, 火災, 年金, 自動車, 医療（火災, 慶弔は再共済）	生命, 火災, 傷害	生命, 医療, 傷害, 住宅災害
主力商品	こくみん共済	生命共済	たすけあい
加入件数	696万件	1,489万	567万件
掛　金	900円〜5400円	1000円〜4000円	1000円〜4000円
組合員数	1,390万人	1,455万人	1,889万人
契約件数	3,503万件	1,845万件	669万件
会員数	58会員	45会員	164会員
共済募集の主な位置付け	直接募集	委託募集（共済代理店）	委託募集（共済代理店）
理事人数（員外理事）	32人（9人）	25人（8人）	25人（6人）
出資金	1,319億円	747億円	633億円
剰余金の分配	契約者割戻し 利用分量割戻し	契約者割戻し 出資配当	契約者割戻し 出資配当

出所：日本共済協会『共済年鑑2011年版（2009年度事業概況）』および各団体の年次報告書などから作成

図表2　生命保険相互会社と共済連の比較 (2005年度から2009年度までの平均)

	生保相互会社①(6社)	株式生保会社②(7社)	共済連③(3連合会)
効率性			
総資産利益率	−0.1〜0.7%	−0.6〜1.1%	1.6〜37.2%
平均	(0.4%)	(0.2%)	(19.3%)
自己資本利益率	−32.9〜19.8%	−32.0〜28.7%	(17.9〜125.8%)
平均	(4.6%)	(1.1%)	(60.6%)
健全性			
SM比率	968.3〜1227.0%	702.1〜1968.9%	887.5〜1074.9%④
平均	(1021.1)	(1118.0%)	(981.2%)
実質純資産比率	7.5〜18.5%	7.4〜18.5%	17.5〜50.5%⑤
平均	(13.5%)	(11.5%)	(32.8%)
関係性			
解約失効率	5.7〜7.5%	4.7〜10.8%	2.2%〜5.9%⑥
平均	(6.3%)	(5.8%)	(4.1%)
ガバナンス			
取締役／理事⑦	11〜18人	7〜11人⑧	25〜32人
平均	(13.0人)	(9.3人)	(27.3人)
外部比率	16.7〜54.5%	9.1〜42.9%	68.0〜87.5%
平均	(25.6%)	(26.0%)	(78.5%)
リスク負担			
出再比率	0.02〜0.07%	0.04〜23.33%	0.90〜2.38%
平均	(0.04%)	(6.49%)	(1.21%)
株式シェア	8.9〜18.3%	0.0〜10.0%	0.0〜0.5%
平均	(13.5%)	(4.8%)	(0.21%)

①日本,第一,明治安田,住友,朝日,富国。第一生命は相互会社に含めた。②三井,大同,太陽,ソニー,アメリカンファミリー,アリコ,プルデンシャル。③全労済,全国生協連,コープ共済連。④全労済とコープ共済連のみ。⑤全国生協連とコープ共済連は純資産比率。⑥事業種類毎の数値。⑦2009年度のみ。⑧日本支店であるアメリカンファミリー,アリコ,プルデンシャルを除く。2007年度末から2009年度末までの平均。ただし,ガバナンスの項目は2009年度末。
出所：ディスクロージャー資料等より作成

〈参考文献〉

青柳斉 (2000)「協同組合の経営者支配とコーポレート・ガバナンス―農協と生協」山本修・小池恒男・吉田忠編著『協同組合のコーポレート・ガバナンス―危機脱出のためのシステム改革―』第3章, 家の光協会.

伊藤秀史 (2005)「企業とガバナンス」伊丹敬之編『日本の企業システム第Ⅱ期第2巻企業とガバナンス』序章, 有斐閣.

小笠原啓・瀬戸久美子・北爪匡・神濃将史 (2010)「2010年版アフターサービスランキング トヨタ, 危機脱出の裏ワザ "老舗" セブンを制したイオン」『日経ビジネス』7月26日号, pp.20-pp.39.

大森將弘 (2011)「プライベートブランド・パワーランキング2011 統廃合で進む巨大化と独自化が織りなすダイナミズム」『チェーンストアエイジ』2月15日号, pp.66-71.

加護野忠男 (2005)「企業統治と競争力」伊丹敬之編『日本の企業システム第Ⅱ期第2巻企業とガバナンス』第10章, 有斐閣.

栗本昭 (2005)「日本型生協の特質と現状, 変化のトレンド」現代生協論編集委員会編『現代生協論の探求―現状分析編―』第3章, コープ出版

佐伯尚美 (1989)「企業としての協同組合」今井賢一・小宮隆太郎編『日本の企業』第17章, 東京大学出版会.

杉本貴志 (2004)「事業連合時代における生協ガバナンス―組合員主権組織の現代的展開―」商学論集 (関西大学), 第49巻第3・4合併号, pp.235-254.

消費者生活協同組合法令ハンドブック委員会編 (2008)『消費者生活協同組合法令ハンドブック』中央法規.

関英明 (2010)「生協の機関構成とコーポレート・ガバナンス」現代生協論編集委員会編『現代生協論の探求―新たなステップをめざして―』第3章, コープ出版.

茶野努 (2001)「生命保険のコーポーレート・ガバナンスに関する展望」生命保険論集 (生命保険文化センター), 第136号, pp.129-188.

塚本一郎 (2002)「非営利組織と協同組合研究との関連に関する一考察」『生活協同組合研究』12月号, pp.5-12.

戸田顕司・大竹剛・永井央紀 (2006)「2006年版アフターサービス満足度ランキ

ング」『日経ビジネス』6月26日号, pp.30-50.

冨村圭 (2008)「生命保険会社のコーポレートガバナンス－取締役会の構造を決める要因と企業業績への影響」『生命保険論集』(生命保険文化センター) 第162号, pp.139-171.

堀越芳昭 (1989)『協同組合資本学説の研究』日本経済評論社.

堀越芳昭 (2009)「国際会計基準・払戻可能性出資金の資本要件—その資本性と負債性の検討—」『研究年報社会科学研究』第29号 (山梨学院大学大学院社会科学研究科), pp.71-92.

日本コープ共済連 (2010)『CO・OP共済「組合員の大切な声」報告集2010』

日本協同組合学会訳編 (2000)『21世紀の協同組合原則 ICAアイデンティティ声明と宣言』(原著 Ian MacPherson, CO-OPERATIVE PRINCIPLES FOR 21st CENTURY, ICA, 1996.)

バーチャル (1997)『コープ ピープルズ・ビジネス』中川雄一郎・杉本貴志訳, 大月出版 (原著 Johnston Birchall, CO-OP : The People's Business, Manchester University Press, 1996.)

バーリー・ミーンズ (1958) 『近代株式会社と私有財産』北島忠男訳, 文雅堂銀行研究社 (原著 Adolf A. Berle, Jr. and Gardiner C. Means The Modern Corporation and Private Property, Macmillan Company, 1932.)

宮坂富之助編 (1994)『現代生協法の理論』コープ出版

柳瀬典由 (2008)「会社形態の相違は経営行動やコーポレートガバナンスに影響を及ぼすか？ —保険業法改正後のわが国生命保険業に関する実証分析—」『商学論叢』(福岡大学) 第52巻3.4号, pp.321-350.

Birkmeier, Ulrike and David Laster (1999) "Are Mutual Insurers an Endangered Species ?", Sigma (Swiss Re), No.4.

Hannsman (1996), The Ownership of Enterprise, Harvard University Press.

Hart, Oliver and John Moore (1998) "Cooperative and Outside Ownership", NBER Working Paper 6421.

Nilsson, Jerker (1996) "The Nature of Cooperative Values and Principles －

Transaction Cost Theoretical Explanations," Annals of Public and Cooperative Economics, Vol.67, No.4, pp.633-653.

Smith, Clifford W., Jr. (1986) "On the Convergence of Insurance and Finance Research," The Journal of Risk and Insurance, Vol.53, No.4, pp.693-717.

〈注〉
（1）国際協同組合同盟（ICA）の協同組合の定義をみても，協同組合が追求すべき利益は組合員共通の経済的，社会的および文化的なニーズと願いと多様である。
（2）2009年度生協の市場シェアは，一部の大手生協が地域で上位を占めるものの，小売全体の2.8％，食品小売部門の5.7％に過ぎない。食品市場の集中度は低く，競争が激しいことを物語るが，一方で資金調達の制約，安全・安心なコープ商品ブランドの開発コスト，高い労働分配率，民主的意思決定に伴う時間とコスト，運営規模拡大による生協らしさの減少など，生協事業特有のコストの高さも大きな要因であると考えられる。
（3）「協同組合は，組合員が管理する民主的な組織であり，組合員はその政策立案と意思決定に積極的に参加する。選出された役員として活動する男女は，すべての組合員に対して責任を負う。単位協同組合の段階では，組合員は平等の議決権（1人1票）をもっている。他の段階の協同組合も，民主的方法によって組織される。」
（4）1937年の協同組合原則（ロッチデール原則）以来の考え方であり，「協同組合においては管理が組合員の間で民主的基盤に立って配分されるということを強調したものである。所有権と民主的管理に関するこうした2つの特徴は，協同組合を別の種類の組織，とりわけ資本がコントロールする企業や政府がコントロールする企業などと識別する際に特に重要である。」日本協同組合学会訳編（2000），30ページ。
（5）利用者の他のコントロール手段として，事業の利用高に応じて議決権を配分する方法がある。経済的な利害を反映させる点で優れているが，協同組合原

則と異なる。なお，米国ではとりわけ農業協同組合において，利用者所有，利用者統制，利用者受益を協同組合の本質的要素とみなしているため，このような組織も協同組合に含まれる。

（6）生協法第16条によれば，生協に加入するにあたり必要な出資金一口の金額は，組合員が通常負担できる程度とされている。たとえば，コープこうべは，1口100円とし，10口1000円できれば50口5000円以上の出資を組合員に呼び掛けている。また，組合員1人の出資限度額について，生協法第16条では総出資口数の4分の1を超えてはならないと定めているが，定款ではさらに厳しく100万円（1万口）としている。なお，2009年度末における組合員1人あたりの出資金は30,500円である。

（7）「協同組合の場合，株式会社と異なって大株主がいないだけに，一人一票制が逆に特定の経営者による専断的支配に転ずる危険性が大きいのである。」佐伯（1989），421ページ。

（8）生協法第46条により，総代の定数は，組合員の総数の10％以上，ただし組合員の総数が1000人を超える組合は，100人以上とされている。140万人の組合員を擁するコープこうべの総代は，1000人である。

（9）生協の不祥事を含む経営者支配の原因として，事業規模が拡大し，専門的な経営能力が求められる一方，経営者を監督，監視するガバナンス体制が整備されず，有効に機能しなかった点が指摘されている。栗本（2005），青柳（2000），杉本（2004）などを参照。

（10）ただし，医療福祉等事業の剰余金は分配が禁止されており，その積立金は事業の費用にのみ使用される。

（11）ここでいう営利とは，残余利益を所有者や経営者に分配することを指す。反対に，非営利とは残余利益を利害関係者に分配しないことをいう。米国ではこのような非分配制約を非営利組織の特徴としている。生協の利益の源泉が内部であるか外部であるかはさておき，剰余金を組合員に分配する点で，生協は純粋な非営利組織でないかもしれない。もっとも，非営利組織と営利組織の境界はあいまいになりつつあると指摘されており，多面的な考察が必要である。塚本（2002），6ページを参照。

(12) ロッチデール原則における利用高分配原則の意義として，次のような記述がある。「剰余は協同コミュニティの建設が可能になるまで積み立てられるものだとするかつての協同組合から決裂する，決定的な第一歩であった。」また，「利用高を基準にした分配は，先駆者組合を資本家の企業や労働者所有企業と区別するものであり，先駆者たちを『消費者』協同組合へと転じさせたものであった。」バーチャル (1997)，84ページを参照。

(13) コープこうべの場合，2009年度末の出資高配当は0.14％，利用高配当は0.1％であり，ともに出資金へ振り替えられる。

(14) 生協法第21条によれば，脱退した組合員は払込済出資額の全部または一部の払戻しを請求することができるとし，出資口数に応じた持分の払戻しは認められていない。

(15) 県域を超える生協の合併例として，よつ葉生協（茨城，栃木，群馬），大阪泉南生協と和歌山生協，コープこうべと大阪北生協がある。生協間の合併範囲は，隣接県であるのに対して，事業連合の活動範囲は生活圏，経済圏としてまとまりのある全国9つのブロックまたは生活・文化に共通性を有する隣接の都道府県としている。

(16) 協同組合原則において，連合会（第2次，第3次レベルの協同組合）の投票規則は特に決められていないが，多くの場合，「多様な利害，加盟協同組合の組合員数，関連する協同組合の関与の度合を反映するために，比例投票制」が採用されている。日本協同組合学会訳編 (2000)，43ページ。

(17) 「小規模な協同組合があまりにも影響力が小さく，基本的な権利をはく奪されていると感じるようならば，それは通常満足のいくものとはならない。」日本協同組合学会訳編 (2000)，43ページ。

(18) 2011年3月現在の共済生活協同組合連合会（共済連）は，10団体である。

(19) 地域生協の契約件数1179万件のうち41.1％が，その他（慶弔）共済で占められている。一部の職域生協では，地域生協が取り扱っていない自動車，年金共済を引き受けている。また，契約1件あたりの保障額を比較すると，傷害・交通災害共済を除き，職域生協のほうが地域生協よりも高い。

(20) 単一事業体としての全労済に含まれない会員生協は，新潟県総合生協，全国

交運共済生協，JP共済生協，電通共済生協，教職員共済，自治労共済および全水道共済である。これらのなかには，全労済から業務を受託して共済事業を実施する生協，自然災害共済などについて，全労済と共同で共済事業を実施する生協がある。なお，自動車共済については，2004年10月，全労済と6つの職域労働者共済生協の事業統合が行われた。

(21) 全労済は2010年より，総代会は各都道府県本部から全国一本の本部総代会へ変更された。それにともない，県本部総代会は代表者会議，理事長は本部長，専務理事は専務執行役員，理事は経営委員，監事は業務検査委員に変更された。

(22) 都道府県民共済グループ最大手の埼玉県民共済は，医療・生命共済については元受共済事業として行っている。

(23) 生活クラブ共済連，パルシステム共済連，グリーンコープ共済連であり，いずれも事業連合を母体とする。

(24) 企業の所有構造は契約のコストと所有権のコストの2つによって決定されるという。Hannsman (1996), pp.21-22

(25) 「消費者が所有し，コントロールする事業であれば，健康によく汚染されていない食物を供給したり，消費者に対して計量をきちんとすることは当然のことでなければならない。」バーチャル (1997), 86ページ。

(26) たとえば，議決権のない自己資本（株式会社における優先株）の調達が可能であるとしよう。この場合，組合員のコントロールに影響を及ぼすことはないが，配当を増やさなければならず，資本コストは高い。

(27) 株式会社と異なり，生協は組合員の地位（持分）を他人へ譲渡することができないため，組合員が組合を脱退するにあたって，出資金の返還に応じる必要がある。

(28) 生協共済の場合，員外利用は自賠責共済にのみ認められている。また，全労済のマイカー共済は割戻しがない点で無配当保険と似ているが，契約者は組合員の権利を持つ。

(29) 2009年12月，住友生命は銀行窓販向けに無配当タイプの終身保険を販売，4000億円以上の収入保険料を獲得したが，無配当保険の販売制限に抵触する

おそれが出たため，翌年4月から有配当タイプの終身保険に切り替えた。

(30) 総資産利益率（ROA）は純利益（純剰余）／総資産，自己資本比率（ROE）は純利益／純資産で表わされる。共済連の場合，契約者も所有者とみなして，当期剰余に割戻準備金を加えて算出した。当期剰余だけで計算した場合，ROAは0.2％～12.3％（平均2.4％），ROEは2.4％～23.0％（平均11.1％）である。

(31) 資産運用利回り（一般勘定利回り）の直近5年間の平均は，共済連3会0.24％～0.30％（平均0.7％），相互生保6社1.51％～2.08％（平均1.7％），株式生保7社0.40％～3.51％（平均1.7％）である。資産負債総合管理（ALM）の観点からみると，共済負債が短期であるため，共済連はデュレーション（債券投資の平均回収期間）の短期な資産に投資している結果，リスクを小さくできるが，一方で資産から得られる潜在的なリターンも小さくなる。また，共済連3会の総資産に占める現預金比率は直近5年間の平均をとると，4.7％～90.6％（平均40.9％）で，保険会社より著しく高い。

(32) 共済連の自己資本の多くは，会員資本である。しかし，国際会計基準（IAS）第32号によれば，出資金は会員生協の脱退時に払い戻されなければならないため，会計上資本ではなく負債に分類される。このルールが採用された場合でも，共済規制において，会員資本は広義の自己資本として扱われると推察されるため，健全性に関するかぎり，共済事業への影響は少ないであろう。

(33) 小笠原・瀬戸・北爪・神濃（2010），39ページの表より作成。なお，2006年版のランキングについても，平均顧客満足度指数は相互生保6社-3.4％～22.7％（平均14.1％），株式生保7社-1.6％～70.8％（平均44.5％），共済連2会63.6％～78.4％（平均71.0％）であり，同様の傾向がうかがえる。戸田・大竹・永井（2006），45ページ参照。

(34) 『CO・OP共済「組合員の大切な声」報告集2010』によると，共済金支払時に行われる加入者アンケートで回答のあった13.6万件のうち82％が感謝（ありがとう）の声である。したがって，コープ共済連についても高い満足度が示されていることがわかる。

(35) 不払いの件数と金額についてみると，相互生保6社2.6万～42.8万件（平均

12.9万件), 13億〜189億円 (平均111.0億円), 株式生保7社0.2万〜12.4万件 (平均38.3万件), 7億〜52億円 (平均23.1億円), 共済連3会0.02万〜1.7万件 (平均0.6万件), 0.14〜15.6億円 (平均6.6億円) である。

(36) 冨村 (2008), 158ページ。

(37) 社外取締役, 員外理事のもう1つの役割として, 豊富な知識と経験により, 経営の安定化に貢献することがあげられる。

(38) ただし, 委員会設置会社の明治安田生命を除く生保6社の平均は19.8%, 株式生保4社26.0%, 共済連3会78.5%を大きく下回る。

(39) 2010年4月に上場した第一生命の役員報酬に, 株式オプションは含まれていなかった。

(40) 関 (2010), 74ページ。

(41) 会社法第2条第15項において, 社外取締役とは当該会社または子会社の業務執行取締役, 執行役, 支配人その他使用人に, 過去を通じてなったことのない取締役をいう。

(42) 保険会社は, 監査役設置会社と取締役の監督機能が強いとされる委員会設置会社の選択が可能である。

(43) Nilsson (1996) は, 協同組合の価値, 原則が取引コストを軽減すると述べた。

(44) 「契約者の長期的利益にたってより柔軟に行動できるため, 経営者はビジョン経営を行うことができる。また, 共同体意識の醸成。一部の経営者と従業員は安定性と明確な共同体の使命が与えられた場合, 相互組織で働くことを選択するかもしれない。」Birkmeier and Laster (1999), p.13.

生協共済とADR

◎上智大学法学部教授
甘利 公人

1 はじめに

(1) 金融ADRの意義

　裁判外紛争解決制度（Alternative Dispute Resolution, 以下ADRという）とは，訴訟手続によらずに民事上の紛争解決をしようとする紛争の当事者のために，公正な第三者が関与して，その解決を図る手続をいう（裁判外紛争解決手続の利用の促進に関する法律1条，以下ADR促進法という）。2004年にこのADR促進法が制定され，ADRについての法的な基盤が整備された[1]。この法律は，ADRの基本理念や国の責務等を定める総則部分と認証紛争解決手続（認証ADR）について定める部分からなる。ADRには，通常の裁判との比較では，迅速性，簡易性，廉価性，柔軟性，秘密性，専門性などに利点がある，といわれている[2]。

　また，いわゆる金融ADR制度に関する金融商品取引法等の一部を改正する法律が2009年6月に公布され，2010年4月1日に施行された。金融機関に対する苦情処理・紛争解決に係る行為規制については，同年10月1日からの施行となり，保険会社向けの総合的な監督指針等の適用も同様である。この金融ADR制度は，一定の能力のある中立・公正な指定紛争解決機関を設立して，この機関により紛争の解決を図るものである。この金融ADRについては，金融商品取引法，銀行法，保険業法等において，共通の枠組みが整備されたことになる。そして，金融ADR制度のもとで金融庁から，生命保険協会など7団体が指定紛争解決機関として認定された[3]。

(2) 生協法の場合

　金融ADR法により協同組合について法改正があったのは，農業協同組合法，水産業協同組合法，中小企業等協同組合法である。したがって，生活協同組合法については，何らの改正もなされなかった。ま

た，農協法が改正されたJA共済については，指定紛争解決機関として日本共済協会の相談所との手続実施基本契約を締結する可能性があった。しかし，日本共済協会が指定紛争解決機関の指定申請を見送ったため[4]，他のADR団体において紛争解決が行われるように代替措置を講ずる必要があることから，2010年1月26日にADR促進法に基づく法務大臣の認証を取得した。ただ農協法が定める「苦情処理措置」と「紛争解決措置」のうち，後者の法令が定める義務履行が可能になったに過ぎないことに注意しなければならない。

生協法がいつ改正されるのか明らかではないが，本稿は，これらの金融ADRを検討したうえで，その問題点を検討するともに，現在代替措置としてのADR促進法に基づく日本共済協会の法務大臣認証機関としての今後の課題や問題点を検討・考察するものである[5]。

2　金融ADRの概要

金融ADRについては，平成21年6月24日に公布された「金融商品取引法等の一部を改正する法律（平成21年法律第58号）」により創設され，保険業務における裁判外紛争解決制度についても，金融商品取引法等の一部を改正する法律により改正された保険業法の規定により創設されたものである。

「金融商品取引法等の一部を改正する法律」が公布された後，平成21年12月28日，「金融商品取引法施行令の一部を改正する法律の施行期日を定める政令（平成21年政令第302号）」および「金融商品取引法等の一部を改正する法律の施行に伴う関係政令の整備等に関する政令（平成21年政令第303号）」，「金融商品取引法等の一部を改正する法律の施行に伴う金融庁関係内閣府令の整備等に関する内閣府令（平成21年内閣府令第78号）」が公布され，これにより保険業法施行令，保険業法施行規則についても改正がなされた。

以下では，この保険業法に基づく指定紛争解決機関について概略を述べたうえで，その問題点を検討する。

(1) 紛争解決機関の指定・監督

内閣総理大臣は，申請に基づき紛争解決等業務を行う者（法人）の指定・監督を行う。指定紛争解決機関が，中立性・公正性あるいは実効性等を有しているかは，行政当局による指定・監督により担保される（保険業法308条の2第1項）。

(2) 保険会社の義務

保険業関係業者は，指定紛争解決機関への加入義務すなわち手続実施基本契約の締結義務を負う。指定紛争解決機関の申請を行おうとする者は，保険業関係業者に対し，業務規程の内容を説明しなければならない（308条の2第2項）。

加入保険業関係業者は，手続実施基本契約上の義務として，①苦情処理手続，紛争解決手続の応諾，②事情説明・資料提出，③特別調停案の受諾の各義務を負う（308条の7第2項）。正当な理由がなくこれらの義務に違反した場合には，指定紛争解決機関により業者名の公表，監督当局への報告がなされる（308条の8）。これらの義務は，手続実施基本契約上の義務であり，その債務不履行が生じた場合には，保険業関係業者の意見を聞いたうえで，正当な理由がないと認めるときに，はじめて公表することができる。しかし，その正当な理由がないことの判断はどのようになされるのであろうか。

(3) 金融ADRの利用

①苦情・紛争の定義

指定紛争解決機関が行うべき紛争解決等業務は，「苦情処理手続」および「紛争解決手続」に係る業務ならびにこれに付随する業務である（2条40項）。保険業法上の「苦情処理手続」とは，保険業務等関連苦

情を処理する手続をいい（同条38項），保険業法上の「紛争解決手続」とは「保険業務等関連紛争について訴訟手続によらずに解決する手段」をいう（同条39項）。

②保険の業務に関連する苦情・紛争

業務分野に則して種別が指定される。この紛争解決等業務の種別とは，紛争解決等業務に係る生命保険業務，損害保険業務，外国生命保険業務，外国損害保険業務，特定生命保険業務，特定損害保険業務，少額短期保険業務及び保険仲立人保険募集の種別をいう（2条41項）。

③紛争解決委員等による苦情・紛争の限定

紛争解決委員は，申立てに係る当事者である加入保険業関係業者の顧客が，その保険業務等関連紛争を適切に解決するに足りる能力を有する者であると認められること，その他の事由により紛争解決手続を行うのに適当でないと認めるとき，または当事者が不当な目的でみだりに申立てをしたと認めるときは，紛争解決手続を実施しない（308条の13第4項）。

（4）金融ADRにおける苦情処理・紛争解決手続

紛争解決委員は，人格が高潔で識見の高い者であって，次の各号のいずれかに該当する者（当事者と利害関係がある者を除く）から選任されなければならない（308条の13第3項）。

①弁護士であって，その職務に従事した期間が通算5年以上である者，②保険業務等に従事した期間が通算して10年以上の者，③消費生活に関する消費者と事業者との間に生じた苦情に係る相談その他の消費生活に関する事項について専門的な知識経験を有する者として内閣府令で定める者，④当該申立てが司法書士法3条1項7号に規定する紛争に係るものである場合には，同条2項規定する司法書士であって同項に規定する簡裁訴訟代理等関係業務に従事した期間が通算して5年以上である者，⑤前各号に掲げる者に準ずる者として内閣府令で定める者，以上である。

(5) 紛争の解決

1) 特別調停案

特別調停案とは，和解案であって，加入保険業関係業者が受諾しなければならないものをいう。ただし，次の場合には，受諾義務はない。①当事者である加入保険業関係業者の顧客が当該和解案を受諾しないとき，②当該和解案の提示の時において当該紛争解決手続の目的となった請求に係る訴訟が提起されていない場合において，顧客が当該和解案を受諾したことを加入保険業関係業者が知った日から1か月を経過する日までに当該請求に係る訴訟が提起され，かつ，同日までに当該訴訟が取り下げられないとき，③当該和解案の提示の時において当該紛争解決手続の目的となった請求に係る訴訟が提起されている場合において，顧客が当該和解案を受諾したことを加入保険業関係業者が知った日から1か月を経過する日までに当該訴訟が取り下げられないとき，④顧客が当該和解案を受諾したことを加入保険業関係業者が知った日から1か月を経過する日までに，当該紛争解決手続が行われている保険業務等関連紛争について，当事者間において仲裁法2条1項に規定する仲裁合意がされ，または当該和解案によらずに和解若しくは調停が成立したとき，以上の場合である。

2) 時効の中断

紛争解決手続によっては保険業務等関連紛争の当事者間に和解が成立する見込みがないことを理由に紛争解決委員が当該紛争解決手続を終了した場合，当該紛争解決手続の申立てをした当該保険業務等関連紛争の当事者が，その旨の通知を受けた日から1か月以内に当該紛争解決手続の目的となった請求について訴えを提起したときは，時効の中断に関しては，当該紛争解決手続における請求の時に，訴えの提起があったものとみなされる（308条の14第1項）。

指定紛争解決機関の紛争解決等業務の廃止が，308条の23第1項の規定により認可され，または308条の2第1項の規定による指定が，308条の24第1項の規定により取り消され，かつ，その認可又は取消

しの日に紛争解決手続が実施されていた保険業務等関連紛争がある場合，その紛争解決手続の申立てをした保険業務等関連紛争の当事者が，308条の23第3項もしくは308条の24第4項の規定による通知を受けた日またはその認可もしくは取消しを知った日のいずれか早い日から1か月以内に紛争解決手続の目的となった請求について訴えを提起したときも，1項と同様とである（同条2項）。

(6) 他のADRとの関係

指定紛争解決機関は，他の指定紛争解決機関又は他の法律の規定による指定であって紛争解決等業務に相当する業務に係るものとして政令で定めるものを受けた者（受託紛争解決機関という）以外の者に対して，苦情処理手続又は紛争解決手続の業務を委託してはならない（308条の6）。しかし，このような委託の制限は，利用者の立場から見た場合には，不当な制限となり利便性を害する可能性があり，利用者の不利になる場合を除いては，制限的に解するべきである。

3　日本共済協会の紛争解決機関

日本共済協会では，共済契約者等の利用者の相談・苦情および紛争について，中立・公正な立場から円滑な解決を図るための機関として，共済相談所を設置して運営している。

(1) 取り扱う紛争の範囲

取り扱う紛争の範囲は，会員団体（日本共済協会との間で紛争解決支援業務に関する利用契約を締結している団体）またはその会員団体との間の共済契約に関し，契約関係者から苦情の申し立てがあり，相談所による助言または当該団体への苦情の取次等にもかかわらず，当事者間でなお問題が解決しない場合で，共済相談所規程にもとづき，

苦情を申し立てた契約関係者から審査委員会に解決を求める裁定可能なものである（相談所規程12条，以下規程という）。現在において，以下のものが会員団体である。

　①全国共済農業協同組合連合会（JA共済）
　②全国労働者共済生活協同組合連合会（全労済）
　③日本コープ共済生活協同組合連合会（コープ共済連）
　④全国大学生協共済生活協同組合連合会（大学生協共済連）
　⑤全国共済水産業協同組合連合会（JF共済）
　⑥全日本火災共済協同組合連合会（日火連）
　⑦全国トラック交通共済協同組合連合会（交協連）
　⑧全国中小企業共済協同組合連合会（中小企業共済）
　⑨全国自動車共済協同組合連合会（全自共）

(2) 審査委員会の設置

　紛争解決支援機関として，相談所に審査委員会（以下，委員会という）が置かれている（規程13条1項）。委員会は，裁定または仲裁の開始を決定した場合，審議会または仲裁人会を設置する（同条2項）。

(3) 委員会の義務・業務，審議会等の権限，委員会委員の独立性の確保

　委員会は，紛争解決支援の申し立てがあった場合，法令および相談所規程を遵守し，中立的な立場から，独立して，公正かつ迅速な解決を図る（規程14条）。委員会は，裁定開始の適格性の審査を行う。紛争解決支援の申し立てがあった案件については，裁定の場合は審議会が，仲裁の場合は仲裁人会が，それぞれ当該案件の審議，和解案の提示，受諾勧告，決定等を行い，またそれらに関するすべての権限を有する。委員会委員は，委員の義務を履行するため，その義務を遵守することを約する書面を相談所所長に提出しなければならない。日本共済協会の役員は，委員会委員が紛争解決支援手続の実施に当たり独立して行う業務を妨げてはならない。また，協会の役員はこの義務を履

行するため，その義務を遵守することを約する書面を委員会委員長に提出しなければならない。

(4) 裁定の方法
　裁定は，委員長が委員会委員のうちから選任した3名の委員（うち1名以上を弁護士とする）からなる審議会において行う（規定29条）。

(5) 審査委員会の構成
　委員会は，弁護士，消費生活専門相談員，学識経験者等の委員で構成される（規程15条）。

(6) 裁定申立のための提出書類
　裁定の申し立てを行う場合には，裁定申立人はその趣旨および苦情等の事実関係を記載した所定の裁定申立書2通および証拠書類があるときは，その原本または謄本2通を審査委員会に提出しなければならない（規程31条）。

(7) 裁定申立の受理
　委員会は，相談所が共済契約に関する苦情を受け付け，相談所による助言または当該団体への苦情の取次等にもかかわらず，当事者間で問題が解決せず，契約関係者から裁定の申し立てがあった場合は申立を受理する（規程24条）。

(8) 裁定申立の不受理
　委員会は，次の場合には，裁定の申し立てを受理しない（規程27条）。
　①相談所において苦情として取り扱わなかった案件
　②契約関係者からの申し立てでない場合
　③申立事項について，訴訟が終了しもしくは訴訟中または民事調停

が終了しもしくは民事調停中の紛争に係るもの。ただし当事者間に相談所の裁定によってその紛争の解決を図る旨の合意があり，受訴裁判所の決定により訴訟手続が中止されているものを除く。
④申立事項が，他の機関による仲裁，あっせん・調停等の紛争解決手続を終結し，または手続中のもの
⑤過去に委員会において，同一の裁定申立人からの同一の申し立てについて，裁定不適格または裁定の判断が示された事案
⑥申立事項が，つぎの紛争処理機関の対象案件である場合
・（財）自賠責保険・共済紛争処理機構
・（財）交通事故紛争処理センター
・（財）日弁連交通事故相談センター
⑦主たる申し立ての内容が共済契約に関するものでない場合
⑧申立事項が，個人情報の取扱いに関する事案
⑨裁定申立人が不当な目的でみだりに裁定の申し立てをしたと認められる場合
⑩団体の経営方針や職員個人に関する事項，または事実認定が著しく困難な事項等，申し立ての内容が，その性質上裁定を行うに適当でないと認められる場合
⑪相手方である団体が，委員会に対して訴訟等により解決を図ることをその理由および証拠書類を付して文書により通知した場合

(9) 相手方の手続応諾義務

　委員会は，相手方団体に裁定の申し立てがあったことを通知し，裁定手続きへの参加を要請します（規程24条2項）。なお，相手方団体には，原則として裁定手続きへの参加を応諾する義務が課されている（規程26条）。委員会は，裁定の申し立てを受理したときは，裁定申立書等1通を相手方団体に配達証明郵便またはこれに準ずる方法により送付する（規程31条）。

(10) 裁定書の作成，団体による裁定結果の尊重

審議会は，裁定を開始したときから，原則として4か月以内に裁定書を作成し，当事者に配達証明郵便またはこれに準ずる方法により交付する（規程41条）。

団体は，この審議会の裁定結果を尊重しなければなりません。

(11) 和解案の提示・受諾勧告・和解契約書の提出

審議会は，当事者に和解に応じる意向があるとき，または，和解による解決が妥当と認められるときは，申立案件の事実関係および当事者の主張等を慎重に審議し，中立・公正な立場から和解案を策定し，これを当事者双方に提示して，その受諾を勧告することができる（規程39条）。当事者双方がこの和解案を受諾したとき，または，裁定中に当事者間に和解が成立したときは，当事者において和解契約書を作成し，その写し1通を遅滞なく審議会に提出しなければならない（規程40条）。

(12) 裁定申立の取下げ

裁定申立人は，いつでも，所定の裁定申立取下書を審議会に提出して，裁定の申し立てを取り下げることができる（規程38条）。

(13) 裁定の打ち切り

審議会は，裁定中の紛争が次の場合に該当するときは，その裁定を打ち切ることができる。この場合は，その理由を付して，当事者双方に配達証明郵便またはこれに準ずる方法により通知する（規程37条）。

①申し立ての内容に虚偽の事実が認められたとき
②裁定申立人が正当な理由なく事情聴取に出席しないとき
③裁定開始後に，上記(8)の①から⑩に規定する事由に該当することが判明したとき
④裁定開始後に，上記(8)の⑪に規定する事由が発生したとき。た

だし，相手方団体の提出した理由書について，審議会がその理由に相当の理由があると認めた場合を除き，相手方団体は裁定手続きへの参加を継続しなければならない。

⑤その他裁定を行うに適当でない事情が認められたとき

（14）裁定手続の終了

審議会の裁定は，つぎの場合により終了する（規程42条）。

①委員会が，当事者に対して，裁定を開始しない旨の通知をしたとき

②審議会が，当事者に対して，裁定を打ち切る旨の通知をしたとき

③当事者双方が裁定結果を受諾したとき

④当事者が，審議会に対して，和解契約書を提出したとき

また，上記の他に裁定申立人から仲裁の申し立てがあり，相手方団体がこれに合意したことにより仲裁手続が開始された場合についても，審議会は裁定手続を終了する。この場合裁定手続において当事者から提出された書類等について，仲裁手続に引き継ぐことができる。審議会は，当事者双方またはいずれか一方が裁定結果を受諾しなかったときは，裁定不調によりその裁定を終了するものとし，その旨を当事者双方に配達証明郵便またはこれに準ずる方法により通知する。なお，相手方団体が裁定結果を受諾しない場合，当該団体は，審議会に対して受諾しない理由を説明するものとする。この場合において，審議会がこれを正当な理由にもとづかないと判断した場合には，委員会は，紛争の概要，団体名および当該団体が受諾しなかった理由を公表することができる。

4 日本共済協会における現状

(1) 相談・苦情の状況

　日本共済協会では，会員団体との間で共済契約を締結している共済契約者，被共済者，共済金受取人，その他共済契約について直接利害関係を有する者から団体が提供する共済商品やサービス内容等に関する全般的な相談を受付けている。また，団体にその責務にもとづく行為を求めたり，団体との間の共済契約や提供するサービスの内容，もしくはその普及活動等に起因して何らかの被害が発生するなどして，団体に対する不満足の表明である苦情を受付けている。

　①相談・苦情の受付件数

　共済相談所における平成21年度（2009年）の相談・苦情受付件数は2,134件（前年度2,079件，対前年度比103％）となり，そのうち相談件数は909件（1,037件，88％）と前年度より減少したが，苦情件数は1,225件（1,042件，118％）と増加している[6]。

　平成19年度の苦情件数の1,069件と比較しても，苦情の件数は増加傾向にある。保険金の不払問題とも関係して，契約者の権利意識が高まっているように思われる。

　②共済種類別の相談・苦情の受付件数

　相談件数では生命系共済が312件で全体の34％を占めており，自動車共済が200件（22％），火災共済が151件（17％）となり，これらの共済で相談件数全体の73％を占めている。苦情件数については，自動車共済が524件で全体の43％を占めており，生命系共済が421件（34％），火災共済が212件（17％）とつづき，これらの共済で苦情件数全体の94％を占めている。

　平成20年度と比較すると，生命共済が減少しているのに対して，自動車と火災が増加している。また，年金も全体の数は少ないが，増加傾向にある。

③内容別の相談・苦情の受付件数

相談内容としては，加入検討（告知相談含む）が179件で全体の20％を占めており，事務手続き（加入・保全・収納）が177件（19％），共済金請求相談が153件（17％），と続いている。前年度と比べて事務手続き（加入・保全・収納）が29件増加し，共済金請求相談が44件の減少になっている。

苦情内容としては，支払・査定への不満が579件で全体の47％を占めており，その他（電話不通含む）が238件（20％），保全・収納への不満が135件（11％）と続いている。平成20年度と比較すると，支払・査定への不満が130件の大幅増であるのに対して，説明不足が35件，保全・収納への不満が31件の減少になっている。

支払・査定への不満が今後増加することが予想される。

④申出者別の相談・苦情の受付件数

申出者別では，契約者が1,467件で全体の69％を占めており，被害者が227件（11％），加入検討者が208件（10％）とつづき，これらで全体の89％を占めている。

(2) 紛争解決支援

1) 審査委員会における紛争解決支援

日本共済協会では，契約関係者から相談所に苦情の申し立てがあり，相談所による助言または当該団体への苦情の取次等にもかかわらず，当事者間で問題が解決しない場合，契約関係者は相談所に設置している審査委員会に紛争解決（裁定あるいは仲裁）を申し立てることができる。審査委員会では，紛争解決の申立てがあった場合，裁定開始の適格性を審査し，裁定が妥当と判断した場合に裁定を開始する。

2) 紛争解決申立件数

平成20年度の裁定申し立て受付件数は27件（平成19年度は16件）であったが，平成21年度は23件の裁定申し立てを受け付けている。平成21年度は，前年度からの継続審議案件の8件とあわせて31件に

ついて対応している。受付件数は減少しているが，申立事案の解決が長期化している様子が推測される。

3）主な紛争解決申立案件の概要

平成21年度の主な裁定案件の概要については，次のものがある。

・生命・年金共済関係

①生命共済契約の解約の無効

契約者（申立人）ではない者（父親）による養老生命共済契約の解約は無効であるから，解約返戻金を申立人に支払えとの申立がなされた事案について，申立人が名義上の共済契約者となっているが，本件共済契約の共済契約者は申立人の父親であって，その解約をなし，解約返戻金を受領する権限を有するのも申立人の父親であるというべきであるから，被申立人が申立人の父親との間で本件共済契約を解約して，解約返戻金を同人に支払ったことは有効であるとの裁定がなされた。

②疾病重度障害の認定に伴う既払込掛金の返還請求

養老生命共済の約款が規定する共済掛金の払込免除の適用をめぐる紛争であり，約款の定める「疾病重度障害状態」に該当しているので，これまでの払込済み共済掛金の返還を請求する旨の申立がなされた事案について，後遺障害・疾病重度障害状態の認定においては，治癒や症状固定を前提としているが，統合失調症は症状の経過として変動あるいは進行増悪するのが一般的であり，治癒または症状固定として判断することは困難であるものの，障害状態が将来にわたって継続し回復見込みがないという場合には，症状が固定したものとみなすという事務上の処理をしており，発症から10年経過して状態の改善が認められない点も考慮にいれて，疾病重度障害状態12号として認定した日で当事者双方が和解により合意した。

③医療共済のがん重点保障特則付への遡及適用

申立人は被申立人に対して，医療共済加入時において，「がん重点保障特則」を付加できるとの説明を受けずこの特則の存在を知らされ

ないまま加入したので，金融商品販売法に定める重要事項の説明がなく，金融商品販売法に抵触するものであり，また「がん重点保障特則」は新契約締結時にしか付加することができず，また発病した現在の健康状態では新たな共済契約に加入できないので，「がん重点保障特則付医療共済」への加入時からの遡及適用を求めて申立があった事案について，「がん重点保障特則付医療共済契約」は，特則の付されていない医療共済契約とは保障内容も掛金も異なる別個の契約（商品）であり，締結された本件契約それ自体に関する説明義務違反はなかったものと解され，また，本件契約を締結するに際して，被申立人が，「がん重点保障特則付医療共済契約」が別にあることを積極的に提案ないし説明しなかったことが，直ちに重要事項説明義務違反に該当するとは解することができないから，被申立人に重要事項説明義務違反があったとしても，その効力は損害賠償（金融商品販売法5条）あるいは契約取消し（消費者契約法4条）であって，申立人の主張するような既存の契約を自己に有利な契約に遡及的に変更せよとまでする効力が認められているものではないという裁定がなされた。

・損害共済関係

④積立型火災共済契約の無効

申立人は被申立人に対して，平成11年の契約当時，住宅金融公庫の融資を受けるに当たり，1,800万円の再取得価額で火災保険に加入していたが，被申立人は，超過保険についての説明と確認を行わず，また，建物評価額を適正に算定することなく，住宅金融公庫火災保険1,800万円の追加として1,000万円を申立人に勧めたものであり，重複払いはされない旨の説明はまったくなく，被申立人は平成16年の転換契約時にも，超過保険の説明と確認を申立人に行わず，2,000万円の契約を締結させたものであり，超過保険となって加入しても支払われない可能性のある契約と知っていれば締結の意思は当然なかったのであるから，積立型火災共済の契約を平成11年に遡って無効とし，払込掛金から支払共済金を差し引いた金額を返還せよとの申立がなされ

た事案について，積立型火災共済の契約は，和解契約が締結されたときに解約されたものとし，被申立人は申立人に対し，解決金として，解約返戻金を含めて支払うことで当事者双方が和解で合意した。

⑤自然災害共済金の請求

申立人は被申立人に対して，現場調査に来た時に修理費用全額が共済金支払の対象となるとの説明があり，また，約款を請求したが届けてもらえず，約款による説明もなかったので，自然災害による損害にかかる修理に要した費用全額を積立型火災共済の共済金として支払えとの申立がなされた事案について，被申立人側にも説明等の不足・不十分さが見受けられることから，既に申立人が業者に支払っている修理代金と既払い済みの共済金との差額を念頭に，被申立人から和解金を申立人に支払うことで当事者双方が和解で合意した。

⑥搭乗者傷害特約共済金の請求

自動車共済の搭乗者傷害特約共済金の支払をめぐる紛争であり，申立人は運転代行料金の支払問答中に運転代行業者の車両によって負傷したが，代行料金の領収も運転代行の業務であるから，本件事故発生の時から両当事者間に示談が成立するに至るまで，一般自動車共済の搭乗者傷害特約に基づき通院日数1日当り金1万円の割合による搭乗者傷害特約共済金を支払えとの判断を求めた事案について，搭乗者傷害特約による保障は被共済自動車に乗車中に限られ，被共済自動車は申立人の契約車両であるが，申立人は被共済自動車乗車中に事故にあったものではないのであるから，搭乗者傷害特約により共済金が支払われる理由はないという裁定がなされた。

以上の裁定事案については，詳しい事実関係が明らかではないので，個別の事案にコメントすることは差し控えなければならないが，次のような法律上の問題点がなお残されているように思われる。

たとえば，①の事案では，実質的な共済契約者は父親であるから，その父親による解約は有効であるという裁定がなされている。しかし，

父親が契約者であるとしても，被共済者は申立人であるから，その者の同意があったかどうかにより，契約そのものが無効となる可能性も否定できない[7]。養老生命共済契約が無効であれば，父親による解約もまた無効ということになる。また，どのような要件のもとに実質的な契約者と認定したのかも不明であるが，そもそも契約者を形式的なものと実質に分ける必要があるかも疑問であり，父親を実質的な契約者とする以外に解決の方法がないわけではない事案であったのではないかという疑問が残る。さらに，父親が契約者であるとすると，共済証書の契約者とは異なるのであるから仮名契約となり，共済事業者の募集上の問題もある。

②の事案でも，統合失調症が疾病重度障害状態に該当するかが問題となっているが，10年以上しないと判定できないことや，その認定が約款に明記されていないなど共済事業者に問題の根本的な原因がありそうである。

③の事案では，被申立人に重要事項について説明義務違反があったとしても，その効力は損害賠償あるいは契約取消しであって，申立人の主張するような既存の契約を自己に有利な契約に遡及的に変更する効力が認められるものではないというが，重要事項の説明義務違反が認められる場合には，不法行為による損害賠償が認められる可能性がある。そうすると，その損害額の算定が難しい問題ではあるが，説明義務違反がなければがん重点保障特則を締結していたのであるから，締結したならば給付を受けるはずであった共済金相当額が損害であると主張することもできたはずである[8]。法律の知識がない申立人の側に立った配慮が必要であったのではないであろうか。

⑥の事案では，搭乗者傷害特約による保障は被共済自動車に乗車中に限られることを理由にして，申立人の請求を認めていない。しかし，必ずしも車両のなかでなくとも支払の対象になることは判例の認めるところであるが[9]，本件事案の場合には搭乗中ではないとした判断の結論は妥当である。

このように裁定に際しては，保険契約者等に不利な約款条項を無効とする片面的強行規定を定めている保険法などの規律に基づいて裁定する必要がある。しかし，上記のように実際の裁定では，諸般の事情からそれぞれの事案に応じた裁定がなされているようである。ただ個別の事案について柔軟に対応することにより，同種の問題に対して別々の理論構成や結論が異なることになるのは妥当ではないであろう。そのためには，個人情報保護や審査委員会の秘守義務の問題があるが，可能な限り裁定事例をオープンにする必要がある。

5　ADRにおける問題点

　本来であれば，それぞれの業法に基づいて指定された指定紛争解決機関として認定を受けたものを検討する必要がある。しかし，生協法も改正されておらず，また日本共済協会も認定を受けていないので，以下では，現在の日本共済協会の相談所規程を参酌しながら，共済におけるADRの問題点を検討する。

(1)　裁定等の判断基準

　紛争解決機関には裁定型と調停型があるが，いずれにしてもその際の判断基準は何によるものか。裁判外紛争解決といっても，その判断基準は従来の判例や保険法などの規律によることになるのであろうか。個別具体的な事案のもとでは，これらと異なる判断基準が必要となる場合もあるであろう。しかし，そうであるからといって場当たり的な判断基準により裁定がなされるならば，裁定そのものへの信頼を損なうことにもなり，ひいてはADRの存在意義も疑問視されることにもなりかねない。

　この点については，大岡裁きか簡易裁判手続のどちらかという議論がなされた[10]。例えば，裁判に準ずる形で，証拠を集めて事実を立証

し真実をできるだけ明らかにしたうえで，同様の事実関係から得られる結論が，毎回そんなに違わず，法的安定性があり，先例拘束性に近い性格が与えられ，当事者による予見可能性が高い制度をより重視するという簡易裁判手続と，このような手続は，その分事実認定を厳密にすべきこととなり，時間がかかりがちなので，事実認定についてそれほど厳密なことを求めずに，より柔軟性，迅速性を重視し，当事者の納得を優先するという大岡裁きが想定される。どちらにウエートを置くのか，どちらをより目指すのかは，意見が分かれるところである。

　金融ADR創設に際して参考とした英国の金融オンブズマンサービス（Financial Ombudsman Service，以下FOS）では，裁定基準について，衡平かつ合理的（Fair and Reasonable）な判断基準によることを明らかにしている。この衡平かつ合理的という判断原則は，関連法令，規則・規定，ガイドライン，業界の行動規範などがあるが，個々のケースにおいて一律的な法律の解釈では必ずしも衡平な結果をもたらさない場合，法律からだけでなく，何が衡平であるかをより広い観点から吟味して，場合によっては法律に従わない救済策を提供することが認められており，一般的な裁判所の仲裁は法的処理の色彩が濃く関係者の法律上の立場（合法性の要件を満たしているか否か）のみに拘束されるのに対し，FOSは法律以外の多様な要素を吟味し，当事者の相互理解を促進し，問題の原因を認識し，衡平な解決方法を柔軟に検討する[11]。ただ法律や判例に拘束されないということは，FOSにとってメリットではあるが，それはまた個々の事案ごとに判断基準を変える危険性もあることになる[12]。

　日本共済協会では，相談所は，苦情の受付・対応にあたっては，常に中立・公正にこれを行い，苦情申立人から事情を十分に聴き取る等により，苦情申立人の正当な権利が保護されるよう配慮する，と規定している（規程10条2項）。この規定が，裁定基準までをも含むものであるかは明確ではないが，中立・公正の意味がなんであるかが重要である。要はADRのメリットを十分に生かすことを主眼とするなら

ば，FOSのように法律や判例にとらわれない解決方法が望ましいであろう。その場合には，審査委員会の力量が試されることになる。

(2) 裁定の受諾義務

　日本共済協会の相談所の裁定結果について，団体は正当な理由がない限り尊重しなければならないが，契約関係者は，これに拘束されない，と定めている（規程6条）。また，審議会は，当事者双方またはいずれか一方が裁定結果を受諾しなかったときは，裁定不調によりその裁定を終了するものとし，その旨を当事者双方に配達証明郵便またはこれに準ずる方法により通知する（規程42条3項）。相手方団体が裁定結果を受諾しない場合，当該団体は，審議会に対して受諾しない理由を説明するものとし，この場合において，審議会がこれを正当な理由にもとづかないと判断した場合には，委員会は，紛争の概要，団体名および当該団体が受諾しなかった理由を公表することができる。

　このように規程では，共済事業者が裁定結果を尊重する旨を定める一方で，申立人には裁定に拘束されないことを明らかにしている。尊重であるから受諾義務を定めているわけではないので，共済事業者が裁定結果を受諾しない場合には，その理由について説明義務を課している。そして，審議会がこれを正当な理由にもとづかないと判断した場合，委員会は，紛争の概要，団体名および当該団体が受諾しなかった理由を公表することができる。しかし，正当な理由とは何かが明記されていないので，公表の判断基準が明らかではなく，裁定の尊重義務が有名無実になる可能性は否定できない。むしろ相談所と会員団体との契約上の義務として，共済事業者に裁定の応諾義務を課すこともできるのではないであろうか。そのほうが，裁判を受ける権利を保障している憲法の疑念も払拭できるし，より契約者等の保護になるからである。

(3) 裁定申立のための要件

　共済相談所規程では、「紛争」とは、相談所に共済契約に関する苦情を申し立てたにもかかわらず、契約関係者および団体との間でなお問題が解決しない場合で、苦情を申し立てた契約関係者から審査委員会に解決を求めるものをいう、と定めている（規程5条）。したがって、苦情申立人が裁定を申立てるためには、①相談所による助言または当該団体への苦情の取次等にもかかわらず、当事者間でなお問題が解決しない場合で（規程24条）、かつ、②審査委員会が行う裁定開始の適格性の審査を経なければならない（規程14条2項）。裁定の申立を受け付けるために、一定の要件を課しているのであるが、これらの要件を厳しくすると保険契約者の保護にかけることになる。

　とくに適格性の審査において問題となるのは、申立事項が、（財）自賠責保険・共済紛争処理機構、（財）交通事故紛争処理センター、（財）日弁連交通事故相談センターの対象案件である場合には、適格性がないことである（規程27条1項6号）。これらの機関は、自動車共済（保険）の賠償案件に係る事案のみを取り扱っているADR機関であるが、何故にこれらの対象案件であると適格性を欠くのか理解できない。おそらく同一事案を二つ以上のADRで扱うことの経済的不合理であろう。しかし、たとえば、自動車共済の人身傷害特約の損害算定において、被害者の後遺障害の等級が問題となった場合、紛争処理機構の判断を待って裁定する必要が出てくることを想定するならば、被害者にとってより迅速で有益な解決となるから、適格性を否定する必要はない。実際の裁判でも、紛争処理機構の判断をもとに判決することが一般的に行われているのは参考となる。

6　おわりに

　金融ADRについては，金融商品取引法，銀行法，保険業法等において，共通の枠組みが整備され，協同組合についても，農業協同組合法，水産業協同組合法，中小企業等協同組合法などが改正された。金融ADR制度のもとで金融庁から，生命保険協会など7団体が指定紛争解決機関として認定された。

　しかし，生活協同組合法については，何らの改正もなされず，農協法が改正されたJA共済についても，日本共済協会が指定紛争解決機関の指定申請を見送り，ADR促進法に基づく法務大臣の認証を取得した。そこで，本稿では，日本共済協会の相談所の規程などを参酌して，共済と金融ADRの問題点を検討した。

　2010年は金融ADR元年であることから，まだ始まったばかりのADRをこの段階で批判することは早計であるかもしれない。しかし，鉄は熱いうちに打ての諺のように，始まったばかりであるからこそ，消費者や利用者のためのADRを早急に目指すべきである。その際には，金融ADRの模範となる英国のFOSのオンブズマンが，必ずしも法律家だけから構成されているのではないことが大いに参考となる。Fair and Reasonableは，日本のADRにも当てはまるのであり，これこそがADRの神髄である。

(1) 山本和彦＝山田文・ADR仲裁法（日本評論社・2008年）参照。
(2) 山本＝山田・前掲12頁参照。
(3) 他には，全国銀行協会，信託協会，日本損害保険協会，保険オンブズマン，日本少額短期保険協会，日本貸金業協会がある。
(4) 保毎2010年8月23日によれば，任意の自動車共済の賠償案件に係る紛争解決で，金融ADR法では「交通事故紛争処理センター」などへの業務委託が不可能となるためであるという。

（5）野口直秀「金融分野における裁判外紛争解決制度について」生命保険論集171号153頁（2010年），松澤登「英国オンブズマン制度に関する一考察」生命保険論集168号207頁（2009年）参照。また，権藤幹晶「生命保険業務における裁判外紛争解決制度について」生命保険論集掲載予定。

（6）相談所の活動状況について，http://www.jcia.or.jp/adr/pdf/katudo21.pdf 参照。

（7）保険法38条では，生命保険契約の当事者以外の者を被保険者とする場合，その被保険者の同意がなければ，契約の効力を生じないと規定している。この規定は，モラルリスや賭博保険の防止等を目的とする公序に関する規定であるから，その性質上当事者の合意によっても変更することができない強行規定である。萩本修・一問一答保険法171頁（商事法務・2009年）参照。

（8）もっとも，阪神大震災で自宅などが焼失した保険契約者が保険会社に対して地震保険についての説明義務違反を理由として慰謝料請求した事案について，原審が請求を認容したのに対して，最判平成15年12月9日民集57巻11号1887頁は，本件各火災保険契約の締結に当たり，保険者側に，保険契約者に対する本件地震保険に関する事項についての情報提供や説明において，不十分な点があったとしても，特段の事情が存するものとはいえないから，これをもって慰謝料請求権の発生を肯認し得る違法行為と評価することはできないものというべきである，と判示した。しかも仮に保険会社側からの情報の提供や説明に何らかの不十分，不適切な点があったとしても，特段の事情が存しない限り，これをもって慰謝料請求権の発生を肯認し得る違法行為と評価することはできない，というのである。また，判旨は，申込者である保険契約者は，申込書に記載されたこれらの情報を基に，保険者に対し，火災保険及び地震保険に関する更に詳細な情報，すなわち両保険がてん補する範囲，地震免責条項の内容，地震保険に加入する場合のその保険料等に関する情報の提供を求め得る十分な機会があったとして，保険契約に関する情報は保険者が提供するのではなく，保険契約者が自ら積極的に保険者に対して情報の提供を求めることが必要となる旨を判示している。保険契約者側にとっては，厳しい判断がなされている。

（9）最判平成19年5月29日判時1989号131頁は，次のように判示した。夜間高速道路において自動車を運転中に自損事故を起こし車外に避難した運転手が後続車にれき過されて死亡した事案について，そのれき過等の場所は本件車両の外であって，被保険者が本件車両に搭乗中に重い傷害を被ったものではないことは明らかであるが，それゆえに死亡保険金の支払事由に当たらないと解することは，本件自損事故と被保険者の死亡との間に認められる相当因果関係を無視するものであって，相当ではない。このことは，本件自損事故のように，運行起因事故によって車内にいても車外に出ても等しく身体の損傷を受けかねない切迫した危険が発生した場合，車内にいて負傷すれば保険金の支払を受けることができ，車外に出て負傷すれば保険金の支払を受けられないというのが不合理であることからも，肯定することができる。本件搭乗者傷害条項においては，運行起因事故による被保険者の傷害は，運行起因事故と相当因果関係のある限り被保険者が被保険自動車の搭乗中に被ったものに限定されるものではないと解すべきである。

(10) 座談会「金融ADRのあるべき姿」金融法務事情1887号59頁（2010年）〔井上聡〕参照。

(11) 冨永紅「英国金融オンブズマンサービス（FOS）について」共済と保険2009年8月号19頁，20頁（2009年）参照。

(12) 甘利公人「英国の消費者保護法制の現状と課題」共済と保険2009年11号31頁（2009年）参照。

保険法における危険選択
~保険法改正の実務への影響~

◎一橋大学大学院法学研究科特任講師
千々松 愛子

はじめに

2010年4月1日に施行された保険法は、2条1項において従来の適用対象であった保険契約に加え、共済契約もその適用対象とした。保険契約と共済契約は、その沿革や制度趣旨等は異なるものの、現代社会において果たす役割は、保険契約と同様の機能を有することから両者を同一のルールで規律することとなった。

改正の議論の過程では、立法論として生成されてきた理論や、実務上の取扱い等、従来指摘されてきた様々な問題が取り上げられ、最終的に、より現代の趣旨や制度に適った内容の改正となった。中でも危険選択に関する議論には多くの時間が費やされ、結果、その一つである告知義務の規定に関しては大幅な改正がなされた。

保険契約において、危険とは医(学)的危険、環境的危険、道徳的危険(モラル・リスク)に分類され、危険選択は、契約締結の段階から支払いに至るまで、様々な段階で行われる。

被保険者の生死を保険事故とする生命保険契約においては、その身体状況により危険度を評価するため、医(学)的危険選択がより重要な意味を持つ。

本論では、保険法の改正を基礎に、危険選択に関する従来の議論、事前の危険選択手段である告知義務制度、事後の危険選択である契約前発病不担保条項について、この二つの制度に深く関わる医療技術の進歩という側面を加えて保険法という新たな共通ルールを持った共済と保険の危険選択の在り方を考察するものである。

なお、本論は主に生命保険契約および傷害疾病定額保険を考察の対象とする。

1 保険契約・共済契約における危険選択の意義

(1) 沿革

　危険選択は，逆選択を防止するために，保険制度生成時から行われ，その最たるものである告知義務制度は，多少の差こそあれ，各国保険法に必ず存在する規定である。とりわけ，被保険者の身体状態により危険選択を行う生命保険契約においては重要な意味を有してきたといえる。当初の危険選択は，医(学)的選択ではなく，保険者による面談や誓約書の提出などであり，後に医師による診査がなされるようになり，これが急速に広がり，現在の危険選択の流れとなった[1]。

(2) 意義

　保険契約，とりわけ生命保険契約は，被保険者の死亡等，保険事故による経済的損失あるいは必要を保障する制度である[2]。従って，ある程度以上危険度の高い者は排除せざるを得ない。ここでいう危険は，被保険者の現症・既往症といった健康状態に関するもの，すなわち医(学)的危険，被保険者を取り巻く環境的要素に基づく危険，すなわち環境的危険，保険金詐欺など保険契約を悪用し，不法に保険金を詐取しようとするもの，すなわち道徳的危険（モラル・リスク）をいい[3]，これらの危険を正しく評価し，逆選択やモラル・リスクを排除し，公平を保つことが危険選択の大きな目的であり役割であるといえる。

(3) 現在の危険選択手段
①危険選択の各段階

　現在行われている危険選択は，生命保険契約においては5段階にわたって実施されている。第一次選択として営業職員等による面接，質問，観察，第二次選択として告知，診査等，第三次選択として契約の査定，決定，第四次選択として契約確認，第五次選択として支払い時

の査定，決定，という流れである[4]。第一次選択から第三次選択までは契約の成立前の危険選択である。

危険選択において，はいずれの段階も重要であるが，保険契約の種類や販売形態が多様化する現代においては，個々の商品により，その重要性は異なってくるといえよう。一般的に，告知書扱いの共済契約や通信販売による契約では，第二次選択の告知の重要性はおのずと増すことになる。

②医(学)的危険選択手段

危険には，前述したとおり，医(学)的危険，環境的危険，道徳的危険があるが，医(学)的危険は，健康状態の告知を基礎として行われ，いわゆる医師扱，面接士扱，告知書扱に分類されている[5]。

医(学)的危険選択においては，いずれの危険選択手段によるにせよ，告知の重要性に変わりはないが，通信販売や，多くの共済契約のように，基本的に告知書扱いの場合，契約成立前では告知が唯一の危険選択手段となる。

(4) 民間保険会社と共済の危険選択手段の相違

近年，「保険の共済化」，「共済と保険の同質化」，「保険商品との同質化」などが指摘される中で[6]，多様な商品設計により，消費者には選択の幅が広がっている。

このような中で，医(学)的危険選択手段に注目してみると，一部を除き，共済の多くは，いわゆる告知書扱による危険選択手段によっているといえるが，一部の民間保険会社のように通信販売のみを販売チャネルとしている会社も告知書扱ということになる。また，JA共済は，商品によっては診査医扱，面接士扱，告知書扱のいずれの選択手段も用いており，CO・OP共済の《あいぷらす》は，加入年齢や共済金額によっては健康診断書の提出が必要であるというように，民間の保険，共済の区別による医(学)的危険選択というよりは，保障商品の種類による区別ということがいえる。

また，危険選択のしくみ，法の適用自体もそこに異同は見られないことから，危険に関するこれまでの保険契約法上の議論は，共済にも当てはまるといえる。

　問題は，両者が近接する中で，共済の相互扶助，たすけあいといった理念を具現化したともいえる緩やかな危険選択をいかに維持・実現するかという点にある。

2　保険法改正と危険選択

(1)　告知義務
①概要

　2010年4月1日，保険法は，それまでの商法を離れ独立法典として施行された。明治44年の実質的改正からほぼ100年ぶりの改正となった新たな保険法は，現代化・現代語化という二つのコンセプトを掲げて改正の議論に入ったが，審議過程では危険選択に関しても相当な時間が費やされた。保険契約において，危険選択は，危険度を測定し，個々の危険に応じてその可否や保険料率を決定するために必要不可欠のものであり，わが国の保険契約法は，明治期の商法制定当初から告知義務の規定を置き，変遷を遂げながら危険選択の機能を委ねてきた。しかし，時の経過とともに，保険商品の多様化・複雑化そして，保険契約者側の保護というさまざまな視点から，告知義務制度のあり方については問題提起がなされ，その解決策として，従来解釈論あるいは約款の規定によって対処してきた。

　今回の改正により，告知義務制度は，従来解釈論や実務運用によって認められてきた点を，改めて法定化することにより問題の解決を図ったといえよう。

②主な改正点
　質問応答義務化

告知義務は，改正前商法においては，678条に規定されていたが，保険法では，告知義務，義務違反の効果，解除の効力を個別に定めている[7]。

　告知義務は，改正前商法上，重要な事実は告知義務者自ら告知しなければならないという自発的申告義務と解されてきたが，今回の改正で質問応答義務であることが明文化された。もっとも実務上は，かねてより質問応答義務として扱っていたものであり，この点に関しての実務への影響はないものと思われる。ただし，従来，保険者が告知事項として告知を求めなかった事項につき，告知義務違反を理由とした契約の解除をするような手法は不可能となる[8]。これにより，いかなる質問をいかなる方法で実施するかという問題が，従来以上に保険者に課されることになる。保険者による質問が，場合によっては告知義務者に錯誤を生じさせることがあるため，質問は，明確かつ詳細で，医学的，法的のみならず，通常人の判断も勘案すべきことは古くから指摘されていたところであるが[9]，後述するように，疾病の概念が医療技術の進歩とともに更に拡大することとなれば，その負担は，保険者が負うしかない。

　さらに，告知事項に関して，従来の「重要なる事実または事項」から「危険に関する重要な事項のうち，保険者になる者が告知を求めたもの」と，その範囲が明確化されたため，解釈論としては，概ね従来の見解が維持されるとしても，他保険契約の存在の告知や，約款の位置づけ，質問内容の再検討等が求められることになる。これらの規定に反する内容で，契約者側に不利な特約は無効であるという片面的強行規定が定められたことで，これまで以上に保険者に，明確で分かりやすい約款，質問事項を作成する義務が生じることになる。

　そして，告知義務に関連する紛争の中でも問題が指摘されていた，募集人等による告知妨害，不告知教唆に関しても契約者側を保護する必要性から，保険媒介者が告知妨害，不告知教唆を行った場合には，保険者の解除権を阻却する規定が新設された[10]。

保険媒介者の範囲に関しては、契約締結の媒介のみを行う、告知受領権を有しない者とされており[11]、生命保険会社においては営業職員や代理店が媒介者にあたる。保険業法上の募集主体である必要はなく、保険法上の保険媒介者の定義を満たせば、その者は保険媒介者に該当することになる[12]。

共済契約の場合、たとえば全労済においては職場での推進は労働組合や事業所単位に「協力団体」として登録し、また、地域での推進は全労済に共感した者を「地域推進員」として登録し、共済の紹介活動を行っており[13]、これらの人々は保険媒介者には当たらないと考えられる[14]。

従って、理論上、保険法の規定する、保険媒介者による告知妨害、不告知教唆の問題が生じない場合もあると考えられるが、制定の趣旨を考えるとそのままの解釈でよいのか、改めて検討する必要があると思われる。

同規定は、紛争解決を図るものとして評価されるところであるが、告知義務の質問応答義務化とも相俟って、契約前発病不担保条項の運用にも影響を及ぼすことが予想される。

(2) 契約前発病不担保条項

契約前発病不担保条項は、疾病等が責任開始期前の発病であった場合には、保険者は給付義務を負わないとする約款上の規定であり、例えば生命保険契約では、通常以下のような規定を置いている。

「被保険者が責任開始時以後の傷害または疾病を原因として保険期間中に高度障害状態（**別表3**）に該当したとき（責任開始時前にすでにあった障害状態に責任開始時以後の傷害または疾病—責任開始時前にすでにあった障害状態の原因となった傷害または疾病と因果関係のない傷害または疾病に限ります。—を原因とする障害状態が新たに加わって高度障害状態（**別表3**）に該当したときを含みます。）」

契約前発病不担保条項は，告知義務制度と同様，危険選択の機能を担うものとして，民間の保険会社においても，共済契約においても運用されている。しかし同規定に対しては，告知義務という危険選択手段があるにもかかわらず，このような規定が存在することは，二重の危険選択であり契約者側の利益を損なうとして，そのあり方が問題になっている。

契約前発病不担保条項は，予定事故発生率の維持，保険者の引受け危険の範囲を画定するものであり，告知義務制度が，契約締結時の危険選択であるのに対し，契約締結後の危険選択であり，告知義務制度を補完する機能を有するといわれてきた[15]。さらに，疾病に罹患したことに気付いた契約者が保険契約を締結しようとするモラル・リスクを防止するという側面をも有する規定である[16]。このように位置づける以上，同条項が直ちに不合理な条項とまではいえず，また，判例の多くも同条項の有効性を認めてきた（大阪高判昭和51年11月26日判時849号88頁，東京高判昭和61年11月12日　判時1220号131頁，札幌高判平成元年2月20日　文研生保判例集6巻5頁，宇都宮地大田原支判平成10年6月30日　生保判例集10巻242頁，津地判平成11年10月14日　生保判例集11巻574頁等）。もっとも，契約前発病不担保条項を，片面的強行規定である告知義務規定を契約者側に不利に変更していると見ることも不可能ではないことから，告知義務規定との関係で，約款規定を無効と解する余地はあるとの指摘もある[17]。

今回の改正議論において，消費者側からの指摘があった通り，これまで運用されてきた多くの約款規定は，そのまま適用することで，一部の契約者が不利益を被る事態を避けられない。これは，契約前発病不担保条項が，告知義務と異なり，約款をそのまま解釈した場合，罹患という客観的要件のみによって適用されるためである。

とりわけ問題となるのが，被保険者が自身の疾病に関して自覚のない場合と，被保険者の正しい告知により条件なしで引き受けた場合である[18]。そこで，実務では，生命保険協会によるガイドライン（平成

21年7月「保険金等の支払いを適切に行うための対応に関するガイドライン」)に基づき,自覚症状の有無という,ある意味,主観的要件の加味という方法をとり,あわせて,契約締結時から保険期間中の説明義務等の徹底を求め,一部の契約者に不利益が生じないような取扱いをすべきことを明記し,さらに,各社約款により,責任開始期後一定期間経過後の疾病に関しては,発病時期の先後を問わず,責任開始後の発病とみなし,保険給付を行うことを定めている[19][20]。

　こうした取扱いがなされてきたにもかかわらず,契約者の保険加入に対する期待を損なうという強い批判は払拭されず,保険法部会においては,危険選択は告知義務に一本化すべきではないか[21],あるいは,契約前発病不担保条項を規制する規定を設けること[22]も検討された。しかし,最終的には法律として規定することには馴染まないとの理由から保険法に規定を設けることは見送られた。従って,契約前発病不担保条項に関しては,従来通り実務に委ねられることとなった。こうした議論を受け,多くの保険会社が保険法施行とともに約款の契約前発病不担保条項に関する規定を改めている。約款を改定した保険会社の多くは,従来の契約前発病不担保条項の規定に,保険者が告知等により,当該疾病を知っていた場合には,契約前発病不担保条項は運用しないという文言を加えている。本来,契約前発病不担保条項は客観的要件のみで適用される規定である。それ故,告知義務と比し,契約者側の期待を損なうとの指摘がなされているわけであるが,今回の約款の改定は,契約者保護としての評価はできるものの,契約前発病不担保条項に保険者の知,場合によっては過失不知という要件を加えたことになり,契約前発病不担保条項と告知義務制度の混同を生じさせる可能性がある。契約前発病不担保条項が,告知義務との関係において問題視されてきたことは事実であるが,両者がその機能,効果を異にする制度である以上,これらの約款規定により問題が解決されたとは到底思われない。

　約款規定により,本来の契約前発病不担保条項の機能をほぼ喪失さ

せているという点を認識した上で，そのあり方を再検討しなければならない。

3　医療技術の進歩が危険選択に与える影響

(1) 疾病と非疾病，治療と予防の境界

　近時の医療技術の進歩は目覚ましいものがあり，多くの病気を治療可能にしてきた。しかしその一方で，疾病とは何か，という根本的な問を我々に投げかけている。

　このことは，保険法が，新たに傷害疾病定額保険契約の類型を定めたものの，疾病概念の定義については何ら規定を置かなかったことからもうかがうことができる。

　生命保険法制研究会が作成した「疾病保険契約法試案（2005年確定版）」は，「疾病保険契約は，当事者の一方が相手方または第三者の疾病（出産，老衰その他の医療または介護を要する人の状態を含む）に関して契約で定めた給付をなすことを約し，相手方がこれにその対価を支払うことを約することによって，その効力を生ずる」と疾病保険を定義しているが，その「疾病」概念自体が近時は曖昧になっているのである。疾病を定義することの難しさは古くから指摘されているところであるが[23]，もっとも密接なかかわりを有する生命保険契約の告知義務制度は，それでも，医療技術の進歩とともに変容する疾病概念に対して，その都度解釈論や判例の蓄積によって適切に対処してきたといえよう。

　疾病は，病気より広く，「身体の異常な状態のうち傷害を除いたもの」が実態に近いのではないかと言われている[24]。しかし，「疾病の発病」については，罹患，受療，診断確定のいずれと解するかによって結論が異なることが指摘されており[25]，自覚症状を含む，あるいは含まない，といった対立もあり，学説・判例ともに見解の一致をみて

いない[26]。

　様々な見解が主張される背景には，近年の急速な医療技術の進歩に法理論が追いつかないという現実と，理論の構築にあたって必要な定義，すなわち「疾病」の定義自体が曖昧さを有する存在となっていることにある。

　例えば近年目覚ましい進歩を遂げている生殖補助医療（assisted reproductive technology, ART）や，老化をどのように観念するかということなどはその最たるものである。生殖補助医療に関していえば，給付の可否のみならず，そもそも生殖補助医療を必要とする状態，すなわち不妊症[27]は疾病なのかという問題が根底にある。さらに，近時は，生殖補助医療の技術進歩は，倫理的問題から「親子とは何か」という法的問題にまで及んでいる。

　2010年10月に発表されたノーベル生理学・医学賞[28]に対して，ヴァチカンが不快感を示すなど，医療技術の進歩は，既に「神の領域」と言われてきたものに足を踏み入れているのである。

　また，老化の症状一つをとっても，骨粗鬆症や更年期障害は既に疾病として広く認識されているが，反対に，シワやシミなどの美容整形，アンチエイジングの分野に関しては，一般的に，疾病と認識することは難しいであろう[29]。では，これらの違いは何なのか。老化と疾病の境界も曖昧になっているのである。医学的介入や医療機関への受診が必ずしも疾病にはつながらないということは，危険選択のあり方に根本的な見直しを迫っているといえよう。

　このような中で，今後危険選択に大きな影響を及ぼすと考えられるのが遺伝子情報の取扱いである。

(2) 遺伝子情報
①危険選択手段としての遺伝子情報の利用

　遺伝子情報といわれるものには，現在のところ一般的な定義は存在していない。狭義にはDNAテストの結果のみに限定され，広義には

身長・体重・コレステロール値・血糖値・血圧・既往症・家族歴までも含まれるとわれている。そして，今後はさらに，遺伝性疾患・非遺伝性疾患，遺伝子情報・非遺伝子情報との区別はますます困難になることが指摘されており，遺伝子情報の定義如何では保険契約への重大な影響が懸念されている[30]。

　保険契約の危険選択上問題となるのは遺伝子情報の特殊性である。それは以下の点である。第一に，遺伝子情報は，突然変異を除き一生変わることのない固定情報である。第二に，遺伝子診断は潜在的な情報までも把握することができる。第三に，遺伝子検査結果は本人のみならず血縁者にも影響を与える。もちろん，各人の体質差に応じた薬の選択や治療，疾病の予防等医学的側面からはプラス面が大きい。また，保険との側面に注目すると，診断技術の向上により，リスク予測の正確さが増すことも指摘されている[31]。しかし，マイナス面として，遺伝子診断結果に基づく差別（保険加入，就職，婚姻等），情報の悪用，プライバシーの問題，家族・血縁者への影響，診断後に生じる将来の発病に対する不安やストレス等が懸念されている。

　日本は比較的遺伝病の頻度が低いとされており[32]，たとえばハンチントン病の英国における罹患率は10万人に6.4人～8.5人で，この数は日本の10倍であるという[33]。また，嚢胞性線維症は白人に多く，保因者は25人に1人，鎌状赤血球症はアフリカおよびアフリカ系アメリカ人に多く，西アフリカでは4人に1人が保因者であるという[34]。従って，遺伝子診断に関しては，費用や精度という面から汎用レベルには達していない。そのため，保険契約に及ぼす影響は現段階では無視できるレベルであるという。しかし，着床前診断等のように，遺伝子診断が今後普及してくるであろうことは想像に難くない。

　諸外国では，かねてから大きな問題として，危険選択手段として保険会社による遺伝子情報の利用につき，様々な視点から議論がなされてきた。逆選択，競争，不必要な差別の回避，反対する世論や法制化の回避等があげられているが[35]，特にモラル・リスクとの関連では逆

選択の問題が重要である。

　被保険者が遺伝子診断の結果，自身の罹患や早期死亡のリスクが高いことを知った場合，被保険者は遺伝子検査結果の不利な情報を保険会社に告知せず，新たな保険，あるいは高額な保険に加入しようとするインセンティブが働く。そこには遺伝子情報につき被保険者側が知っていて保険者側が知らないという情報の非対称性が存在し，いわゆる逆選択のおそれがある。逆選択の影響が極端な場合は，遺伝子異常を持つ人による保険加入，保険金請求が増加することで，保険の収支が悪化し，保険システムが崩壊する可能性さえあるためである。

　この様な問題に対して二つの対応策が考えられているが，これは同時に遺伝子情報の取扱いに関する近時の議論のメインテーマでもある。第一に，生命保険契約の申込に際し，被保険者の遺伝子検査を義務づけること。第二に，生命保険契約の申込時，すでに遺伝子検査を受けており，検査結果が陽性であることを被保険者が知っている場合には，それを保険会社に告知すべきものとすることである[36]。前者に関しては，遺伝子検査を義務づけることの可否が問題となる。この点に関しては，被保険者の「自己につき知らないでいる権利」の侵害である，という指摘がある。すなわち，経年的に発症するかもしれない病気を心配しないで人生を過ごすことができる可能性の侵害であるという。また，保険制度における不確実性が失われるため，保険者が，契約締結前に遺伝子検査を要求することは許されないのではないか[37]とも主張されており，差別やプライバシーの観点からも保険者による遺伝子検査要求は否定されるべきであろう[38]。

　では，すでに受けた遺伝子診断の結果を告知させることは可能だろうか。ここで問題となるのは，遺伝子情報が保険法37条における，重要なる事実・事項に該当するかという点である。

　生命保険契約において，告知すべき事項とはすなわち，生命の危険測定上の重要事実・事項であり（大判明治40年10月4日，民録13輯939頁）主に被保険者の現症・既往症・自覚症状がこれにあたる。こ

の点は，保険法でも維持されていると解される。

　遺伝子情報の定義によっては，告知事項に該当する可能性は否めないものの，遺伝子情報は，まだ発症していない病気をも探知してしまうという最大の問題が残っており，この点の解決なくして告知要求をも認めるのは困難であろう[39]。

　一方で，積極的に自己の遺伝子情報を開示する場合は事情が異なる。何らかの機会にすでに遺伝子検査をしており，その結果から，自己は異常遺伝子を有しない証拠として，この結果を保険者に提示することは，条件つき，あるいは割増保険料なしで保険に加入できることになり，被保険者等の利益が侵害されることはないので肯定される[40]。しかし，遺伝子診断結果によって契約を拒否することについては否定的にとらえられている。生命保険契約においてはリスクを適正に評価し，場合によっては契約引受けを拒否することも当然有り得るわけであるが，拒否理由が異常遺伝子を有していることである場合については疑問が投げかけられている[41]。対応としては，米国が行ってきたように引き受け制限を禁止するなどが考えられるが，全国民を対象とした医療保険制度が存在しない米国における保険加入の可否と日本のそれとは簡単に比較することはできない。

②諸外国の状況

　わが国に比べ，欧米においては，早い段階から遺伝子情報の取扱いに関する議論がなされてきた。

　たとえば英国は，1985年にヒトゲノム計画を始動した。その目標は「ヒトゲノム上に書かれた全遺伝子情報を解読し，わたしたちの生きるしくみを明らかにし，人類の繁栄に役立てること」であった。1999年には遺伝子保険委員会を設立し，委員会が認めた疾患に関する遺伝子検査に限りその使用を認めた。2000年6月16日のヒトゲノム解析終了と同じ年，英国保険協会は，遺伝子委員会に，ハンチントン病に関する遺伝子検査結果の使用許可を申請し，認可された。2001年4月には「遺伝子下層集団形成」を危惧する人々により，遺伝子検

査結果の使用に対する保険業界の態度は痛烈に批判された。2001年10月に英国保険協会は，遺伝子検査結果の使用に関し，11月1日から5年間の禁止期間を決定（全面禁止ではない）した[42]。このモラトリアムは2011年まで延長されることが決定しており，引き続き英国においては，遺伝子診断の結果の危険選択への利用は一部を除いて禁止されている[43]。

また，米国は，HIV抗体検査がたどってきた経緯の延長線上に遺伝子診断が位置付けられ，議論がなされてきた。その結果米国では多くの州が，保険会社が遺伝子診断結果を利用することを何らかの形で（多くが，契約の引受けを制限することを禁止）制限する法律を制定している[44]。

米国がHIV抗体検査を初めて危険選択に導入したのは1985年のことである。ただし当初は高額契約にのみ課していたため逆選択が多く発生した。また，検査の精度や抗体陽性者全員が必ずしも発症するわけではないという誤認によって，検査を禁止する州も見られた。しかし後の研究により，HIV感染者のほぼ100％がエイズを発症することや，検査精度の信頼性も認められ，1988年までには生命保険契約の査定に抗体検査を用いることを禁止する州はなくなった。HIV抗体検査の経緯は遺伝子診断においても同様の経緯をたどる可能性があると指摘されている[45]。しかし現状としては，各国の遺伝子情報に関する議論には，多少の温度差があるものの，利用制限という流れを作っており，その結果として，各国で近年相次いで遺伝子情報の利用を制限する法律が制定されてきている。

米国は，各州の法規制からさらに一歩進んで，2008年に遺伝情報差別禁止法[46]が連邦法として成立した。これにより米国は，遺伝子情報の利用に関する立場を統一したということができよう。

ドイツはかねてから遺伝子情報に関する議論が重ねられてきたが，遺伝子診断法[47]が成立しており，遺伝子情報の利用は原則禁止であり，一定金額を越える場合に限り，既に行われた遺伝子情報の結果を

利用することが認められている。

フランスでは1994年の生命倫理法によって、これまでも遺伝子情報の利用に関しては法規制が行われてきたが[48]、保険法典によっても告知に際し遺伝子情報を利用することが禁止されている[49]。

このように、諸外国においては、生命保険契約への遺伝子情報の利用は、全面的に、あるいは金額制限を設けるなどして利用が制限されている。

③我が国における遺伝子情報の取扱い

遺伝子情報の利用に関しては、たとえそれが有用な情報であったとしても、一部を除いて利用は認められないというのが諸外国の基本的立場であり、しばらくその流れは変わらないと思われる。しかし、問題の本質は、遺伝子情報の利用というよりはむしろ、遺伝子情報が何か、という点を忘れてはならない。

いずれにしても、遺伝子情報は、その定義が確立されておらず、今後は遺伝子情報と非遺伝子情報の境界がますます不明確になると予想されていることから、その利用を全面的に禁止することの困難が予想される。そして、それに伴い生じる逆選択と、モラル・リスク排除を、契約者側の保護という観点を満たしつつ、どのようにバランスをとる方策を講じるかが課題である。

遺伝子情報の取扱いに関しては、わが国においては議論の重要性は認識されているものの、いまひとつ進展していないという感が否めない。当然、遺伝子情報の利用を規制する法律等も存在しない。保険法改正の審議過程においても、問題提起はされたものの、具体的な議論には発展せず、遺伝子情報と告知義務といった医療倫理等の問題は、将来の検討課題であることが指摘されるにとどまった[50]。

医(学)的危険選択の対象そのものが曖昧になりつつある今、従来の危険選択の常識がいつまで通用するのか、われわれが近い将来直面する問題として認識しておく必要がある。

結びにかえて

　上述したように，保険法は，告知義務の規定に関して大幅な改正を行った。しかし，共済契約は，従前より告知義務を質問応答義務としてきたこと等から，大きな変更点はないというのが一般的な認識である。また，契約前発病不担保条項を規制することに関しては，立法化は見送られ，実務に委ねられた。

　しかし今後は，告知書記載の「病気」や「けが」といった従来当然のものとして使用していた表現が問題になってくることも十分考えられる。われわれが，こうした問題に直面し，告知書を見直すべき時期は思ったよりも早く到来するかもしれない。

　共済契約の特徴であり，相互扶助を体現する「緩やかな告知」を維持し，危険選択を行う以上，まず求められるのは，告知書を精査する必要性である。さらに，拡大する共済事業に見合った危険選択の方法を分析し，実施することが今後の課題と思われる。

　生協法の改正，保険法の改正という流れの中で，保険者の危険選択に対しても契約者から厳しい目が注がれている。

　保険制度における危険選択の必要性に疑いはなくとも，その運用に際しては，消費者保護を欠くことのないような配慮が求められる。

　告知義務に関しては，今後さらに危険に関する重要な事項の解釈に疑義が生じる可能性があるため，告知書における質問事項の再検討が必要であろう，関連する問題として契約前発病不担保条項の制限的な運用に関しては理論の整理と構築が求められる。

　こうした求めに応じつつ，緩やかな危険選択という共済契約の独自性をいかに維持してゆくかが今後の課題となろう。

（1）生命保険新実務講座編集委員会・(財)生命保険文化研究所編, 1990, 『生命保険新実務講座 第2巻 経営管理』有斐閣, 317頁。

（2）石原全, 2002, 「生命保険契約と遺伝子検査」法学セミナー573号, 28頁。前掲注 (1) 322頁。

（3）石原前掲注 (2) 28頁, 前掲注 (1) 316頁。

（4）前掲注 (1) 328頁, 月足一清, 1986『生命保険犯罪　事例解明と防止対策』東洋経済新報社, 157頁。

（5）前掲注 (1) 340頁。

（6）宮地朋果, 2008, 「生協共済における環境変化と将来」, 生協共済研究会編『生協の共済　今, 問われていること』コープ出版, 192頁。恩蔵美穂, 2008, 「生協共済の強みと今後の発展可能性」生協共済研究会編, 『生協の共済　今, 問われていること』, コープ出版, 134頁。

（7）生命保険契約につき37条, 55条, 59条, 傷害疾病定額保険契約につき66条, 84条, 88条。

（8）萩本修編著, 2009, 『一問一答保険法』, 商事法務, 45頁。

（9）三浦義道, 1924, 『告知義務論』, 厳松堂, 256頁。

（10）生命保険契約につき55条2項2号・同3号, 傷害疾病定額保険契約につき84条2項2号・同3号。

（11）一問一答, 52頁。

（12）山下友信・米山高生編, 2010, 『保険法解説』, 有斐閣, 40頁。

（13）『全労済ファクトブック2009年版』38頁。

（14）全労済は, ホームページにおいても「全労済からのお知らせ」として周知している。

（15）坂本秀文, 1993, 「生命保険契約における高度障害条項」, 三宅一夫先生追悼論文集『保険法の現代的課題』法律文化社, 319頁。

（16）山下友信, 2005, 『保険法』有斐閣, 458頁。

（17）潘阿憲, 2009, 「疾病保険契約における契約前発病不担保条項について」, 生命保険論集167号, 84頁。

（18）山下友信・上松公孝・洲崎博史・丹野美絵子・平澤宗夫「パネルディスカッ

ション　保険法現代化の到達点とこれからの課題」,ジュリスト1368号,89頁(丹野発言)。

(19) 潘前掲注(17)85頁。
(20) ただし,高度障害保険金にはこのような定めはない。これは,高度障害状態に至る疾病は,現在までのところ長期間経過後に同状態に至ることが多いためである。山下前掲注(16)459頁注29。
(21) 法制審議会保険法部会第12回議事録27頁。
(22) 法制審議会保険法部会第20回議事録2頁。
(23) 「「疾病」ノ意義ハ必スシモ明瞭一定セルニ非ス」三浦義道,1924,『告知義務論』,厳松堂,255頁。立法の目的からして,通常の風邪や,頭痛,歯痛等は,重要事項として疾病と解することはできないとされている。
(24) 山下前掲注(16)456頁。
(25) 芦原一郎,2008,「第三分野の保険」落合誠一・山下典孝編『新しい保険法の理論と実務』,50頁。
(26) 小林道生,2006,「責任開始期前発病による高度障害保険金不払と信義則違反」保険事例研究会レポート204号,10頁。長谷川仁彦,2005,「高度障害保険と実務上の課題―責任開始期前発病の認定―」生命保険経営73巻1号,108頁。山下典孝,2006,「簡易生命保険における重度障害状態による保険金給付に関する法的諸問題―高度障害保険契約における諸問題を参考として―」,立命館法学300・301号,549頁。
(27) 不妊症が疾病か否かという問題は認識の差があるようだが,保険実務においては,不妊症は背景疾患との関係から危険選択上極めて影響が大きいことが指摘されている。佐藤和夫,「パネルディスカッション　医学の進歩(医学的介入)は,生命保険に何をもたらすのか―次世代を見据えて―生殖補助医療の進歩　生への介入」日本保険医学会誌107号4巻,297頁。
(28) ケンブリッジ大学ロバート・G・エドワーズ名誉教授の体外受精技術の開発。
(29) ただし,老化の分類によっては広義の「病的老化」に含まれるという。千田尚毅,2009,「老化の科学の進歩―寿命への介入―」日本保険医学会誌107巻4号,319頁。

(30) 宮地朋果,2005,「遺伝子検査と保険」FSAリサーチレビュー,110頁。

(31) 宮地前掲注(30)114頁。

(32) 宮地朋果,2001,「保険会社による遺伝子情報利用の妥当性に関する一考察」三田商学研究43巻6号,166頁。

(33) 市来徹,2004,「遺伝子情報利用に係る英国の議論」生命保険経営72巻2号,33頁。

(34) 宮地朋果,2000年,「遺伝子情報と生命保険事業」文研論集131号,229頁。

(35) 宮地前掲注(34)243頁。

(36) 宮地前掲注(34)245頁。広海孝一・田中淳三,1996,「生命保険事業と遺伝子問題」加藤一郎・高久史麿編『遺伝子をめぐる諸問題－倫理的・法的・社会的側面から－』日本評論社,174頁。

(37) 石原全,2001,「遺伝子情報と生命保険契約」一橋大学法学部創立50周年記念論文集『変動期における法と国際関係』272頁以下。

(38) 石原前掲注(37)276頁。広海・田中前掲注(37)174頁。

(39) 改正前商法下での指摘であるが,旧ドイツ保険契約法16条の解釈から,改正前商法678条においても,告知すべき重要事実または事項には,被保険者等に知られた危険測定上の重要な遺伝子上の素因も含み告知要求は許されるという解釈の余地があるという。ただし,その利用にあたっては要件を厳格にすべきであるとされる。石原前掲注(37)282頁。現行のドイツ保険契約法上の解釈では,遺伝子情報の利用は一部利用可能である。

(40) 石原前掲注(37)277頁。

(41) 広海・田中前掲注(36)179頁。

(42) 英国の状況については市来徹,2004,「遺伝子情報利用に係る英国の議論」生命保険経営72巻2号参照。

(43) 宮地前掲注(30)128頁。

(44) 米国の状況については宮地朋果,2000,「遺伝子情報と生命保険事業」文研論集131号,252頁。

(45) 宮地前掲注(30)116頁。

(46) Genetic Information Nondiscrimination Act, GINA

(47) Gesetz über genetische Untersuchungen bei Menschen, endiagnostikgesetz-GenDG

(48) フランスにおける遺伝子情報の規制に関しては、山野嘉朗、2007、『保険契約と消費者保護の法理』成文堂、168頁以下。

(49) フランス保険法典L.133-1条。山下友信・米山高生編、2010、『保険法解説』有斐閣、109頁。

(50) 法制審議会保険法部会第24回議事録。

協同組合と外部資本導入
―― 協同組合原則とアメリカ法の状況を中心に ――

◎日本大学法学部
福田 弥夫

1 はじめに

　国際協同組合100周年記念大会で採択された21世紀に向けた世界の協同組合の活動方針を示す新しい協同組合原則（1995年原則）は，「協同組合は，共同で所有し民主的に管理する事業体を通じ共通の経済的・社会的・文化的ニーズと願いを満たすために自発的に手を結んだ人々の自治的な組織である。」と定義した上で，第1原則として自発的で開かれた組合員制[1]，第2原則で組合員による民主的管理[2]，第3原則で組合員の経済的参加[3]を定めている。ところで，第4原則は，自治と自立と題して，「協同組合は，組合員が管理する自治的な自助組織である。協同組合は，政府を含む他の組織と取り決めを行なったり，外部から資本を調達する際には，組合員による民主的管理を保証し，協同組合の自主性を保持する条件において行なう。」と定めている。

　協同組合は組合員による出資が原則であり，わが国の各種協同組合法では，組合員以外による出資規定は設けられていない。しかし，ヨーロッパでは協同組合の大規模化，資金不足などから優先出資制が採用され，あるいは株式市場への上場が追求されるなど，協同組合をめぐる経済的状況は大きく変化してきた。そのような中で，1995年の第4原則は，外部資本導入を認めるに至ったものと理解される。もっとも，そこでは条件が付されており，組合員による民主的管理（民主性）及び協同組合の自主性が維持されることが要求されている[4]。

　この第4原則については，本来の協同組合原則からの後退であるとの批判もされるが，欧米の協同組合では様々な企業形態や資本調達方法が採用されており，主体性を保ちながら現代的なニーズに柔軟に対応する必要があることを述べているに過ぎないと評価されている[5]。

　あたかも1995年の新しい協同組合原則に対応するように，大規模農業協同組合の多数存在するアメリカにおいては，特に協同組合の大

規模化と事業の拡大そしてそれに対応する資金需要から，外部資本導入を認める州法が出現している。また，組合員の出荷の権利と出資を結びつけた新世代協同組合[6]が出現しており，協同組合の資本形成について注目すべき状況にある。このようなアメリカの各州協同組合法においては，1995年の第4原則はどのように理解されているのか，組合員による民主的管理の保障と協同組合の自主性保持の原則が守られているのか，これらを維持するために法制度にどのような配慮が加えられているかが注目される。

本稿では，1995年原則によって条件付きで認められるに至った外部資本の導入について，アメリカ法の状況を中心に検討を加えることとする。

2　アメリカにおける外部資本導入に関する協同組合法

1) ミネソタ州法308B（協同組合法）の概要

アメリカにおいては複数の州で協同組合による外部資本導入規定が設けられている。ここでは，その代表的な立法としてミネソタ州法を検討対象とする[7]。

2003年に制定されたミネソタ州法チャプター308B[8]は，これまでの協同組合法に新たな形態を付加し，かなり柔軟な構造の協同組合を認める内容の法律となっている。その大きな特徴は，組合員の構成を二つに分け，伝統的な組合員であるパトロンメンバーの他に，投票権の制限された投資目的のノン・パトロンメンバーを認めていることである。これによって，限られたパトロンメンバー以外から投資目的の外部資金を導入することが可能となり，同時にこの新たな協同組合法は，協同組合が資金の借り入れを行うため要件とされている自己資金の40％という制限を達成しやすくすることも目的としている。これまでの協同組合法は，チャプター308Aとして併存しているが，パト

ロンメンバーからの資本調達または投票権のない優先出資証券[9]による資本調達しか認めていない。そのため，ミネソタ州においては，1990年代後半から協同組合の設立数が激減し，LLC (Limited Liability Company) 等の会社形態を採用する例が増えてきたという。

　新しいチャプター308B協同組合法は，組合員の権利，理事会の投票権限や財産上の権限などに関するパトロンメンバーの権利に対しては最小限の保護しか与えていないものの，重要な事項の決定権限はパトロンメンバーの手に残されている。一例をあげれば，理事会におけるパトロンメンバーの投票権は少なくとも50％以上であることが要求され，パトロンメンバーによってその比率は高めることが可能とされている。さらに，パトロンメンバーの理事はブロック（団体）で投票が可能である。そして，パトロンメンバーが彼らの財産上の権利を減少することに合意すれば別であるが，彼らは協同組合の少なくとも60％以上の権利を保持しなければならないとされている。

　この新しい308B協同組合法によれば，協同組合を設立して事業を始めようとする者や，あるいは既存の協同組合と共同事業（ジョイントベンチャー）を開始しようとする者に対して柔軟性を与える内容となっている。そして，これまでの308A協同組合法の厳しい要件では，協同組合の事業のニーズは二の次であったが，308Bではこれと異なってむしろ協同組合による事業のニーズを最優先とすることが可能となると指摘されている。

　この308B協同組合法によって，通信，電力，ヘルスケア，金融及び農業信用，相互保険，食料購買，消費者，乳製品，農業資材，農産加工，共同住宅などの分野において，協同組合が設立されるものと期待された。

　ミネソタ州議会が308Bを成立させてまもなく，全米農業協同組合連合会は連邦議会に対して協同組合に関する法改正の必要性を提言している。その内容は，連邦法人税法，証券取引法等の各種連邦法を更に柔軟なものとすることにより協同組合の発展が期待できるとしてい

る(10)。

2）ミネソタ州法308Bの定義規定

　それでは，ミネソタ州法308Bの規定を検討することにしよう。まず，組合員の構成からである。308B.005条15号は組合員に関する定義規定である。

　308B.005条15号：組合員（メンバー）

　　組合員とは，パトロンメンバー及びノン・パトロンメンバーを含む，協同組合の会計帳簿に対して組合員資格を保有することによる利益と組合の所有者としての組合統治の権限を保持する自然人又は法人を意味する。

　このように，組合員の中に，パトロンメンバーだけでなく，ノン・パトロンメンバーも組合員としての資格を有することを明らかにしている。次の308B.005条16号が組合員資格の利益に関する定義規定である。

　308B.005条16号：組合員資格の利益

　　組合員資格の利益が意味するのは，協同組合における組合員の利益であって，組合員の財産上の権限，財産上の権利を譲渡する権限，組合統治についての権限，組合統治に関する権利を譲渡する権利を意味する。組合委員資格の利益は，パトロンの組合員資格の利益とノン・パトロンの組合員資格の利益を含む。

　組合員資格の利益には，パトロンメンバーのみならずノン・パトロンメンバーもパトロンメンバーと並べた記述がされているが，具体的なノン・パトロンメンバーの組合員資格の利益については，308B.005条19号に規定がある。

308B.005条19号：ノン・パトロンメンバーの組合員資格の利益
　ノン・パトロンメンバーの組合員資格の利益は，組合員資格による利益であって，財産上の権利又は配分を受けるために，その資格保持者に対して協同組合との間であるいは協同組合と共に取引を行うことを要求されないことを意味する。

　このように，組合を一切利用しない，純粋な形の投資家に対して組合員資格を付与することを認めている。この点は，1995年の第4原則と抵触する恐れがあるように思われる。第4原則では，外部資本導入には，出資には議決権を賦与しないことと，出資には組合の共同財産に対する請求権（持分）を与えないことが前提条件であると理解されていたからである[11]。以下，ミネソタ州法が組合員資格や議決権をどのように規定しているのかの検討を進めて行くことにする。
　パトロンの意味についての規定が308B.005条20号にある。

308B.005条20号：パトロン
　パトロンとは，協同組合との間でパトロネージ取引を行う自然人又は法人を意味する。

　パトロネージについては，308B.005条21号に規定があり，パトロンメンバーについては同条22号に，パトロンメンバーの組合員資格の利益については同条23号に規定がある。

308B.005条21号：パトロネージ
　パトロネージとは，協同組合によって定義された商売，取引あるいはサービスであって，協同組合のために，又は協同組合と共に行われるものを意味する。

308B.005条22号：パトロンメンバー

パトロンメンバーとは，パトロン組合員資格の利益を保持する組合員を意味する。

308B.005条23号：パトロン組合員資格の利益
　パトロン組合員資格の利益とは，協同組合のために又は協同組合と共にパトロネージ取引を行う地位を有することが要求され，協同組合によって特定された財政上の権利又は分配を受けることのできる利益を意味する

　このように，ミネソタ州法チャプター308Bの協同組合における組合員等に関する定義規定は，308Bに基づいて設立される協同組合に対して，組合を一切利用しないノン・パトロン組合員の存在を作り出し，同時にそのようなノン・パトロン組合員であっても，財産的な権利を有することを明確に認めている。

3）組合員の投票権に関する規定

　それでは，パトロンメンバーやノン・パトロンメンバーの投票権はどうなっているであろうか。次にこの規定を検討することにしよう。
　組合員の投票権に関する規定は，308B.545条に規定がある。ここでは個々の条文の翻訳ではなく，各条項の概要を示すことにする。
　308B.545条第1号は，組合員の投票権について具体的に定めたものである。前段の規定によれば，パトロンメンバーは，パトロンメンバーの組合員資格の利益を有する組合員によって構成される会議において投票されるべき議題については，一人一票しか有さないとして，組合員は各自1票の投票権を有することを明確にしている。しかし，組合の定款又は付随定款に規定することによって，例外的に308B.551条に規定するパトロネージをもとにした基準に従って，更にそれ以上の投票権を保有することを認めている。興味深いのは次の後段の規定である。

協同組合に関するあらゆる投票の対象となる事案について，全てのパトロンメンバーの投票権は，団体のものとして取り扱われる。そして，パトロンメンバーの過半数の投票がそのパトロンメンバー全体の投票であるとして取り扱われる。さらに，パトロンメンバーの団体としての全ての投票数は，定款で別に定めない限り，全ての投票権の過半数であることが必要とされる。すなわち，パトロンメンバーとノン・パトロンメンバーによって構成される総会において，パトロンメンバーの意見が分かれたとしてもその投票数がそのまま投票総数に反映するのではなく，過半数のパトロンメンバーの意見をもってパトロンメンバー全員の意見とするという規定が設けられている。さらに，パトロンメンバーの投票総数が少なくとも全体の過半数を維持することが要求されており，パトロンメンバーとノン・パトロンメンバーとの間で意見が分かれた場合であっても，最終的にはパトロンメンバーの意見が過半数となるように配慮されている。しかしながら，定款に定めることによっても，このパトロンメンバーの全体の投票数は15％を下回ることができないとされているが，定款によればパトロンメンバーの投票総数が過半数を下回ることが可能であることを意味する。なお，ノン・パトロンメンバーの投票権については，州法に従い，定款によって認められているノン・パトロンメンバーの組合員資格の利益に従って，投票する権利を有するとされている。この規定ぶりからは，ノン・パトロンメンバーの投票権については，定款で自由に定めることができる内容となっている。

4) パトロンメンバーの利用高に応じた付加的な投票権

　308B.551条は，利用高に応じたパトロンメンバーの複数投票権についての規定である。同条第1号は，定款又は付随定款に定めることによって，パトロンメンバーが固有の1票の他に付加的な投票権を有することが可能であることを定めている。その際の投票権の与え方としては，①あらかじめ定められたパトロンメンバーと協同組合の間の

取引高に応じる方法，②メンバーである協同組合の中で，あらかじめ定められた数のパトロンメンバーに与える方法，③協同組合の中央機関においてパトロンメンバーの協同組合が割り当てられ，あるいは保有している，あらかじめ定められた額の協同組合の持ち分に応じる方法，そして，①〜③の組み合わせの4種類が規定されている。

　308B.551条2号は，パトロンメンバーによって選出された代表の投票権について規定をしており，パトロンメンバーを単位または地区によって組織している協同組合においては，基本定款又は付随定款に規定することによって，パトロンメンバーによって選出された代表に対して付加的な投票権を与える規定となっている。そして，その際の投票権の与え方としては，①あらかじめ定められたその単位または地区のパトロンメンバーと協同組合の間での取引高に応じる方法，②あらかじめ定められた特定の額の，その単位又は地区のパトロンメンバーが割り当てられ，あるいは保有している協同組合の持ち分に応じる方法，そして，①と②の組み合わせの3種類である。

5) 組合員資格の利益

　308B.601条は，組合員資格の利益に関する規定である。第1号は，組合員資格の利益の金額及び配分に関する規定である。授権されたパトロン組合員資格の利益の総額及び配分及び，もしそれが認められていたならば，ノン・パトロン組合員資格の利益の総額及び配分方法については，それぞれ増額，減額が可能であり，同時に新たに配分方法を決定し，あるいは変更することが認められる。ただし，このような変更には通常総会又は特別総会に於ける定款又は付随定款の変更が必要となる。

　308B.601条第3号は，パトロン組合員資格の利益に関する規定である。パトロン組合員資格の利益は，全体として協同組合の利益の割り当て又は分配に関する財産的な権利の60％を下回ってはならないとされる。しかし，原始定款に規定されているか，あるいはパトロンメ

ンバーの過半数の賛成によって定款に修正が加えられた場合には，パトロンメンバーに対する財産的権利の比率は，全体として15％まで引き下げることが可能となっている。

　このように，定款による柔軟性が極めて高いが，パトロンメンバーの財産的な権利が全体の15％まで引き下げられた場合には，そのような組織は協同組合といえるのかという疑問はむしろ確信に近いものとなるのではないだろうか。

　308B.601条第4号は，組合員資格の移転又は譲渡に関する規定である。ひとたび組合員資格が発行されたならば，理事会の承認なしには譲渡できないと規定されている。譲渡手続き等に関しては，理事会が決定できることとされている。

　308B.601条第5号は，ノン・パトロン組合員資格の利益に関する規定である。定款によって認められている限り，理事会の定める条件等に従って，協同組合はノン・パトロン組合員資格の勧誘とその資格の発行を行うことが認められる。そして，そのような発行は定款，付随定款または個別の情報開示が要求される。そして，ノン・パトロンメンバーの資格を取得した者は，財産的な権利や経営に関する権利あるいはその資格の譲渡可能性，損益の分配に関する異なった種類の組合員間の規定や清算時における残余財産の分配に関する合意書に署名または同意をすることが要求される。パトロンメンバーとノン・パトロンメンバーの損益の配分について定款又は付随定款が特に規定していない場合には，パトロン組合員については協同組合に対する出資の総額を基に計算し，ノン・パトロンメンバーについては協同組合に対する個別の出資を基に計算する。現金の分配又は協同組合の財産の配分は定款又は付随定款に定めるところによる。それぞれの出資額を基準として，パトロンメンバーについては全体として計算し，ノン・パトロンメンバーは個別に計算する。

　パトロンメンバーとノン・パトロンメンバーの出資形態の違いがここに現れている。

308B.601条第6号は，新たな組合員資格の募集と優先購入権についての規定である。協同組合が新たに募集する全ての種類の組合員資格については，協同組合又はパトロンメンバーがそれを優先的に購入する権利が与えられる旨を定款又は付随定款において定めることが認められる。協同組合によって取得された組合員資格の利益は，再度募集されるかあるいは取り消される。

　このように，ミネソタ州308B協同組合のパトロンメンバー及びノン・パトロンメンバーに関する規定は，定款又は付随定款によるところが大きい。次に実際の定款を検討することにしよう。

3　ミネソタ州308B協同組合法の基本定款の実例

　基本定款の実例として，セントピーター食品協同組合の定款を検討してみる[12]。まず，第5条の資本に関する規定である。同条第1項において協同組合の授権資本は260万ドルと規定した上で，1株5ドルの投票権を有するストックは1万株。同様に1株5ドルの投票権を伴わないストックは50万株さらに，1株1セントの複数の種類のストック100万株となっている。

　第2項では，投票権を伴うストックは定款の定めるところに従って，投票権を伴うストックの所有者に対してのみ売却され，そのストックの所有者は，複数所有していたとしても投票数は1しか認められない。投票権を伴うストックの所有者に対しては，配当は支払われないとされている。

　第3項は投票権の伴わないストックについての規定であり，現金又は利用割戻金のみを対価とし，あるいは投票権を伴うストックとの交換のみを対価とすることができるとされている。この投票権を伴わないストックの所有者には，投票権は与えられず，配当も支払われない。投票権を伴うストックは，パトロンメンバー及びノン・パトロンメン

バーに対して発行されるが，これはパトロンメンバーとノン・パトロンメンバーの協同組合のガバナンス（統治）に関する比率について，ノン・パトロンメンバーのそれが20％を超えない場合に限定される。

　このセントピーター食料品協同組合のホームページによれば，2007年の組織変更に伴い，これまで8ドルであった組合への払込金は200ドルに値上げされ，さらに利息を支払う複数の種類のシェア（ストックではない）が発行され，額面1000ドルで5％の利息が支払われるCシェアは291シェアが販売された。興味深いのは，2分の1のシェアが額面500ドルで販売されたことである。Dシェアは額面1万ドルであり，5％の利息が支払われるが，49.5シェアが販売された。このCシェアとDシェアを合わせて79万ドルが調達された。これらのシェアは，いずれも投票権を伴わない優先シェアであって，将来の買い戻しが予定されている。これらのシェアを発行して調達した資金によって，この協同組合は，アメリカ農務省の提供する銀行借り入れに対する保証を得ることが可能となったとされている[13]。

　セントピーター食料品協同組合の資本調達は，付随定款に定める非パトロンメンバーに対するストックの発行によるものではなく，投票権のないシェアの発行による資金調達であり，従前の308A協同組合の場合であっても可能であった方式である。しかし，セントピーター食料品協同組合がこれらのシェアによる資金調達を開始したとき，全額がパトロンである組合員から調達できるとは考えていなかったとされている[14]。

4　CROPPの資金調達

　CROPP（Coulee Region Organic Produce Pool）は全米30州を超える地域に組合員が存在する協同組合であり，オーガニック食品でブランド力を確立している[15]。協同組合が提供する商品の中心はデア

リープロダクト（チーズや牛乳など）であり，組合員は中西部のミネソタ，ウィスコンシン，イリノイが多いが，カリフォルニアにも存在している。協同組合設立の準拠法はウィスコンシン州法である。Organic Valley Family of Farms というブランド名でデアリープロダクトを販売するほか，Organic Prairie Family of Farms というブランドで肉類等の販売も行っている。

　ここで，このCROPPの資金調達の状況を検討してみよう。この協同組合の定款によれば，発行できるストックとして，Class A, Class B, Class C, Class EそしてClass Fが用意されており，Class Eのストック公募の目論見書に詳細が記載されている[16]。

　クラスAストックは農業を営む者しか購入できないものであり，1株について1議決権が与えられている。協同組合の構成員は必ずこのA株を1株所有する義務があり，また1株を超えて購入することはできない。

　クラスBストックは，ウィスコンシン州協同組合法が特に規定しない限り，所有者に議決権は与えられない。利息を受け取る権利（8％），出資金を払い戻してもらう権利はある。このストックは組合員だけが所有できる。

　クラスCストックは，ウィスコンシン州協同組合法が特に規定していない限り，議決権は与えられない。Bと同様に利息を受け取る権利は認められており，また随時理事会に対して出資の払い戻しを求める権利が認められている。Bとは異なり，組合員のみが所有できるという制限はない。

　クラスEストックは2つに分かれる。Eシリーズ1は，ウィスコンシン州協同組合法が特に規定しない限り，所有者に議決権は与えられない。上限を8％とする利息を受け取る権利は認められる。年間の配当は6％とされ，協同組合に対して随時出資金の返還を求める権利が認められている。Eシリーズ2は，ウィスコンシン州協同組合法が特に規定しない限り，所有者に議決権は与えられない。協同組合の年間

の利益に基づいて，組合員の利用割戻しの資金のために，理事会の自由裁量によって発行される。理事会に対して出資金の払い戻しを認められるか否かは，役員会の自由裁量である。上限を８％とする利息を受け取る権利は認められる。年間の配当は理事会の自由裁量とされる。

クラスＡのストックは組合員が必ず１株だけ所有することが義務付けられている点に注目したい。このストックは譲渡禁止とされている。その他のストックは，それぞれの所有資格を持つ者に対しては売却や譲渡は認められるものの，自由譲渡ではなく理事会の同意が必要であり，その手続きも複雑で，はじめに組合に対して買取りを要求するという形になっている。

ストックは残余財産の分配と大きな関係を有するが，優先順位は，①E-1，E-2，②C，③B，④A，⑤利用割戻しの権利者，以上の順となっている。

現在の資金調達状況であるが，農業者からの資本は36％，外部者からの資本が45％，農業者に未配分の資金が19％，以上のようになっている。この協同組合は，E-1の株を１株について50ドル，29万7319.3株公募していたが，2010年３月15日に募集が終了した。その資金調達の詳細は不明である[17]。

5　協同組合の外部資本の導入の問題点——結びにかえて——

協同組合への外部資本の導入が各州の協同組合法の規定に取り入れられてから10年近くが経過している。ノン・パトロンメンバーに対して投票権を付与した結果，パトロンメンバーとノン・パトロンメンバーとの間の対立が生じ，それが訴訟等に発展したという事例は現時点では見いだせない。もっとも，ミネソタ州法やウィスコンシン州法などの各州のハイブリッド型協同組合法はノン・パトロンメンバーに対して投票権を付与するストックの発行を認めているものの，実際にそ

のようなストックが発行されたという事案を見つけることができなかった。さらに，検討したミネソタ州法308Bの規定によれば，パトロンメンバーとノン・パトロンメンバーの支配権の比率は，定款等で別に定めない限りパトロンメンバーが過半数を占めるように法制化されていることから，あえてノン・パトロンメンバーに過半数の支配権を与える理由が存在しない限り，パトロンメンバーによる支配は維持される。

　ノン・パトロンメンバーにも投票権を付与するというハイブリッド型の協同組合は，パトロンメンバーによる支配が維持されている限りは，新協同組合原則の第4原則には反しないものと思われるが，これが崩れた場合には第4原則に反するのは明確であり，そのような状態にある協同組合を「協同組合原則に従った協同組合」と呼ぶことはできず，単なる利潤追求を目的とする企業形態の一つであって，「組合」という名称を利用するに過ぎないものと理解できよう。もっとも，ハイブリッド型の協同組合法はアメリカ中心の特殊型とも判断でき，アメリカの法人税法との関係で変容を続ける可能性がある。

　今後，アメリカのハイブリッド型の協同組合の動静に注目したい。

(1) 新しい協同組合原則 (1995年) については，日本生協連訳「協同組合のアイデンティティに関するICA声明」による。栗本昭『21世紀の新協同組合原則』13頁以下 (新訳版，コープ出版，2006年)
　　 (第1原則) 自発的で開かれた組合員制
　　協同組合は自発的な組織である。協同組合は，性別による，あるいは社会的・人種的・政治的・宗教的な差別を行わない。協同組合は，そのサービスを利用することができ，組合員としての責任を受け入れる意志のある全ての人々に対して開かれている。
(2) (第2原則) 組合員による民主的管理
　　協同組合は，その組合員により管理される民主的な組織である。組合員はそ

の政策決定,意志決定に積極的に参加する。選出された代表として活動する男女は,組合員に責任を負う。単位協同組合では,組合員は(一人一票という)平等の議決権を持っている。他の段階の協同組合も,民主的方法によって組織される。

(3) (第3原則) 組合員の経済的参加

組合員は,協同組合の資本に公平に拠出し,それを民主的に管理する。その資本の少なくとも一部は通常協同組合の共有の財産とする。組合員は,組合員として払い込んだ出資金に対して,配当がある場合でも通常制限された率で受け取る。組合員は,剰余金を次の目的の何か,または全てのために配分する。

- 準備金を積み立てることにより,協同組合の発展のため,その準備金の少なくとも一部は分割不可能なものとする。
- 協同組合の利用高に応じた組合員への還元のため
- 組合員の承認により他の活動を支援するため

(4) 堀越芳昭「第3段階のICA (国際協同組合同盟) 原則下」http://homepage3.nifty.com/horikoshi-minilib/mini22dai3icagensoku2.htm#5。堀越教授によれば,外部からの出資には議決権を賦与しないことと,組合の共同財産に対する請求権を与えないことがこの第4原則の前提であるとされる。なお,栗本昭『21世紀の新協同組合原則』161頁 (新訳版,コープ出版,2006年)

(5) 栗本昭『21世紀の新協同組合原則』161頁 (新訳版,コープ出版,2006年)

(6) New Generation Cooperativesである。ここでは検討対象としないことをあらかじめお断りしておく。

(7) 以下の記述は, Minnesota Association of Cooperatives, [Focus on] による。

(8) ミネソタ州チャプター308Bの原文については, https://www.revisor.mn.gov/statutes/?id=308B

(9) Preferred Stockのことである。

(10) Minnesota Association of Cooperatives, [Focus on] P2.

(11) 堀越芳昭・前掲注4

(12) この食料品協同組合は，2007年に308B協同組合へ組織変更している。Articles of Incorporation of St. Peter Food Cooperative, http://www.stpeterfood.coop/308B/articles/pdf
(13) Stuart Reid, St. Peter Food Co-op Chooses Flexibility in Reincorporation, 26 Cooperative Grocer, November-December 2010.
(14) Id.
(15) http://www.farmers.coop/farmarswanted/cropp-standards-and-membership/
(16) http://www.organicvalley.coop/fileadmin/CROPPprospectus_2009FINAL.pdf/
(17) http://www.organicvalley.coop/about-us/invest/

第2部

21世紀の
"生協共済"
事業課題

大規模生協共済の「資産運用」とその課題

◎早稲田大学商学学術院教授
江澤 雅彦

I　はじめに

　共済事業の普及・伸展につれ，いわゆる大規模生協共済の保有資産額も無視しえない規模に達している。直近2009年度末の資産額は，全労済3.0兆円，全国生協連4,800億円，コープ共済連1,400億円となっている。以下，本稿ではこれら大規模生協共済を生協共済3団体と呼ぶ。

　もちろんこれらの数字は，生損保の最大手，日本生命の48.9兆円，東京海上日動の9.7兆円（いずれも2009年度末）と比べるべくもないが，保有契約件数では，全労済，全国生協連とも日本生命を超え，契約の普及・浸透という面ではこれらは「大規模化」し，「保障市場」において見過ごせない存在になりつつある。それが，「保険・共済統一規制論」の1つの根拠にもなっている。事実，現状では，保険契約，共済契約はその名称にかかわらず，保険法という同じ契約上の規制に服することとなった。これら生協共済3団体も協同組合「保険」を運営する主体であることが確認され，自らが，保険市場のoutsiderではなく，独自の存在意義，アイデンティティを主張するcompetitorであるとの認識が重要である[1]。

　民間保険を前提とした保険論では，「保険会社の資産運用」というセクションにおいて，安全性，収益性，流動性，公共性といった，いわゆる「資産運用原則」が論じられ，経済社会の動向と保険会社の資産運用行動との関連性が検討されている。この原則は，保険料を原資とし，保険金・給付金を支払うための財源としての「保険資金」（2009年度末318兆3,800億円）が，その特徴に合致するよう運用されることを促すものである。

　本稿は，保険と共済に上述のようなoutsiderからcompetitorへという新しい関係が生じているこの時期，生協共済3団体においての貸借対照表の借方＝資産側にも注目する必要があるとの問題意識から出

発している。

　生協法施行規則には,「資産運用の原則」として,「組合は,資産を運用するに当たっては,事業の目的及び資金の性質に応じ,安全かつ効率的に運用しなければならない。」と規定されている（第197条)。「安全かつ効率的な運用」は,保険論でいう「安全性の原則」と「収益性の原則」にほぼ合致するものと考えられる。その他,「投機取引等の禁止」(第198条),「運用方法の集中回避」(第200条)といった規定は,いずれも「安全性の原則」を徹底するため,さらに具体化したものと考えられる。

　以下,本稿で論ずる点は,以下の3つである。
①元来,生協共済,特に生命共済においては集積した資金の有効利用が重視されていた。
②そして現在の具体的な運用状況を見ることにより,生協法等の規制もあって,「生協共済団体らしい独自の資産運用」が必ずしも実施されていないという事実を確認する。
③本来民間生保にも,第4の機能として「金融仲介機能」がある。生協共済団体も「助け合い,共助」というアイデンティティを実現しようとするなら,「マイクロクレジット」の領域に積極的に関与すべきというのが筆者の主張である。

II　伝統的見解における共済事業による「資産運用」

　本節では,共済の研究および実践の先達である笠原長寿教授と賀川豊彦氏の所説を振り返りながら,共済事業に関する伝統的な見解において,「資産運用」にどういった役割が期待されていたかを確認する。

(1) 笠原長寿教授の所説
　まず,笠原教授は,協同組合保険（共済）の経営によって,「自己

階層の再生産の要素（各種要素）の安定化，つまり，保険目的の達成」と「その準備金を自己階層に還元し，経済活動のための運用資金ならびに，協同組合運動の資金的兵站部としての効用に対する面」[2]が果たされるとしている。共済事業には，保険目的の達成＝保障の提供と，集積された資金の組合員への還元，さらには，教授のいわれる協同組合運動展開のため資金提供といった役割があるとの見解である。

また，1975年の論文[3]では，当時のいわゆる「全国組織統合」を目前にした労働者共済の資産運用（教授の表現では「資金運用」）について，農協共済と比較した場合の運用対象制限の厳しさを指摘している。さらに，集積した資金は労働者の共通財産であるので，「消費生協，その他の協同組合に対する融資，労働者の住宅資金，あるいは革新自治体に条件をつけた勤労者住宅，市民住宅の建設，あるいは福祉施設，医療施設への融資」等への運用を検討すべきと主張されている。

(2) 賀川豊彦氏の所説

ここで取りあげる氏の所説は，それが戦前（昭和10年代）のものであることを考慮に入れる必要があるが，現代のわれわれにとっても示唆に富むものがある。賀川氏は，生命共済によって集積される「資金の運用」に注目していた。その目は，ドイツ，英国，そして日本に及んでいた。

1) ドイツ

ドイツでは，ライファイゼンの信用組合が，1871年頃より生命保険組合を兼営し，その生命保険組合の資金を利用して，大規模な食料生産を開始したのがハンブルグ中心の労働組合であった。彼等はパンの製造，メリケン粉の製造，缶詰の製造，バター，チーズの製造，菓子及びチョコレートの製造より煙草，酒類の製造まで実行してきた。そしてその使用した資本金も，数億マルクに上った。

これに対して，ベルリンの消費組合は主として中産階級のものであ

ったが，彼等は生命保険組合の金を融通しないで，消費組合預金部の定期預金に依存した。彼等は約300の支部の店舗を持ち，21万の組合員が約26の工場を経営していた。

ヒトラーがベルリンに進撃するという噂に怯えて，約半分を徐々に引き出した。その結果，工場は運転資金に窮してしまい，この結果，300有余の店舗を閉鎖せざるを得なくなった。しかしながら，生命保険組合を背景に持っていた上述のハンブルグの消費組合等は，影響を受けなかった。こちらはベルリンのような取り付けに遭う心配もなく，安心して営業を続けることができたという。

2）英国

これを見た英国の消費組合も，預金部を当てにしていたそれまでの非を悟り，1937年1月1日より，在来の利益払戻制度を一部分訂正して，英国政府が産業組合に生命保険組合を許可していることを利用して，700万人の消費組合員全部が，直ちに生命保険組合員になれる方法を採った。すなわち，購買高に準じて払い戻す利益金を，生命保険組合の掛金と振替える便法を案出した。こうすれば，購買利益金をもらわなくとも，それを貯蓄して生命保険の掛金とし，本人が死亡した場合，100ポンドあるいは150ポンドをもらうことができるような組織を採るに至った[4]。

3）日本

日本における「生命保険協同組合」を実現しようと賀川氏が試みたのは，1936年，彼が第2回のヨーロッパ旅行から帰ってきてからのことであった。彼はドイツのハンブルグ労働組合同盟が，生命保険協同組合を成立せしめてその積立金で多くの生産工場を組織しているのを視察し，スウェーデン，フィンランドで活動している消費組合，生産組合の長期資金が，基本的に，生命保険協同組合の積立金からもたらされていることを知り，帰国後ただちに，当時の産業組合中央会・会頭有馬頼寧伯と協議し，200万円で大正生命を買収し，すぐ農村生命保険協同組合を出発させる計画を立てたという[5]。

この計画は，大正生命の姉妹会社である新日本火災（1941年大正海上〔当時〕合併）と日本教育生命（1948年大正生命と合併）を含める形で進み，1940年1月15日，3保険会社の全株式ならびに所有有価証券と経営権を，合計700万円で譲渡することで合意に達し，株式受け渡しの期限を同年2月末とする覚書も交わされた。

　しかしながら，1940年2月9日，第75回帝国議会衆議院予算総会の席上，民政党松村謙三議員が農林大臣に対し「産業組合が極秘のうちに保険会社を買収し，自ら経営しようとすることは産業組合の使命を逸脱するものではないか」と質問した。こうして合併への動きが表面化し，産業組合の保険買収，保険経営に乗り出すことへの非難，反対が高まり，農林大臣は，商工，大蔵両大臣と協議の上，産業組合中央会に対し，1940年2月27日，政治的判断により3保険会社買収の中止命令を出した[6]。

　結局，賀川豊彦氏の生命保険協同組合実現の計画は頓挫したが，1956年の全共連の「農協共済事業5ヶ年計画」策定時，賀川が同会に贈った揮毫には，「日本の再建は生命共済から　農村復興は農協互助組織による長期資金の獲得に始まる」と書かれている。

　以上，笠原教授，賀川氏ともに，生命保険における長期資金の集積とその有効運用に注目していたことがうかがわれる。

Ⅲ　生協共済3団体における資産運用の現状

　表1は，2009年度末の生協3共済と生保全社（かんぽ生命含む）の運用資産構成割合を示したものである。

　表1によれば3団体ともに，総じて第1章で述べた規制に従い，安全性重視の運用を行っているといえる。ただし，その安全性も，円建ての公社債中心の全労済と9割以上を現預金で保有する全国生協連との相違は存在する。また全生保に比べてもリスク回避的であるといえ

る。程度の差はあれ，市場リスク，為替リスク，信用リスクを回避するという観点から，それぞれ，株式と不動産，外国証券，貸付金の占率は，相対的に低いか，あるいはゼロとなっている。

表１　生協共済３団体，生保全社（かんぽ生命含む）の運用資産構成割合 (%)

	全労済	コープ共済連	全国生協連	全生保
預貯金等	5.1	46.9	94.3	2.3
公社債	80.6	34.6	0.3	51.9
株　式	0.2	0.4	0	5.8
外国証券	1.7	0	0.2	13.5
その他の有価証券	6.9	18.1	5.2	6.1
貸付金	0.2	0	0	14.7
不動産	0.2	0	0	2.1
その他の運用資産	5.2	0	0	3.5
合　計	100.0	100.0	100.0	100.0

(出典)『CO・OP共済事業のご報告2010』p.11。『全国生協連・県民共済グループの現状2009年度』p.34。『全労済ファクトブック 2010年版』p.75。『2010年版生命保険の動向』p.23。
注)全労済，コープ共済連，全生保の「金銭の信託」の残高は，「その他の証券」に含めている。コープ共済連，全国生協連の「その他の有価証券」には譲渡性預金を含む。

以下，各団体の資産運用について概観する。

(1) コープ共済連

2008年10月23日に共済事業のみを行う「コープ共済連」が設立された。2009年3月1日に元受共済事業をおこなう会員生協から共済事業の譲受と，共済契約の包括移転を実現した。また，日本生協連の臨時総会（2009年12月19日開催）の議決を経て，2009年3月21日に日本生協連から共済事業の譲受と共済契約の包括移転を実施した。

1) 直近の運用

2009年度末（2010年3月20日現在）運用資産は1,400億円と生協3共済の中で最も小さく，内訳は預貯金等46.9％，公社債34.6％，譲渡性預金を含むその他有価証券18.1％，株式0.4％である。

2）資産運用方針

コープ共済連のディスクロージャー誌によれば，同会の資産運用方針は以下のとおりである。

《資産運用方針》

> ○コープ共済連では，CO・OP共済ご契約者の皆様からお預かりした資金を，「消費生活協同組合法施行規則」に基づき，安全かつ効率的に運用を行なっています。
> ○市場価格の変動リスクや信用リスク等の資産運用にかかわる各種リスクについては，資産運用リスク管理規程において，それぞれのリスクの管理方法を定め，またALM（資産と負債の総合管理）の観点から負債特性を踏まえ，適切な管理を行なっています。
> ○資産運用にあたっては，資金の特性に応じ，預貯金や公社債といった安全資産を軸とした最適な運用・管理を実施しています。

(出典)『CO・OP共済事業のご報告2010』p.11。

上記「資産運用方針」によれば，基本的には預貯金や公社債といった安全資産を中心に運用するが，市場リスク，信用リスクについてはALMの観点から負債特性を踏まえた管理をおこなっているとのことである。同会は，終身共済を2011年9月に新規導入予定[7]であり，今後は長期の負債を抱えることになるため，可能な限りのデュレーション・マッチングを図る必要がある。

また，ディスクロージャー誌の中で，リスク管理の取り組みが紹介され，商品開発・共済引受リスク管理，事務リスク，システムリスク管理に加えて，資産運用リスク管理についても述べられている（同p.26）。そこでは，資産運用リスクを「金利・株価・為替相場等の変動，取引金融機関や債券発行体の財務状況の悪化等により保有資産の価値が減少し損失を被るリスク」と定義し，「資産運用の執行状況や

リスクの状況等について役員会等で定期的に確認するとともに，資金の性格や負債の特性に応じて，<u>安全性，収益性，流動性</u>（下線筆者）に留意した健全な資産運用」を行っているとしている。下線の3つの原則に「公共性」が加わらないのは，約1,400億円という資金量の少なさ故かとも思われる。

(2) 全労済

1）直近の運用

運用資産の8割以上は国債などの公社債である。多くの生損保とは違い，一般企業向けの貸し付けは行っていない。貸付金が0.2％あるが，これは契約者貸付等で，一般企業向けの貸付は生協法において認められていない。

総資産は前年度に比べ約1,200億円増加し，約3兆円に達した。運用に当たっては長期的な安定収益性重視に立ち，長期・超長期国債を中心に公社債の割合が約81.0％と大半を占める。依然，低金利が続くなど運用環境は厳しいものの，世界的な金融危機に見舞われた2008年度からは大きく改善，2009年度の資産運用純益は，452億円（資産運用収益468億円，資産運用費用16億円）と，前年度の235億円からほぼ倍増し，運用利回りも0.89％から1.66％へ上昇した[8]。

2）資産運用方針

全労済のディスクロージャー誌によれば，同会の資産運用方針は以下のとおりである。

《資産運用方針》

全労済では，組合員（契約者）の皆さまからお預りしている共済掛金を将来の共済金などの支払いに備えて運用しています。

「せいめい共済」，「総合医療共済」，「ねんきん共済」などの長期共済の資産運用にあたっては，運用資産の元本と予定利率を確保することが基本要件となります。

> 全労済では，総合的なリスク管理のもと公社債を中心に利息収入を安定的に確保したうえで，許容されるリスクの範囲内で外国証券や株式などによる運用もあわせて行い，収益性の向上を目指しています。

(出典)『ファクトブック2010年版』p.17。

　長期共済であるがゆえに予定利率がロック・インされているものについては，それをクリアすることが前提とされている。また，安全性の高い公社債運用を中心にした運用と，収益性を目指しつつ許容できる範囲内でリスクを取る外国証券や株式などによる運用が行われている。

(3) 全国生活協同組合連合会
1) 直近の運用

　県民共済を扱う全国生協連は，資産運用はリスクの高い投資などを避け，総資産額の94.6％を預金や国債など安全資産で保全を図っている。その是非はともかく，市況悪化の影響を受けることはない。

表2　全国生協連の預貯金，有価証券の内訳，平均残高，運用利回り(単位：百万円,％)

		金　額	構成比	平均残高	利回り
預貯金		425,219	94.3	285,417	0.23
有価証券	譲渡性預金	23,517	5.2	33,877	0.17
	国　債	1,539	0.3	1,498	1.50
	地方債	—	—	—	—
	外国証券	1,064	0.2	1,319	3.89
	その他	6	0.0	6	1.03
合　計		451,346	100.0	322,119	0.24

(出典)『全国生協連・県民共済グループの現状2009年度』p.34。

有価証券残存期間別残高は、譲渡性預金が1年以下、国債が1年超3年以下、外国証券10年超となっている。表2からも分かるとおり、比較的構成比の高い譲渡性預金は短期、利回りは高くとも長期の外国証券は構成比を低く抑えている。短期共済を扱う団体としてデュレーションを適合させる配慮が払われている。

2) 資産運用方針

運営方針の中で、「一律掛金・一律保障」を特長とした分かり易さを堅持し、貯蓄性商品は扱わず、共済の本質である「保障」に徹した事業姿勢を貫くとともに、共済の理想を「掛金負担の軽減」に求め、創業（生命共済事業の開始は1982年10月）以来、一度も掛金の引き上げを行わずに保障内容の改善を行ってきたことが謳われている。その中で、以下のように資産運用方針が書かれている。

　資産運用においても、その資金は加入者からお預かりしている共済掛金であることを第一義とし、堅実性を基本として健全な運用を行っています。

(出典)『全国生協連・県民共済グループの現状』p.7。

また、過剰な宣伝を戒め、共済制度の情報伝達については、新聞広告、折込、普及員によるパンフレットの家庭への配布といった方法を用いている。さらに、徹底した効率経営により事業費の削減に努め、生じた剰余金は割戻金として加入者に還元する。

IBNR備金や異常危険準備金の計上もあり、2009年度の割戻率は前年度1.4ポイント減の26.7％、同様に還元率も1.4ポイント減の82.5％となり、最近の5年間常に8割超の還元率を達成している（表3参照）。

同団体の還元率＋事業費率の高さは、他の2団体との比較によっても明らかである。

たとえば、全労済2009年度の「個人定期生命共済」の実績は、以下のとおりである。

表3　全国生協連の給付率・還元率等

		2005年	2006年	2007年	2008年	2009年
	給付率	47.0	48.5	51.8	55.8	55.8
	割戻率	33.6	32.5	30.3	28.1	26.7
計	還元率	80.6	81.0	82.1	83.9	82.5
	事業費率	15.2	14.6	13.9	13.6	13.3
	還元率＋事業費率	95.8	95.6	96.0	97.5	95.8

(出典)『全国生協連・県民共済グループの現状 2009年度』p.11。

- 受入共済掛金　1,256億4,200万円,
- 支払共済金　565億8,900万円,
- 契約者割戻準備金　133億6,500万円,
- 事業費率　18.8％（平均値），となっている[9]。ここから計算すると,

給付率　45.0％，割戻率10.6％，還元率55.6％，還元率＋事業費率74.4％である。

他方，コープ共済連2009年度の「定期生命共済」の実績は，以下のとおりである[10]。

- 受入共済掛金　341億円2,800万円,
- 支払共済金　96億400万円,
- 支払返戻金　8億900万円,
- 支払割戻金　25億8,600円,
- 割戻準備金繰入額　66億7,000万円,
- 事業経費　96億9800万円となっている。ここから計算すると,

給付率（(支払共済金＋支払返戻金)÷受入共済掛金）30.5％，割戻率（(支払割戻金＋割戻準備金繰入額)÷受入共済掛金27.1％，還元率57.6％，事業費率28.4％，還元率＋事業費率86.0％となっている。

還元率という点では，全労済の55.6％，コープ共済連の57.6％と，いずれの団体も，8割を超えている全国生協連には及ばない。もちろ

ん，新生協法の理念である契約者保護実現のため，財務健全性確保を目的とした内部留保の充実がこれらの団体に要請されていることにも留意する必要がある。

　以上要するに，現在の生協共済3団体の資産運用は，「安全性を第1に，ALMに配慮しながら若干の投資リスクをとって，効率運用を目指す」全労済，コープ共済連の運用と，「短期共済を扱うという立場から，共済掛金の実質負担を減らすために高い還元率を目指す」全国生協連の運用というように整理することができる。

Ⅳ　生協共済資金の新たな運用―マイクロクレジットの可能性―

　前章において，生協共済3団体の資産運用の特徴について検討した。全国生協連については，「高還元率実現による掛金率の圧縮」という事実が目立ったが，これも，程度の差はあれ，民間生保会社の資産運用原則のうち「収益性の原則」を説明する際に主張されている。以下では，生協共済団体としてより直接的にそのアイデンティティを発揮すると考えられる資産運用を提案したい。

(1) 生命保険会社の4つの機能

　一般に生命保険業には，4つの基本的機能があるといわれている[11]。
　第1が，「保障機能」である。家計において主たる賃金の稼ぎ手が現職のまま死亡すれば，遺された家族はたちどころにその後の生活維持に窮することになる。当該家族が，いわゆる専業主婦と，就学以前，あるいは就学中の子からなる場合はなおさらであろう。そうした場合，生命保険による死亡保険金が少なくとも当座の生活の糧としての役割を果たす。
　第2が，「貯蓄機能」である。生命保険の中には，上述のように，被

保険者の死亡によらなくとも，被保険者の生存と一定期日の到来を条件として満期保険金や年金を支払うものがある。これらは将来必要となる資金を準備する機能，すなわち貯蓄手段の提供機能である。

　第3が，「資産運用機能」である。近代的生命保険制度の下では，毎回同額の保険料を徴収する平準保険料方式による事業運営が行われており，その際将来必要とされる責任準備金が一定の予定利率で割り引かれているため，最低限，この予定利率をカバーする運用収益を挙げなければ，保険金支払の財源に不足が生ずる。そこから保険会社には「資産運用機能」が求められる。またこの機能が充実して，予定利率を上回る運用を行い，その上回った部分を利差配当として顧客に還元するという配当制度を通じて実質的な保険料負担の軽減に資することになる。

　第4が，「金融仲介機能」である。一般に，資金の最終的な供給者と最終的な需要者の間に立ち，前者から後者へ資金の仲介をする機能は，金融仲介機能と呼ばれる。日本の金融機関は，資金余剰部門の貯蓄を吸収し，資金不足部門の投資に供給するという金融仲介機能を資金の性格等に応じて分業してきた。

　生命保険会社も，保険料という形で資金を吸収し，それを長期の貸付金を中心に産業資金として供給し，銀行と同じような金融仲介機能を果たしてきた。

　翻って生協共済の資産運用内容をみるとき，若干の契約者貸付を除いて，企業あるいは個人向けの「一般貸付」が認められていないのは，保険学を学んできた者にとって違和感を覚える点である。生命保険会社における金融仲介は，保障機能と貯蓄機能を備えた保険商品の販売によって資金を受け入れ，それを資産運用の一環として資金需要者に供給するという，保険商品の販売と資産運用という保険業務全体の枠組みの中で発揮される機能である。

　その点，本稿で論じた共済団体も共済掛金の「預かり機関」として，この金融仲介機能を果たすことが求められる。さらに「相互扶助」，

「共助」といった共済のアイデンティティを打ち出すとすれば，マイクロクレジットの分野に参入すべきではないかと考える。

　ここでマイクロクレジットとは，「担保となるような資産を持たず金融サービスから排除された貧困に苦しむ人々のために提供する少額の無担保融資」と定義される。このマイクロクレジットに貯蓄・保険・送金などの他の金融サービスを加えたさらに大きな概念として「マイクロファイナンス」がある[12]。マイクロクレジットの分野に生協共済が何らかの形で関与することが生協共済らしい資産運用実現に寄与するものと考えられる。

　生協共済3団体に対し，資産運用の一環としてこのマイクロクレジット参入を要請することも考えられるが，ここでは，同じ生協の組織形態をとりつつ，小口資金貸付をしながら困窮した組合員の生活再建を行うために活動する消費者信用生活協同組合に注目し，同組合への「団体間貸付」実施に向けて生協3共済団体が踏み出すべきであるとの提案を行いたい。

(2) 提案―消費者信用生活協同組合への資金提供

　1）生協法の改正[13]

　一部の生協では，生協法第10条第1項第4号の「共済を図る事業」の1つとして組合員に対する貸付事業が行われていたが，貸付事業に着目した規制は設けられていなかった。

　第165回2006年臨時国会において，①いわゆるグレーゾーン金利の廃止による金利体系の適正化，②総量規制の導入等による過剰貸付の抑制，③参入抑制の強化，行為規制の強化等による貸金業の適正化を内容とする貸金業の規制に関する法律等の一部を改正する法律が成立し，貸金業者に対する規制が強化された。また同改正により，同法の適用を受けずに貸付事業に関する規制が設けられていない生協に貸金業者が流入するおそれがあると指摘されていた。

　従来の生協法においては貸付事業に関する規制が設けられていなか

ったことから，生協法においても貸付事業に関する業務規制等を行うため，貸付事業を法律上位置づけ，貸金業者の流入防止および事業の適正な実施を図るための必要な規定の整備を行うこととされた（2007年12月19日，改正生協法の一部施行）。なお，貸付事業を法律上位置づけるに当たっては，①当該事業は，各組合員から拠出した出資金等を元に生活資金の貸付を行い相互扶助を図るものであることがその本旨であること，②従来から「共済を図る事業」の1つとして運用してきたことを踏まえ，共済を図る一事業として位置づけることとされた。

生協法第13条は次のように規定する。「共済を図る事業のうち，組合員に対し生活に必要な資金を貸し付ける事業」（以下「貸付事業という」。）を行う組合は，この法律及び他の法律に定めるもののほか，厚生労働省令で定めるところにより，当該貸付事業の適正な運営の確保及び資金の貸付けを受ける組合員の利益の保護を図るために必要な措置であって厚生労働省令で定めるものを講じなければならない。」

ここでわれわれは，貸付事業が「共済を図る事業」の一環として位置づけられているという事実を確認しなければならない。広義の共済事業の中に，共済掛金を受け取り，共済金を支払うという狭義の共済事業と貸付事業が含まれるということである。

貸金業者と生協の貸付業務の相違は，①貸付にあたり利用者のアセスメントと生活再建プランの策定を行うこと，②多重債務者等への貸付をおこなうこと，とされた（生協法施行規則第51条第1項30号，同第7項7号）。なお，ここで多重債務者等とは，「貸金業者その他金融機関等から金銭の借り入れ等による債務を負っている者であって，支払不能に陥る恐れのある者又は現に支払不能に陥っている者」，あるいは，「貸金業者その他の金融機関等から金銭の借り入れが難しい者」である（同第8項）。

2）消費者信用生活協同組合の取り組み

「岩手県消費者信用生活協同組合」は，1969年，「中小企業・商店

等の勤労者や一般消費者にとっては銀行・金庫などの市中金融機関は縁遠い存在であり、いきおい小口高利金融業者に依存せざるを得ない状況」を変え、生協制度による生活資金の貸付事業を通してくらしの向上をめざすことを目的に設立された。2010年5月施行規則の一部改正により貸付事業における県域規制緩和を受けて同年6月に青森県八戸市に新たに相談センターを設けるために定款変更を行い、「消費者信用生活協同組合」と名称を変更した。名称に「信用」がつくのはこの生協のみである[14]。同組合の貸付は、個人に対するものではなく、家計・世帯への貸付という立場をとり、必ず家計簿の提出をさせ、家計収支の分析を行い、同居家族を交えて現在と今後の生活について話し合う場がもたれる。

同組合の貸付制度は2種類ある。

第1が1989年に開始された「消費者救済資金貸付制度」である。自治体が金融機関に預託し、その預託額の4倍の資金枠を金融機関が信用生協に与える。組合員の出資金を上回る資金需要があり、自治体による預託制度という信用補完の仕組みが生まれた。貸出金利は9.22％、限度額は500万円である。

相談の基本的な流れは、借金の原因を明らかにしその原因を解消する手立てを考える。2009年度の実績として、債務整理の場合、貸付制度を利用したのは11.9％で、分割払いの任意整理が23.4％と最も多く、その他自己破産、訴訟、再生手続きとなっている。相談業務を通じて分かることが、多重債務の原因が、「遊興費等の無駄遣い」から「景気の悪化にともなう収入の減少や失業」といった必ずしも本人の自己責任を問えないものが増えているという。

第2が2010年に開始された「生活再建資金貸付制度」である。家計の改善や生活向上に役立つ生活資金（事業資金は除く）を貸し付ける制度である。金融機関から断られ、他からの借り入れの途がない場合に、車検費用、家賃、税金滞納分等の資金需要に応える。貸出金利は8.98％、限度額は100万円である[15]。

同組合の『第41期通常総代会議案書　2009年度事業報告と2010年度事業計画』に掲載されている2009年度末（2010年5月31日現在）貸借対照表によれば、組合員への貸付金約53億3,400万円を賄うために、銀行からの短期借入金が約44億7,900万円と、組合員からの出資金約9億1,000万円が使われている（同pp.7－8）。銀行借り入れの金利は2％ということである。

3）生協共済3団体関与の可能性

　上述のとおり、同組合は各種銀行[16]から資金の借り入れを行っている。これら資金提供者に生協共済団体が加わり、資産運用の一環として消費者信用生活協同組合に貸付を行う途を開くことが、共済団体に多重債務を抱えるもの者、生活再建のための資金を必要とする者に「金融仲介」機能を果たすことに繋がると考えられる。

　ただし、これを実現するには2つの問題をクリアする必要がある。

　第1が法規制の問題である。

　生協法施行規則第201条は、「長期共済を実施する組合の資産運用の方法」を列挙しているが、その第1項11号には、以下の規定がある。すなわち、「組合が組合に対して行う貸し付けであって、当該貸付金の使途が借り入れる組合の事業目的の範囲内であるもの（ただし、不動産等を担保とする貸付け、当該貸付けに係る債務が債務保証法人等によって保証されることとなっている貸付け又は当該貸付けに係る損失が債務保証法人等によって補償されることとなっている貸付けに限る。）」である[17]。貸付に関して「債務保証」を求めている但し書きの存在により、信用生協への貸し出しは難しくなってしまう。

　共済団体の資産運用における安全性確保のための措置であると考えられるが、特に生協共済のアイデンティティ発揮のために「債務保証なしの貸し付けの承認」という例外的な取り扱いも容認されるべきであろう。貸付業務に係る貸倒率（貸付残高に対する貸倒れ金額の割合）が、大手貸金業者で7～15％であるのに対し、信用生協の場合、2006年から2009年で0.16％、0.25％、0.31％、0.78％と1％未満で推移

している[18]ことも，そうした取り扱いに踏み出す際の根拠となろう。

またクリアすべき第2の問題は，貸付金利について双方が合意することである。現在信用生協は銀行に年2％の金利を支払っている。共済団体の貸付資産運用の成果指標としての「主要資産の運用利回り」は，直近2009年度末の数字で全労済1.66％，コープ共済連0.67％，全国生協連0.24％である[19]。確実に2％のリターンがあれば，いずれの団体においても信用生協への貸付は，「資産運用」の1つの手段となりうる。

表4 契約年度別責任準備金残高(百万円，カッコ内は占率％)および予定利率

契約年度	責任準備金残高	予定利率（％）
〜1985年度	35,097 (2.8)	2.25〜6.00
1986年度〜1990年度	207,088 (16.4)	2.25〜6.00
1991年度〜1995年度	535,974 (42.4)	2.25〜6.00
1996年度〜2000年度	159,676 (12.6)	2.25〜3.75
2001年度〜2005年度	202,933 (16.1)	1.00〜2.25
2006年度	38,497 (3.0)	1.00〜1.50
2007年度	35,906 (2.8)	1.00〜1.50
2008年度	28,147 (2.2)	1.00〜1.50
2009年度	20,235 (1.6)	1.00〜1.50

(出典)『ファクトブック2010年版　全労済』p.70に一部加筆。

「主要資産の運用利回り」以外に，共済団体の資金コストとしての平均予定利率に注目する必要がある。3団体のうち全労済のみが契約年度別の責任準備金残高を開示しているので（**表4参照**），そのデータから全労済の平均予定利率＝資金コストを推定する。予定利率に幅があるため，たとえば1.00〜1.50％の場合，平均をとって1.25％とし，加重平均を計算してみると，結果は3.30％であった。仮に時間の経過につれて予定利率の低い契約が増えれば，平均予定利率も低下していくが，現状では信用生協への貸出金利2％との差▲1.3％が逆ザヤを

生み，財務的な負担となる。これを生協共済としてのアイデンティティ発揮のための「コスト」として経営上内部化しうるかが問題となろう。

V　むすびにかえて

本稿では，より直接的に生協共済団体としてのアイデンティティを発揮すると考えられる資産運用としてマイクロクレジットを取り上げ，具体的な方策として消費者信用生活協同組合への貸付を提案した。法規制上，財務上の課題についても述べたが，今後これらを克服し，実現へ向けて努力が払われることを願うものである。

信用生協への申し込みにいたる事情として次のようなケースがあるという[20]。

　○夫婦で自己破産後免責決定，自家用車の故障に伴い買い替えを検討したがクレジット会社のローンが通らず，通勤上支障をきたす状況で困って相談する。

　○3年前に債務整理をした。娘の大学進学資金を国民生活金融公庫に申し込むが否決される。銀行も2行に審査してもらうが否決され，生協に相談。審査で何度も断られるのが恥ずかしいと嘆く。

新しく生活を踏み出そうとしながらも，一時的な経済的困難によってそれを阻害されている人々に資金を貸し付け，かつ，単なる資金提供だけでなく，くらしの現状の把握（家計診断等）と生活再建にあたっての課題を整理し，家族・親族の支援体制の確立を含めた再建プランの策定も行う。こうした「生協版マイクロクレジット」としての信用生協の運営に，まずは資金提供者として生協共済3団体が果たすべき役割は大きい。

もちろん扱う共済商品が異なれば，流入する資金の大きさ，資金の滞留期間も異なってくる。ただ，各団体にはそうした保有資金の性格

から起因する運用行動の制約を配慮しつつも，生協共済としてのアイデンティティ追求を要請したい。

　たとえば，「みんなでたすけあい，豊かで安心できる社会づくり」という「全労済の理念」においては，個々の組合員の生活向上に止まらず，社会全体に貢献しつつ経済的豊かさと精神的な豊かさの実現が謳われ，また「CO・OP共済のめざすもの」には，加入者の理解を得ながら剰余金の一部を財源として社会貢献活動を行う旨の宣言がなされている。こうした大方針＝組織戦略を日常業務にブレークダウンする中で，本稿で提案した新しい資産運用の実施も検討されるべきであろう。

　本稿執筆に際し，消費者信用生活協同組合専務理事・上田　正氏と面談の機会を得て，種々貴重な情報を頂戴することができた。特に記して感謝の意を表したい。

〈参考文献〉

- 江澤雅彦[2009]「保険と共済の「境界」について」『保険学雑誌』第605号，pp.13 － 32。
- 保険研究所[1980]『日本保険業史　会社編上巻』。
- 賀川豊彦[1940]「日本協同組合保険論」『協同組合の名著　第九巻』pp.30 － 458.
- 菅　正広[2008]『マイクロファイナンスの進め―貧困・格差を変えるビジネスモデル』東洋経済新報社。
- 菅　正広[2009]『マイクロファイナンス―貧困と闘う「驚異の金融」―』中公新書。
- 笠原長寿遺稿集刊行会[1982]『協同組合保険論集―笠原長寿遺稿集刊行会編―』共済保険研究会。
- 黒川泰一[1940]「解題『医療保険論』と『日本協同組合保険論』」『協同組合の名著　第九巻』pp.459 － 479.

- 大谷孝一編著［2009］『保険論　第2版』成文堂。
- 岡田　太［2010］「生協の共済事業の課題」『現代生協論の探究―新たなステップをめざして』pp.289－318.
- 消費生活協同組合法令ハンドブック編集委員会［2008］『消費生活協同組合法令ハンドブック』中央法規出版。
- 生命保険協会［2009］『生命保険講座　資産の運用2009』
- 高木郁朗編［2010］『共助と連帯―労働者自主福祉の課題と展望―』第一書林。
- 上田　正［2008］「生協の貸付事業と岩手信用生協の取り組み」『生活協同組合研究』通巻388号，pp.19－24。
- 上田　正［2011］「生協制度による相談・貸付事業」『生活協同組合研究』通巻420号，pp.40－46。
- 鷲尾悦也［2009］『共助システムの構築―新たなる公共性の創造―』明石書店。
- 山中　宏［1986］『生命保険金融発展史　増補版』有斐閣。

〈注〉

(1) 江澤［2009］p.31参照。
(2) 笠原長寿遺稿集刊行会［1982］pp.19－20参照。
(3) 「労働者共済運動の視角と若干の問題点」『労働者福祉研究』第4号（笠原長寿遺稿集刊行会［1982］所収，同p.381参照）
(4) 黒川［1940］p.455参照。
(5) 黒川［1940］pp.466－467参照。
(6) 保険研究所［1980］pp.481－484，p.1076参照。
(7) 『CO・OP共済事業のご報告2010』p.1参照。
(8) 『全労済ファクトブック2010年版』pp.85参照。
(9) 『全労済ファクトブック2010年版』pp.65，67，71参照。
(10) 『CO・OP共済事業のご報告2010』pp.7，66，73，77，78参照。
(11) 生命保険協会［2009］pp.8－11参照。
(12) 菅［2009］pp.34－36参照。
(13) 消費生活協同組合法令ハンドブック編集委員会［2008］pp.2－3参照。

(14) 上田［2011］p.40参照。

(15) 上田［2011］p.40参照。なお各貸付制度の金利と限度額は，上田　正氏から提供された資料『生協制度による相談・貸付事業』p.9参照。

(16) 前注の資料によれば，北日本銀行，東北銀行，岩手銀行，東北労働金庫，盛岡信用金庫，北上信用金庫，宮古信用金庫，岩手県信連，一関信用金庫等が挙がっている (p.11)。

(17) なお長期共済事業組合以外の組合 (いわゆる短期共済事業) については，施行規則第202条第1項12号に同じ規定が存在する。

(18) 注 (15) の資料 p.47参照。

(19) 『全労済ファクトブック2010年版』p.76，『CO・OP共済事業のご報告2010』p.59，『全国生協連・県民共済グループの現状　2009年度』p.34参照。

(20) 上田［2008］p.23参照。

生協共済らしさと社会的責任活動

◎高千穂大学商学部教授
恩藏 三穂

1 はじめに

　生協共済は，いくつかの保険会社の破綻にもかかわらず，20年間順調に成長を遂げてきた。特に，組合員の支援という生協独自の理念が受け入れられ，保険会社による保険商品のように決して大きな保障ではなかったが，組合員の生活を支えてきた。

　ところが，1995年の保険業法の改正以降，保険ビジネスの環境は大きく変化した。実質的な生損保の乗り入れが認められ，保険料の自由化なども可能になった。さらに，2007年からは，銀行の窓口による保険商品の販売代行も全面解禁となり，規制によって制約されていたさまざまな取り組みが可能となり，競争はますます激しさを増している。

　同時に，共済のスタート時点では，保険会社によって提供される保険商品と生協によって提供される共済とでは，帰属意識や保障額の違いなど，市場において明らかに異なった位置づけとなっており，消費者もそれを認識していた。ところが，生協による保障額の高額化といった動きは保険商品との違いを低下させ，また保険会社による保障額の低価格化は共済との違いを低下させていった。その結果，保険商品と共済とを識別する明確な差別化軸が失われつつあるのが今日の状況であるといえる。「共済らしさ」を強みとするためには，その差別化軸をどのように認知してもらえばよいのだろうか。

　そこで本稿では，次節において生協共済の現状と問題点を明らかにしたうえで，今後，共済事業がさらなる飛躍を追求するうえで必要となる差別化軸の可能性について，「共済視点のベクトル設定」「組合員とのコミュニケーション重視」「コンタクト・ポイントの活用」という3つの視点で論じてみたい。

2 生協共済の現状と問題点

(1) 生協共済の低迷

　バブル経済崩壊の影響を受けて，1990年以降における保険業界の業績は低迷してきた。それに対して，この間，好調な伸びを示してきたのが生協共済である。順調であった生協共済ではあるが，2008年以降になると，これまでのような成長が難しい状況をむかえている。

　例えば，CO・OP共済についてみると，契約件数は2001年に370万件であったものが，9年後の2009年には670万件と1.8倍にも達している（図表1）。しかし，その高い伸び率も，2000年代前半にかけて10％前後で推移していたのに対して，2008年には2.7％と大幅に低下し，2009年度には3.6％まで低下している。明らかに10年前の勢いは失っている。契約金額でみても，定期生命共済が2001年の1兆3,213億円から2009年に3兆7,228億円と2.8倍もの伸びを示したものの，2000年代半ばにかけて10％台の伸びを示していたものが，2008年には4.6％，2009年には5.6％と，やはり伸び率を鈍化させていることがわかる。

図表1　CO・OP共済契約件数の推移

(単位：千件，%)

年次	総合共済／生命・住宅災害共済	こども共済	定期生命共済	合計	成長率
2001年	2,570	1,067	50	3,687	
2002年	2,738	1,193	147	4,078	10.6
2003年	2,918	1,311	245	4,474	9.7
2004年	3,090	1,538	329	4,956	10.8
2005年	3,271	1,724	444	5,439	9.7
2006年	3,428	1,902	585	5,916	8.8
2007年	3,533	2,056	718	6,308	6.6
2008年	3,489	2,139	851	6,478	2.7
2009年	3,449	2,247	1,019	6,714	3.6

(出典)各年度『共済年鑑』(『共済と保険』別冊)および『CO・OP共済　Annual Report 2010』(2010)より作成。

こうした動向は全国労働者共済生活協同組合連合会（全労済）においても同様であり、過去5年間の動向でみれば、契約高は2004年度の629.9兆円から2008年度には669.6兆円と6.3％の伸びにとどまっており、とりわけ2007年度から2008年度の伸び率はわずか0.5％と低水準にある。契約件数でも2004年度の3,572万件が4年後の2008年度には3,582万件とわずか0.28％の伸び率に過ぎず、特に2007年度からの推移をみると職域での団塊世代の退職等により、団体生命共済がマイナス2.9％、交通災害共済がマイナス3.4％、火災共済がマイナス1.8％となっており、全体でも1.3％の減少を示している[1]。

　なぜ好調な成長を続けてきた生協共済は、その成長が低水準になってきたのであろうか。リーマン・ショックによる金融危機により経済全体が低迷していることはもちろんであるが、生協法の改正により従来よりも様々な点で制約が増えたこと、インターネットの普及とともに保険商品の購入が容易になっていること、そして共済と保険商品が同質化していること、などが挙げられる。

　これらのうちで内因的で重要な問題のひとつが、保険との同質化問題である。少子高齢化によって加入見込み者が減少するなか、保険との競争はより激化しているものと思われる。そこで、保険との同質化という課題について考察してみよう。

(2) 共済と保険との同質化問題

　以前は、保険会社が「不特定の者」を対象としているのに対し、共済は「特定の者」（一定の地域や職業などでつながる者）を対象としていた。また、共済の場合、組合員の相互扶助という共済理念に基づく結束なども大きな特徴として挙げられる。

　共済が保険と類似しているといわれるのは、多数の者が集団を形成し、その中で偶然事故による被害者となった場合、その被害者に対して共済金を支払うからである。ところが、組合員のニーズに応えるべく、共済規模が拡大化したことで組合員としての意識は薄れてきた。

また，保険会社と同様に「大数の法則」に基づいて運用されるようになり，共済と保険会社との違いは不鮮明になってきている。

　現在でも，もちろん共済で扱われる商品の掛金は総じて安く，加入者一律の商品が多いようであるが，中には保険会社が提供する保障内容と大きな違いがないものもある。実際，共済事業は次第に種類が複雑化・多様化し，その規模も拡大するなどの変化を遂げている。共済事業は保障市場において一定の地位を占めるまでに至っている。

　一方，保険会社から生協共済への接近もみられる。特に外資系保険会社は保険料の安さや商品のシンプルさを前面に打ち出し，低価格の保険商品を販売するようになっている。また近年，急速に台頭しつつあるネット系生保でも標準化された商品や料率の安さが強調された結果，消費者からみた場合の保険商品と共済との違いは極めて乏しくなっているといわざるを得ない。また，保険商品のいくつかはインターネット経由で簡単に購入できるようになったため，購入者にとっての利便性も向上してきている。価格面でも低価格のものが販売されており，生協共済の保険化だけでなく，保険商品の低価格による共済化という動きも無視できない（恩藏 2008）。

　共済と保険との同質化という問題は，商品面だけにとどまるものではない。「共済らしさ」という特性が認知されにくくなっているのは，他にも要因があるものと考えられる。たとえ保険会社による保険商品と共済の内容が類似していたとしても，「共済らしさ」は他にも存在しているはずである。

　そもそも協同組合とは，組合活動を通じた組合員の経済的地位の向上を目指すだけでなく，社会的地位の向上をも目指すことを目的とした人々によって構成された組織である。そのため，従来，事業活動自体が社会貢献を含んでおり，利益追求が第一義である一般企業以上に社会的責任と本業とが関連付けられる，あるいは一体化したもののはずである。Book（1992）は，協同組合における未来のための基本的価値として，「人々のニーズに応える経済活動」「参加民主主義」「主

体形成・人間発達」「全国的・国際的協同」と並んで,「社会的責任」を取り上げている。つまり,協同組合組織の内部および社会との関連において,「社会的責任」は本質とも言うべき機能として長く特徴付けられてきたのである（前川 2006）。

ところが,日本企業の社会的責任をめぐる近年の動向,すなわち本業とは切り離された寄付などのフィロンソロピー活動を重視する活動から,より本業と関連させて社会性や公共性を追求するという企業の動きは,元来,事業理念として社会性を強く打ち出してきた協同組合の活動との差異を打ち消していく結果となった。各種の協同組合およびNPOにとって,単に非営利性を掲げているだけでは,もはやそうした組織の社会的な価値が世の中に伝わりにくくなってきているのである（秋葉 2006）。企業の社会的責任に対する意識が活発化した結果,本来の強みであり,差別化軸として重要性を有していた生協の特徴が薄れつつあるのが今日の状況といえるだろう。

3 我が国における社会的責任の動向および重要性

企業における社会的責任という考え方の普及により,社会的責任に対する期待を最も担うべき生協共済の差別化軸は,その有効性を失いつつある。そこで本節では,我が国における社会的責任の動向,および社会的責任が注目されるようになっている背景について論じていこう。

(1) 社会的責任の重要性

社会的責任とは,2010年11月に発行されたISO26000[2]によると,「組織活動が社会および環境に及ぼす影響に対して組織が担う責任のこと」であり「様々な組織が持続可能な社会への貢献に責任を持つ」としている。すなわち,あらゆる組織が事業活動を行う際に,様々

なステークホルダー（顧客，株主，従業員，取引先，地域社会等）との関係を重視しながら社会的責任を果たすべきということである。

近年，社会的責任活動について論じる場合，実施されている社会的責任活動と本業との距離感が取り上げられることが多い。アメリカでは1990年以前，我が国においては2000年頃までは，本業とはむしろ切り離した社会的責任活動が取り組まれる傾向にあった。社会的責任活動はあくまで社会貢献であって，本業との結びつきはむしろないことが好まれた。ところが，各社の提供内容が同質化していくコモディティ化などにより，しだいに企業は本業に結びついた社会的責任活動に取り組むようになっていった。社会的責任活動によってブランドを構築したり，自社製品の差別化要素として機能させようとしたりするようになってきたのである（Kotler and Lee 2005）。

企業の社会的責任に対する人々の関心についてみると，2000年以降に徐々に高まってきている。環境省が2003年に行った調査[3]によると，個人投資家で企業の「社会的責任に関心がある」と答えた割合は84％に上る。また内閣府と環境省が2001年に行った調査[4]では，

図表2　企業のCSR活動と消費者の購買意欲に関するアンケート結果

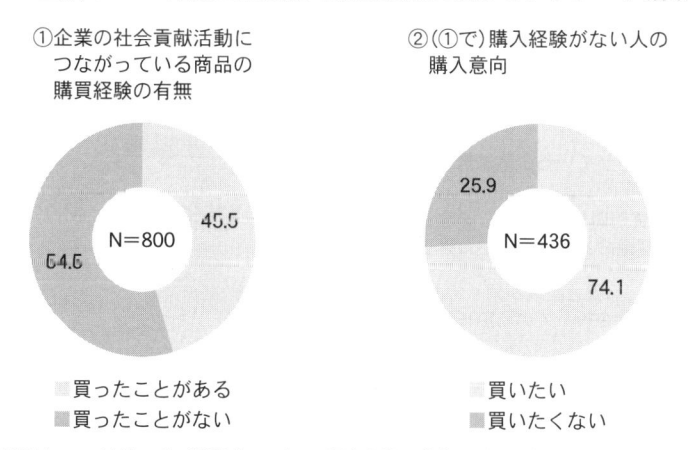

①企業の社会貢献活動につながっている商品の購買経験の有無
- 買ったことがある　45.5
- 買ったことがない　54.5
- N=800

②（①で）購入経験がない人の購入意向
- 買いたい　74.1
- 買いたくない　25.9
- N=436

※調査対象は，gooリサーチ・消費者モニター，調査方法は非公開型インターネットアンケート，調査期間は2008年10月24〜27日，有効回答者は800名。
（出典）慶応大学・gooリサーチ共同調査（2009）より作成。

「環境にやさしい製品の購入に心がけている」と答えた人は83.3％であり，さらに環境にやさしい製品がより高い価格の場合，どの程度なら購入するかという質問に，「5％高」が38.6％，「10％高」が25.9％，「20％高」が4.4％となっている。2009年2月に行われた企業の社会貢献活動につながっている商品の購買経験を聞いた調査でも，半数近くが「購買経験あり」と答え，「購入経験無い」と答えた対象者でも7割以上の人が「購入意向がある」と述べている（**図表2**）。

(2) 社会的責任の有効性

こうした社会性のある消費者は「社会的消費者」と呼ばれているが（間々田 2000），社会的消費者についての調査[5]によると，価格と品質が同じであれば，社会貢献活動と関連のあるブランドに変更すると答えた人の割合は，アメリカで65％，日本でも56.5％と高水準を示した（**図表3**）。2000年に公表されたBusiness in the Communityの2,000人を対象とした調査によると，イギリスでも86％の消費者が価格と品質が同じであれば，後述のCRM[6]製品を購入するとしてお

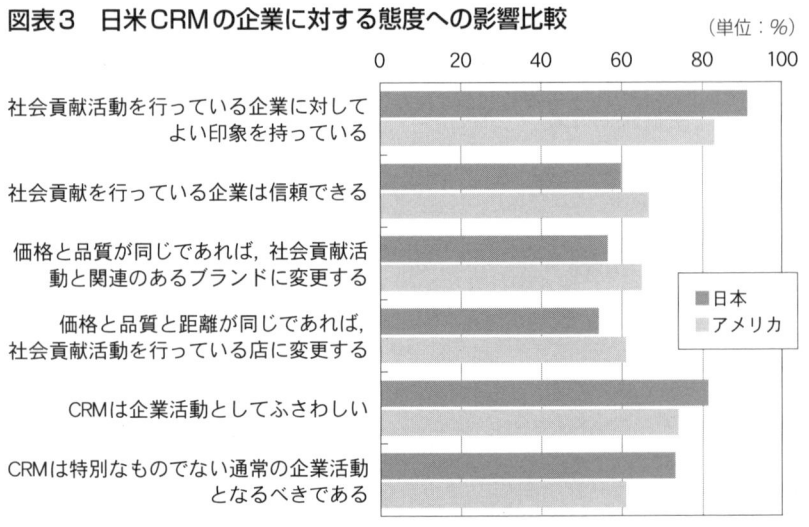

図表3　日米CRMの企業に対する態度への影響比較

(単位：％)

項目	日本	アメリカ
社会貢献活動を行っている企業に対してよい印象を持っている		
社会貢献を行っている企業は信頼できる		
価格と品質が同じであれば，社会貢献活動と関連のあるブランドに変更する		
価格と品質と距離が同じであれば，社会貢献活動を行っている店に変更する		
CRMは企業活動としてふさわしい		
CRMは特別なものでない通常の企業活動となるべきである		

(出典)世良(2002)，56，58，68頁より作成。

り（世良 2002），同様の傾向が，オーストラリア，ニュージーランドなどでも認められている（三輪・丸谷 2005）。

このCRM手法の代表例として挙げられるのは，1993年から展開されたエイボン社の乳がん撲滅キャンペーンである。同社は社会貢献活動の対象をキーになるステークホルダーである女性に絞って，その特有の病気へのサポートをNPO等と協力しながら，地域コミュニティ（医療サービスを受けられない女性への支援），従業員（その活動へのボランティア），消費者（乳がん・キャンペーンの象徴であるピンクリボンの印を商品に付け，その売上げの一部を寄付）を巻き込む形で行っている（谷本 2004）。

このように，世界的にみても社会的消費者が台頭することは本来，生協にとっては追い風ではあるが，先進的な企業はCRMを取り入れるなど，社会的責任活動を戦略的に取り入れているため，社会的責任を中心的な理念とする生協活動が目立たなくなり，組合員をはじめとするステークホルダーと価値の共有が取りにくくなっているものと思われる。

4 生協共済における組合員の意識

(1) 全労済の事例

組合員をはじめとするステークホルダーは，「共済らしさ」を認知・理解・そして共感，ひいては価値の共有にまで至っているのだろうか。全労済の場合，加入者は共済の理念や価値の共有に大きな意義を見出しているという点が，2009年に全国1,500名を対象として行われた全労済の加入者モニター調査の結果に現れている。共済の標語「助け合い（一人は万人のために，万人は一人のために）」の精神に対する評価を聞いたところ，「助け合いのおかげとは思わない（2％）」，「まったく意識していない（3％）」，「どこが助け合いなのか分からない

(4％)」,「助け合いという意味では保険も共済も同じ（4％)」と消極的評価が少数意見であったのに対し,「大勢で加入することで掛金の安い共済が成り立ち，それが助け合い（43％)」,「安い掛金で保障が得られ，みんなに助けられていると思う（25％)」,「払った掛金で誰かが共済金を受け取り助かっていることで助け合いに参加している（15％)」といった価値の共有部分には高い評価が得られた。また，共済の特徴として共感できる項目を聞いたアンケートの結果でも,「共済の理念（83％)」,「共済の目的（82％)」が最も上位の回答となっている[7]。共済加入者は保険と同じ評価基準で商品選択を行っているのではなく，相互扶助といった事業目的への共感が重要な選択理由となっているのである。

　一方，金融庁[8]が2009年に行った調査によると,「CSR（企業の社会的責任）を重視した取り組みを行う主な理由」の第一位は，金融機関全般でみると大多数が「地域との共存共栄」であるが，保険会社に限ると，過半数が「取り扱う事業の公共性に鑑みて」となる。また，相互会社形態をとる生命保険会社には,「CSRレポート」のなかで「創業時より,『共存共栄』『相互扶助』という生命保険業の精神に基づく経営を掲げてまいりましたが，これらの精神は現在のCSRの考え方にも通ずるもの」[9]として，生命保険事業を全うすることでその社会的責任を果たすとしており,「相互扶助」や「事業の公共性」については，共済のみの特権とは言い難い。本業の社会性を強調するというこうした動きは，近年において一般の保険会社でも広く展開されており，共済加入者の価値共有の意識低下の一つの理由となっていると考えられる。

(2) CO・OP共済の事例

　日本生活協同組合連合会が実施した加入者へのアンケートによると,「加入手続きが簡単」「掛金が安い」といった項目においてポイントが高く，かつ年々高まっているのに対して,「組合員の相互扶助という

精神」や「組合員の意向が反映されている」という項目への共感は年々低下傾向にある。言い換えれば，保険との同質化が懸念される項目での評価は年々高まってきているものの，社会的責任活動にとって重要な価値の共有部分，つまり共済事業の目的に関する組合員の理解は低下傾向にあり，CO・OP共済が実施する社会的責任活動は十分な差別化軸としての機能を失いつつあることが読み取れよう。ただし，一般消費者を対象としたCO・OP共済の印象に比べると，共済に加入する組合員の評価は依然として高水準にある（図表4①）。

この点をやや詳しくみるため，CO・OP共済の印象について，組合員の中で共済加入者と未加入者に分けて検討してみよう（図表4②）。CO・OP共済の場合，2009年の加入率は全体の36％に過ぎず，知っているが未加入という組合員の比重が全体の35％と大きな比重を占めている。また，CO・OP共済を知らない組合員は29％にものぼる。

他方，未加入者と加入者に分けてアンケートを実施したところ，「加入手続きが簡単」，「掛金が安い」といった項目では大きな差がみられなかったのに対し，「組合員同士の助け合いである」という印象についての評価では，未加入者が加入者よりも約2ポイントの差がみられる（図表4③）。その存在を知りながら共済に加入していない組合員は，商品の魅力を理解していないのではなく，共済の持つ理念や価値を十分に共有していないものと思われる。つまり，共済事業の理念そのものが，保険との有効な差別化軸として機能していないことになる。また，「組合員の声が活用されている」という項目のポイントは他の項目に比べて低く，このことは「共済らしさ」という価値共有の点において問題があるといえるかもしれない。

「共済らしさ」として相互扶助をあげる加入者は，依然として高いポイントを示すものの，その比重は年々低下傾向にある。したがって，共済の理念を共有し，差別化軸として改めて明確にする必要があるだろう。

図表4① CO・OP共済における加入者の印象（時系列）

(単位：ポイント)

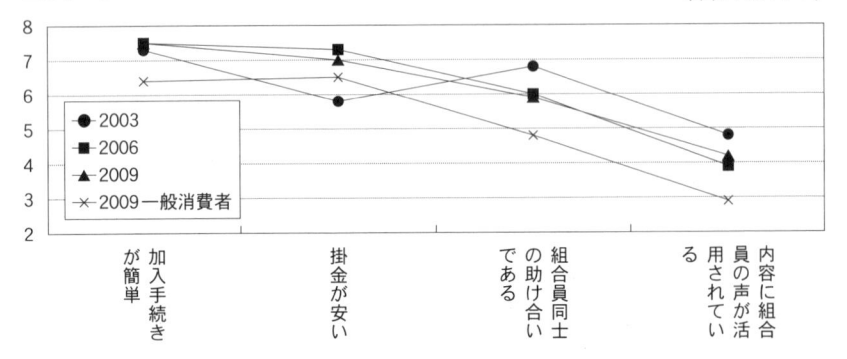

横軸項目：加入手続きが簡単／掛金が安い／組合員同士の助け合いである／内容に組合員の声が活用されている

凡例：●2003　■2006　▲2009　×2009一般消費者

※一般消費者のデータは日本生活協同組合連合会（2009）『2009年度全国生協組合員意識調査報告書（概要版）』、77頁を参照。

図表4② 組合員の認知状況および加入率（2009年）

(単位：％)

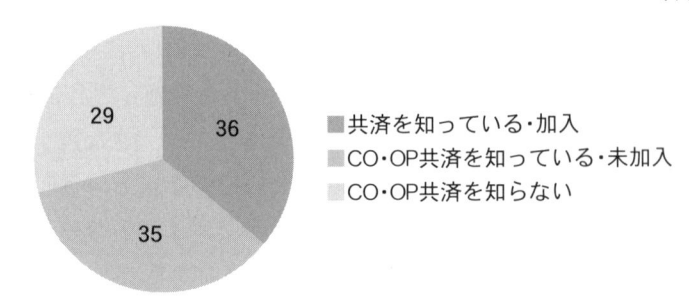

- 共済を知っている・加入：36
- CO・OP共済を知っている・未加入：35
- CO・OP共済を知らない：29

図表4③ CO・OP共済における加入者と未加入者の印象

(単位：ポイント)

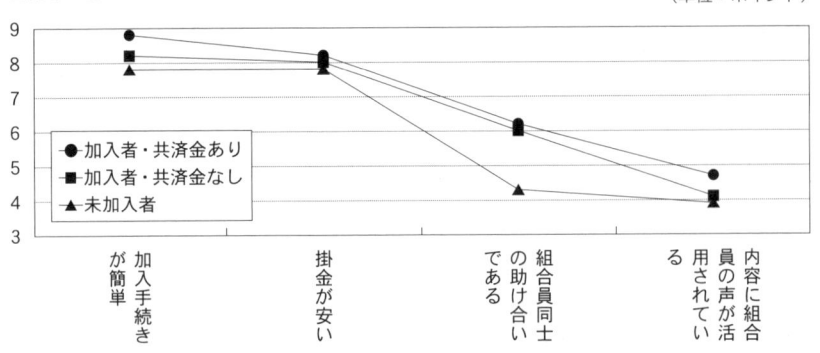

凡例：●加入者・共済金あり　■加入者・共済金なし　▲未加入者

横軸項目：加入手続きが簡単／掛金が安い／組合員同士の助け合いである／内容に組合員の声が活用されている

（出典）日本コープ共済生活協同組合連合会（2010）『CO・OP共済中期事業計画2010-2012』、54頁より作成。

5 生協共済における社会的責任活動

　前掲のアンケート結果から導かれる一つめの問題は,「なぜ共済は知られていないのか」という点である。組合員や一般消費者に認知してもらうにはどうしたらよいだろうか。二つめの問題としては,「なぜ共済を知っているのに加入しないのか」という点である。CO・OP共済にしても全労済にしても,加入者は「価値への共感」をしており,「共済らしさ」を認識しているようであるが,CO・OP共済のデータをみる限り,共済らしさの認識は低下傾向にある。仮に未加入者が共済と保険の商品内容に大きな違いを見出さないとしても,共済事業における「価値への共感」があれば加入してもらえる可能性は高まる。「加入手続きが簡単」「掛金が安い」というポイントが高いのに加入しないのは,「共済らしさ」が「強み」となっていないからかもしれない。
　以下,それらの理由について考察してみよう。

(1) 共済視点のベクトル設定

　共済を知っているのに加入しない,あるいは価値に共感しなかったため認識されなかった場合について考えてみよう。まず,価値が共感されていない,すなわち「共済の強み」が発揮されていない理由について検討したい。
　生協共済の中でも,近年,生協本体から分離し,共済事業が主軸となったコープ共済連における社会的責任の取り組みについてみてみよう。CO・OP共済に関する前掲アンケート結果で,「組合員の声が活用されている」というポイントが低いと出ているが,それは組合員の声が活用されていないからなのだろうか。この点に関して,何も行われていないというわけではない。『生協の社会的取り組み報告書2010』によれば,組合員の声をもとに,CO・OP共済の商品改定が行われている[10]。その代表例が,2010年に開始された「CO・OP共済《たす

けあい》ジュニア18 1900円コース」である。

　この新コースは，「もっと！やさしい」をコンセプトに「CO・OP共済《たすけあい》ジュニア18コース」の引き受け基準をより緩和したもので，「告知1（2つの健康状態の質問）」に該当しなければ，持病で薬の服用中や通院中であっても加入できる。「より多くの子どもが加入できるように」と，組合員の声をすくい取って誕生した共済である。「だれもが加入できる共済」ということで，これはまさに共済事業における社会的責任を果たすものだといえる。前掲CO・OP共済のアンケート実施時期は，本商品改定を実施する以前であったため，「組合員の声が活用されている」というポイントが低いのかもしれない。なお2011年より，組合員の生活を一生涯フルサポートすることが可能となる「終身共済」が誕生する。より保険化が進むことにはなるが，これも「組合員の声」に応えての結果である。

　一方，共済活動という本業以外における取り組みについてみると，組合員の保障の確立を目指し，「くらしの安心」をテーマとした「ライフプランニング活動」が実施されている。それは，組合員がくらしに役立つ保障の選択ができる力をつける機会を提供するための社会的責任活動の一環である。

　このライフプランニング活動は1994年に開始された。というのも，組合員に共済を勧める中，家計支出の1割弱を占めるほど高額な保険料を支払いながら保障の中身をよく知らない，ムリ・ムダ・ムラのあ

図表5　2010年度助成事業の助成先

活動分野別　助成先内訳	生協数	件　数	助成金額(円)
①子育て支援活動	16	18	5,700,000
②くらしの助け合いの会活動	12	12	3,836,000
③地域支え合いを推進する福祉活動	13	14	5,162,800
④その他の福祉・ボランティア活動	10	11	4,217,000
合　計	35	55	18,915,800

(出典)CO・OP共済ホームページより引用。

る保険に加入しているなどの実態が明らかになってきたからである。1996年には,「共済事業のめざすもの」として,ライフプランニング活動が共済事業の柱の一つとして位置づけられた。そして,「組合員が共済や保険について学び合える機会をつくり,くらしに役立つ保障の選択ができる力を養う」ために,「(1) CO・OP共済を普及することによって,組合員の保険や社会保障への関心を高める」「(2) 学習会,講演会などを通じて,くらしの保障への知識を広め,保障の見直し活動を普及し,さらに,自主的,恒常的にすすめられるよう,生協の職員や組合員のなかにライフプラン・アドバイザー（LPA）を育成する」としている。

LPA[11] の実績としては,2009年度までに2,446名が修了している。彼らが活躍する講演会,学習会,個別相談等には,延べ6万8,000人以上が参加し,組合員同士の学びを支えている。

そのほか,社会的責任活動として,「福祉への助成」も行っている。1996年より,コープ共済連は「生協福祉活動推進助成事業」として,各生協で行う福祉活動へ助成を行っている。生協の福祉活動を拡大強化する方針に沿って,1996年以降,5年毎に第一次,第二次と2005年までの10年間に引き続き第3次の取り組みがスタートしている。具体的な数字をみると,1996年より年間約2,500万円,2010年度までを含めると,総額約3億7,500万円の助成額にのぼる。2010年度における助成は,35生協55件,助成総額約1,892万円である（**図表5**）。

コープ共済連の活動をみると,「組合員の声」に応えるべく本業そのものである商品改定はもちろん,組合員の生活をサポートする「ライフプランニング活動」,会員生協に対する「福祉への助成」などを行っている。それにもかかわらず,「組合員の声が活用されている」というポイントを上げるには至らない,すなわち,「共済らしさ」が発揮されておらず,ひいては価値が共有されていない。「助け合い」の精神に基づき,それぞれ有意義な社会的責任活動が行われているのに,なぜ「共済らしさ」の強みとならないのだろうか。

「組合員の声」に応え,「CO・OP共済《たすけあい》ジュニア18コース」の引き受け基準をより緩和したのはいかにも「共済らしさ」を感じるが,「終身共済の販売」は商品面における保険化を進ませ,共済の差別化軸を曖昧にさせている。1984年にCO・OP共済《たすけあい》が「コーヒー一杯の助け合い」（月掛金300円や400円）としてスタートした頃とは違い,「組合員の声」に応えたことで保険化を進ませた結果にどのように対処するかが問題である。

次に注目したいのは,現在行われている社会的責任の枠組みを考案した主体が「共済」事業ではなく生協本体という点である。生協本体から共済事業が分離される前に出来た枠組みなので,「生協」事業の視点に立った現在の社会的責任活動という色彩が濃い。生協は「21世紀理念」として,「自立した市民の協同の力で,人間らしいくらしを創造し,持続可能な社会を提言する」としている。その中で,環境問題を人類の存続にも関わる重要な課題のひとつとしているため,生協の社会的責任活動は環境問題を非常に重視している。また,生協のビジョンでは,「ふだんのくらしにもっと役立つ」ための活動として,共済は,購買,福祉,医療における活動の一つと位置づけられている。そのため,生協の社会的責任活動において「共済らしさ」を強みとするほどの差別化軸を見出すことは難しいかもしれない。

だが,生協本体から分離した今だからこそ,「共済事業」の視点で,「共済らしさ」が感じられる枠組みを組みなおすこともできるのではないだろうか。ひとつひとつ有意義な社会的責任活動を行っていても,ばらばらであると相乗効果をうみにくい。「助け合い」という理念は「生協」も「共済」も同じだろうが,「共済らしさ」が強みとなるほど認知してもらうには,共済事業が社会的責任を果たす上で,やはり「共済」からの視点は必要である。それは,今まで行ってきた社会的責任行動を変更するというものでなく,改めて「共済らしい」フレームワークを再構築することで,組合員に効率よく「共済らしさ」を示すことを意味している。

現在，社会的責任活動を行っている保険会社の報告書をみても，多くのものが他社との差別化がはかられておらず，また当該企業のベクトルが明示されているものは数社である。他社が行っている社会的責任活動と同様のものを行っていても，契約者や見込み客に当該企業の社会的責任活動を認識してもらうことは難しいだろう。これは共済の社会的責任活動についても同様かもしれない。今後，共済事業が行う社会的責任活動について，生協からの切り口だけでなく，共済事業としての切り口も加えることで，共済事業はどのようなベクトルをもって社会的責任活動を行うのかを的確に示すことができるだろう。それが，まずは共済加入への導入として，組合員や一般消費者の心をとらえること，すなわち共感を得ることにつながるのではないだろうか。

(2) 組合員とのコミュニケーション重視

　共済事業からみた社会的責任を果たし，組合員などの共感を得る素材ができたとして，それらを組合員らにいかに認知してもらうかが重要である。社会的責任活動の効果に関する実証的研究では，積極的な社会的責任活動によってプラスの企業評価が得られ，その企業評価がさらにプラスの製品評価をもたらすことが明らかにされている（Brown and Dacin 1997）。とすれば，共済事業が積極的な社会的責任活動を行えば，当該事業はプラスの評価を得て，さらに，その評価が共済に対してプラスの評価につながると考えられる。したがって，各共済事業が行う社会的責任活動の価値を認知してもらうことが，いかに重要であるかがわかる。

　価値を認知してもらうには，企業とそのステークホルダー双方が納得する信頼関係を作り上げなくてはいけない。そのような信頼関係を構築することをステークホルダー・エンゲージメントという。既に先進的な企業はステークホルダーとの信頼関係を築く手段として，企業による一方的なコミュニケーションでなく，社会的責任活動の様々なステージにおいてステークホルダーから意見を取り入れるなどコミュ

ニケーションを重視している。

　その一つの例として，コミュニケーションのツールであるディスクロージャー誌の充実があげられる。ディスクロージャー誌には，社会的活動内容について触れるものも多くなってきている。さらに，社会的責任活動の内容を別途，報告書として発表しているものもある。例えば，CSRレポートはステークホルダー・エンゲージメントの重要なツールである。ただ，社会的責任活動を行う情報発信者とステークホルダーが同じ思惑でいるか，共感しているかについてまで調査しているCSRレポートは決して多くない。一般事業会社も社会的責任の重要性を認知し行動していても，事後評価まではあまりしていない。

　社会的責任活動の場合，望ましい企業イメージ，あるいは企業への態度を，自社ブランドの購買などと結びつける鍵は，消費者と企業の間での価値の共有と，そのためのコミュニケーション行為が円滑に行われるかどうかにあるとされる（芳賀 2009）。他方，非営利団体組織の場合であっても，参加者の共感が大事な鍵とされる[12]。しかし，企業の社会的責任活動では，こうした価値共有のためのコミュニケーションが著しく不足している。この点について，日本経済団体連合会が実施した2008年度の調査結果で検証してみよう（図表6①～③）。

　社会貢献活動の事後評価について実施している企業の比率は，2002年度の36.4％から08年度の49.5％，202社へと大幅に上昇したものの，それでも全体の半数に満たない。しかもこれら事後評価をしていると回答した202社における担当者の内訳をみると，大半は「社内の担当者や担当部署」にとどまっている。一方，「学者・有識者」は12.9％，プログラムの受益者は25.2％にすぎない。こうした点から，企業の社会的責任活動では消費者と企業の間で価値の共有や，そのためのコミュニケーション行為が円滑に行われるとは言いがたい状況となっていることが分かる。ステークホルダー・エンゲージメントがなされていないわけでもないのに，「組合員の声が活用されている」のポイントが低く，価値への共感がなされていないのはなぜか。組合員

図表6① 実施した社会貢献活動について事後評価をしているか

(単位:%)

	2002年度	2005年度	2008年度	社　数
事後評価をしている	36.4	37.4	49.5	202
事後評価はしていない	55.9	55.3	49.3	201
未回答	7.7	7.3	1.2	5
合　計	100	100	100	408

図表6② 事後評価の担当者は誰か(複数回答可)

(単位:%)

	2002年度	2005年度	2008年度	社　数
担当者・担当部署	58.5	62.8	68.3	138
担当役員	12.5	27.0	42.1	85
役員以外の社内横断的組織	4.1	31.8	25.2	51
プログラムの受益者	―	―	24.3	49
役員会	11.3	16.8	18.3	37
学者・有識者(外部専門家)	12.1	6.7	12.9	26
その他			8.4	17

※その他の主な回答内容:出資している財団の活動実績報告,関係する社外の方々との交流会等,経団連実績調査(同調査)の報告数値,地域への貢献度

図表6③ 主にどのような基準で事後評価をしているか

(重要度の高い順に3つ以内で回答)　　　　　　　　　　　　　　　　　　(単位:%)

	2002年度	2005年度	2008年度	社　数
受益者の満足度 (受益者への影/受益者コメント)	41.5	58.0	52.5	106
予め定めた目標の到達度	46.4	44.9	50.5	102
社の経営理念との合致性	―	―	41.1	83
社員の参加人数	46.4	50.8	29.7	60
外部機関の評価・表彰 (社会からの評価)	21.2	22.2	28.7	58
社員の満足度(社会への影響)	26.9	27.5	23.8	48
受益者の数	31.6	34.8	19.8	40
マスコミでの取り上げられ方 (社会からの評価)	22.0	28.6	14.9	30
役員会での評価	―	―	5.9	12
その他	―	―	5.0	10

(出典)日本経済団体連合会社会貢献推進委員会・1%クラブ(2009)より作成。

に，もっと価値を認知し共感してもらうために，事後評価の実施や拡充を工夫したり，事後評価基準を検証したりなど，何らかの方策を打ち立てる必要があると思われる。

(3) コンタクト・ポイントの活用

　組合員との信頼関係は，どのように築かれるのだろうか。たとえ共済視点の社会的責任活動を行っていても，組合員に「共済らしさ」を認知してもらわなければ，共済における価値の共感を得ることは難しい。そのため，組合員や一般消費者が共済における価値を認知し共感し，ひいては共有する機会として，コンタクト・ポイントがあげられる。これは，共済の差別化軸を明確に理解してもらうため，信頼関係を築く重要なコミュニケーションの機会である。

　そもそも組織は，ステークホルダーとの間で様々な接点を有している。マーケティングでは，特に顧客との接点をコンタクト・ポイントという言葉で説明しており，購入時点だけにとどまることなく，購入前や購入後における顧客との接点も含めてとらえている。

　共済におけるコンタクト・ポイントを検討すると，購入時点としては「商品」「営業職員」「ショップ」「パンフレット」などであり，組合員が商品を選択し，購入を決定する段階での様々な接点を意味している。

　同様に，購入前においても組合員が関心や興味を抱き，購入を思い立つプロセスにおいて，「広告」「クチコミ」「ホームページ」などは重要なコンタクト・ポイントといえる。購入後においても，保険会社のなかには顧客との良好な関係を維持するため，営業職員が契約者のもとに訪れたりする。これも重要なコンタクト・ポイントの一つである。CO・OP共済であれば，食品配達の際に，職員が組合員に声掛けすることも可能である。さらに，一般の商品とは異なり，共済金の請求や受取時においても，あるいは職員による共済金の請求漏れがないかを呼びかける活動などアフターフォローにおいても，再び生協と重

要なコンタクト・ポイントが発生する。

ただ近年は，マンションやビルにおいてセキュリティーが高くなっており，部外者の立ち入りは厳しくなっている。そのため，保険会社の販売職員による保険勧誘は難しくなっている。現在，保険未加入者である「保険難民」が増加している理由はここにもあるといわれている。これらの層をどのように取り込んでいくか。保険会社は，訪問型ではなく，来店型のテナントショップを展開しつつある。一方，生協における食品配達は職員（あるいはドライバー）と組合員とのコンタクト・ポイントを高めているという強みがある（恩藏 2008）。環境変化の中で，例えば，食品配達時での，あるいは店舗での共済加入促進活動をどう改善していくかが今後の課題となるだろう。

6 結びにかえて

協同組合組織の内部および社会との関連において，社会的責任は本質とも言うべき機能として長く特徴付けられてきた。近年，社会性を重視する消費者が台頭するにつれ，企業の社会的責任活動が活性化し，共済事業の強みとなっていた差別化軸が薄れつつある。それを反映してか，共済事業における事業成績は低迷しつつある。そこで，社会的責任活動を通じた「共済らしさ」を強みとする差別化軸について検討してみた。

まず，共済事業における理念や価値を理解してもらうために，共済視点の社会的責任活動を示すベクトルを設定することが有効であると考えられる。社会的責任は，それぞれ有意義な活動であるが，例えば，CO・OP共済の場合は生協視点のものであり，また共済らしいベクトルが示されていないため，「共済らしさ」を示すのに十分なシナジー効果があらわれにくい。

さらに，共済事業を理解してもらうためには，生協と組合員と双方

の信頼関係を築くことである。その手段が，組合員とのコミュニケーションである。組合員との対話を重視し，意見を取り入れることで，信頼関係は構築されるという。実際，「組合員の声」に応えて商品改定が行われている。今後，様々なステージでどのようにコミュニケーションをはかれるかが今日の共済事業を理解してもらう鍵となってくるだろう。

　最後に，コミュニケーションを組合員とはかるには，コンタクト・ポイントを重視する必要があることについて触れた。たとえ共済視点の社会的責任活動を行っていても，組合員に「共済らしさ」を認知してもらわなければ，共済における価値の共感を得ることは難しいからである。前述の通り，積極的な販売活動を行っている営業職員とですら接点を持たず，保険の購入機会に恵まれない「保険難民」といわれる層がある。組合員だけでなく，社会に共済事業を認知し共感してもらうために，どのようなコンタクト・ポイントの組み合わせで最大限に組合員や一般消費者と対話できるかが，より「共済らしさ」を強調する機会になると考えられる。

　今後，ますます保険との競合が進む中，いかに生協共済が「共済らしい」差別化軸を明確に示すかが，組合員や一般消費者に共済事業の理念や価値を共感してもらうことにつながるだろう。

（1）全国労働者共済生活協同組合連合会，2009,『全労済ファクトブック2009年版』9頁。
（2）ISOにおいて検討されている社会的責任に関するガイダンスのことで，先進国から発展途上国まで含めた国際的な場で複数のステークホルダー（消費者，政府，産業界，労働，NGO，学術研究機関他）によって合意された国際規格のことである。
（3）環境省「社会的責任投資に関する日米英3か国比較調査報告書―我が国における社会的責任投資の発展に向けて―（平成15年6月）」。

（4）内閣府「循環型社会の形成に関する世論調査（平成13年7月）」。

（5）日本の調査は世良が2001年に日本人大学生184名に行い，アメリカの調査はCone社が1998年に18歳以上の米国人1,996名を対象に行ったもの（世良 2002）。

（6）近年の社会的責任活動の流れのなかで，このCRM（Cause-related marketing）いう手法は登場した。CRM手法とは，地域コミュニティ・従業員・消費者を巻き込みながらより長期継続的にコーズ・プログラムを展開し，企業の評判やブランド・イメージを高める戦略として欧米で定着しつつある。

（7）全労済本部事業推進部，2009,「全労済モニター制度について」。

（8）金融庁「金融機関のCSR事例集（平成21年3月）」。

（9）日本生命保険相互会社，2010,『日本生命百二十年史』272-273頁。

（10）『生協の社会的取り組み報告書2010』(2010) 日本生活協同組合連合会。

（11）LPAとは，コープ共済連の所定のライフプラン・アドバイザー養成セミナー修了者のことである。彼らは，組合員のライフプランニングについてのアドバイスとくらしの保障についての学習会を行う専門知識を持ち，組合員向けの保障の見直し学習会などを企画・運営および講師・インストラクターとなる。

（12）例えば，2005年にかけて大きな反響を呼んだホワイトバンドを通じた「ほっとけない世界の貧しさキャンペーン」の事例が挙げられる。ホワイトバンドの場合，日本のいくつかのNGOグループが，貧困撲滅のために政府に対するアドボカシー活動のキャンペーンとして実施され，著名人を登場させるなどメディア戦略も展開した結果，従来一般市民をターゲットとしてソーシャル・マーケティングは成立しないといわれていた領域で莫大な売上げを記録した。しかし，2005年後半頃から商品を購入した顧客や，社会が期待する水準の内容の情報公開が十分でなかったという「共感」へのアフターフォローが不十分だった結果，一部メディアから激しい批判を受ける結果となった（秋葉 2006）。

〈主要参考文献〉

秋葉武,2006,「ソーシャル・マーケティングとは何か」『生活協同組合研究』366号,38-45.

恩藏三穂,2008,「生協共済の強みと今後の発展可能性」生協共済研究会編著『生協の共済』日本生活協同組合連合会,133-147.

世良耕一,2002,「コーズ・リレイテッド・マーケティングを通した消費者とのマーケティング・コミュニケーションに関する一考察」『函大商学論究』34巻2号,45-71.

谷本寛治,2004,「企業の社会的責任とマーケティング」『宣伝会議』650号,74-76.

────,2006,『CSR企業と社会を考える』NTT出版.

芳賀康浩,2009,「社会的視点をもつマーケティング戦略論へのステークホルダー研究の示唆」『青山経営論集』44巻1号,195-210.

前川寛,2006,「今日的な協同組合におけるCSRについて考える(2005年度 共済協会セミナー報告)」『共済と保険』572号,24-29.

間々田孝夫,2000,『消費社会論』有斐閣.

三輪昭子,丸谷雄一郎,2005,「コーズリレイティッド・マーケティング概念の方向性」愛知大学国際問題研究所『紀要』125号,愛知大学国際問題研究所,143-169.

Brown, T. J. and P. A. Dacin, 1997, "The Company and the Product : Corporate Associations and Consumer Product Responses," *Journal of Marketing*, (61), 68-84.

Book, Sven Ake, 1992, *Co-operative values in a changing world*. (=1992,協同総合研究所編訳,『変化する世界における協同組合の価値:ICA=国際協同組合同盟東京大会基調報告抄訳』協同総合研究所.)

Carroll, Archie B., 1999, "The Pyramid of Corporate Social Responsibility : Toward the Moral Management of Organization Stakeholders", *Business Horizons*, (34), 39-48.

Kotler, Philip, and Nancy Lee, 2005, *Corporate Social Responsibility* :

Doing the Most Good for Your Company and Your Cause, John Wiley & Sons International Rights, Inc.（＝2007，恩藏直人監訳『社会的責任のマーケティング』東洋経済新報社.）

Michael E. Porter and Mark R. Kramer, 2006, "The Link between Competitive Advantage and Corporate Social Responsibility" *Harvard Business Review*.（＝2008，マイケル・ポーター，マーク R. クラマー「競争優位のCSR戦略」『Diamond Harvard Business Review』，36-52.）

〈主要参考資料〉

全国労働者共済生活協同組合連合会，2009，『全労災ファクトブック2009年版』．

全労災本部事業推進部，2009，『全労災モニター制度について』．

日本共済協会『共済年鑑』各年度．

日本コープ共済生活協同組合連合会，2010，『CO・OP共済中期事業計画2010-2012』．

―――― 2010，『CO・OP共済 Annual Report 2010』．

日本生活協同組合連合会，2009，『2009年度全国生協組合員意識調査報告書（概要版）』．

日本生活協同組合連合会，2010，『生協の社会的取り組み報告書2010』．

日本生命保険相互会社，2010，『日本生命百二十年史』．

環境省ホームページ，「社会的責任投資に関する日米英3か国比較調査報告書―我が国における社会的責任投資の発展に向けて―（平成15年6月）」

www.cnv.go.jp/policy/kinyu/rep_h1506/

金融庁ホームページ，2009，「金融機関のCSR事例集（平成21年3月）」

www.fsa.go.jp/news/20/ginkou/20090331-7

慶応大学・gooリサーチ共同調査，2009，「企業のCSR活動と消費者の購買意欲に関するアンケート」

http://research.goo.ne.jp/database/data/000967/

CO・OP共済ホームページ，「CO・OP共済 ニューストピックス」

http://coopkyosai.coop/

内閣府ホームページ,「循環型社会の形成に関する世論調査（平成13年7月）」
　www8.cao.go.jp/survey/h13/h13-junkan/
日本経済団体連合会社会貢献推進委員会・1％クラブ, 2009,「2008年度社会貢献活動実績調査結果」
　www.keidanren.or.jp/japanese/policy/2009/106/

生協共済における優位性と独自性
―共済サービスの付加価値―

◎拓殖大学商学部准教授
宮地 朋果

I はじめに

本稿では，生協共済研究会の前著『生協の共済 今，問われていること』における拙稿「生協共済における環境変化と将来」に引き続き，消費者に生協共済が選択されるために必要とされる優位性と独自性を何に見出すかについて考察する。

「保険の共済化」もしくは「共済と保険の同質化」が進む現在，各種調査[1]により，生協共済の掛金の安さが，消費者の商品選択の大きな要因であることが示唆されており，前稿ではこれを生協共済の「優位性」とみなした。また，民間保険との比較において相違が最も顕著である危険選択を題材として，生協共済の「独自性」を論じた。本稿では前稿での考察にサービスという視点を新たに加え，生協共済における優位性と独自性について考察する。

II 生協共済のサービス提供における現状と課題

生協共済のサービス提供を考察するにあたり，一般的にサービスとは何を意味するか，モノとサービスとの相違について述べる。そのうえで，生協共済のサービス提供における現状や課題について検討する。

1. サービスの特性

「サービス」とは，物質的な財以外のすべてを指す。その代表的なものが人間の労働の結果として得られる狭い意味でのサービスであり，医療サービスや教育サービスなどが例として挙げられる。サービス商品の取引では，提供されるサービスの質と量について対価が支払われる。

「モノ」は目に見えるので，新製品であってもわかりやすい。一方

サービスは，形のある財，物的な財であるモノに対して形のない財であり，サービス商品は，人や施設，情報などが融合されて提供される。またサービス産業は，外食や宿泊，運輸，金融，娯楽・スポーツ，医療・福祉，教育・学習支援など広範にわたる。

2. サービスにおける取引の特性と生協共済への示唆

(1) 無形性

モノは，購入後も「形のある物」として手元に残る。たとえば，自動車やパソコンは「形のある商品」であり，食料品などの例外を除き，購入後も何度でも好きなときに使用できる。一方，サービスは「形のない商品」である。美容院に行き，髪形がきれいに整うなど，ある程度の状態の変化は期待できるが，購入後は手元に何も残らない。サービス提供に際しては，店の設備や道具など「形のある物」を通した活動の提供を受けるのみで，それらを手に入れるわけではない。サービスは一度きりであるので，もう一度利用したければ，あらためてお金を払い，同じ活動を提供してもらわなくてはならない。

また，サービスはその都度提供されるため，購入前に消費者が直接見たり，触ったり味わうことはできない。つまり，消費者がサービスの品質を事前に理解することは困難である。レストランで実際に食事をしなければ，料理が美味しいか，店の雰囲気や接客態度が満足できる水準であるかはわからない。病院で手術を受ける際にも，本当によいサービスであったかは術後でなければわからないし，場合によっては術後しばらくたってもその効果が不明である。このように，消費者がサービスを選択する際には，何を指標とすべきかという問題が生じるため，初めて当該サービスを利用する消費者の不安を和らげ，選択してもらうための工夫が提供者側に要される。

共済・保険においては，サービス提供期間が長期にわたり，共済金（保険金）が支払われるような共済事故（保険事故）が起きてはじめて実際の効用がわかる。またそもそも共済金が支払われる共済事故を

経験しない契約者も多く，商品の魅力や効用を理解してもらうことは難しい。共済や保険が「売られる商品」とされ，長らくGNP（義理・人情・プレゼント）による販売促進が有効であったこともそのような背景と無関係ではないだろう。したがって，共済金の支払を受けた契約者のクチコミ情報を対人のみならず，パンフレットやインターネットなども含めて適正に利用・管理する必要がある。

(2) 同時性

サービスは，「商品ができあがり提供されるタイミング」と「商品が消費されるタイミング」が同時である。サービスの提供と利用を別々にすることはできないため，顧客がその場にいなければ取引が成立しない。たとえば共済の説明を対面で行うに際しては，そのための道具（パソコン，パンフレット，筆記用具など）や場所を事前に準備することはできるが，サービスそのものの提供はその時々となる。

夫婦共稼ぎが増え，個々人の時間価値が高まっているなか，足を止め，共済についての説明を聞いてもらうための工夫や接客時間・曜日などの検討が求められる。共済は比較的，商品としての複雑さがなくわかりやすいため，対面の説明ではなく，電話やインターネット等での対応に限定することも可能ではあるが，生協共済の強みの一つである親近性や消費者への説明責任の面からは問題が生じるかもしれない。

(3) 品質の不確実性

モノを提供する場合に比べ，人が提供するサービスにおいては，サービス提供者の資質や能力の相違により品質の変動が生じる。そのため，提供されるサービスの水準が安定しないという側面がある。また，サービス提供者の問題のみならず，サービス提供時の天候や周囲の他の客といったさまざまな要因・環境が，サービスの質に対して影響を与える。したがって，サービス提供側には，サービスのばらつきを極力抑える努力が要される。たとえば，人材育成や教育，資格制度の導入，マニュアルの作成，サービスのシステム化などを通じて，一定以上の水準のサービス提供を図ることが考えられる。しかし人間はミス

をする生き物であるため，失敗・苦情への対応準備や，失敗・苦情を隠蔽させることなく活かせるような仕組み・組織作りが求められる。

(4) 不可逆性

サービス取引では，一度取引されたものを返品すること，元の状態に戻すことがモノと比べて困難である。モノであっても，たとえば生鮮食品を一日経ってから返品されても再販売することはほぼ不可能であるが，相対的にみて，サービスのほうがモノよりも不可逆性が高いといえる。

定時を過ぎた航空機や新幹線の座席の販売は不可能であるし，レストランでとってしまった食事を元に戻すことはできない。同様に，一旦購入された共済や保険も，解約返戻金のある商品もあるが，契約者は少なくとも解約時点にまで受けたサービスを返却することはできない。そのため，どんなにサービスや商品内容に不満を持ったとしても，解約時点までの共済掛金や保険料を払わなくてはならない。

(5) 消滅性

サービスは蓄えておくことができず，消滅してしまう。つまりサービスは，モノや情報のように取引が始まる前に在庫として貯めておき，需要の変動に対応することができない。このような問題に対して，たとえば鉄道会社は平日の時間帯割引などにより，混雑する通勤・通学ラッシュの時間帯から客を分散させるインセンティブを消費者に与えている。共済では鉄道会社のような極端な消費者ニーズの増減はないと考えられるが，学生総合共済のように大学入学時に加入が集中するものなどについては共済を説明する人員の臨時的な増加やパンフレットの増刷などが求められる。

3. 共済サービスと消費者問題

消費者が銘柄の選択を行うには，大きく「価格」と「質」の二つの情報を必要とする。価格は通常，表示されているため知ることは難しくなく，商品選択の一番の指標となっている。しかし，商品の質を消

費者が判断することは難しい。化粧品やスーパーの食材のようなモノであっても，見ただけでは十分に質の評価をすることはできない。ましてやサービスは尚更である。

　商品の質を判断することが難しい場合，消費者が商品を選択する際には，意識的あるいは無意識的に個々人がもつブランドイメージにより判断せざるを得ない。ブランドイメージが商品の質を正確に示しているとは限らないが，サービス提供者はブランドイメージを高めることにより，さまざまな効果を期待できる。共済や保険のテレビCM，新聞・雑誌への広告を目にしない日はないほどであるが，それらに大量の資金を投入してでもブランドイメージや知名度のアップ，親近感の醸成などが意味を持ってくるのは，共済・保険商品のわかりにくさが原因の一つであると考えられる。

　ただし，ブランドイメージと実際の商品の質とのあいだに乖離が生じる可能性は否定できない。したがって，消費者による質の判断力の貧弱さを補うためのさまざまな対策が行政によってとられてきた。商品がモノであれば，品質表示の義務付けや商品テスト結果の公表のような情報提供，あるいは危険な商品や有害物質の生産・使用の禁止措置などの対応により，ある程度，消費者自らが商品の質を判断できることが期待される。しかしサービス商品には無形性という特性があるため，モノのようには事前に多くのことを把握できない。特に，共済・保険のような商品は社会性も高いため，消費者保護の必要性があると考えられる。

　共済・保険のような金融商品については，消費者教育の重要性も指摘される。消費者教育を充実させることにより，不必要あるいは不適切な商品の購入による被害を少なくすることが期待できる。また消費者が十分な商品知識を得ることにより，悪質な商品や割高な商品が市場から淘汰され，結果的に判断力が低い消費者であっても，そのような商品による被害から免れるかもしれない。しかし消費者教育には，その対象や教育水準の設定に関しての限界がある点に注意する必要が

ある。また，自助努力・自己責任の範囲や消費者保護の程度についても，社会・経済環境の変化にともない，適宜，再考していかなくてはならないだろう。

消費者がサービスを利用するとき，供給が想定される内容を具体化したものが契約書である。契約書はたとえば，アパートの賃借契約，銀行のローン契約，共済契約（保険契約）の際に取り交わされる。共済約款には，共済団体が供給するサービス内容，免責条項，共済契約者の義務などが明記されている。

しかし現実には，契約書が取り交わされるサービス取引はそれほど多くない。たとえばホテルに宿泊したり，映画館で映画を観たり，飛行機に乗るような場合，通常はいちいち契約書を取り交わさない。理由としては，手間が大変であること，基本的なサービス内容について相互に了解された想定があり，詳細な契約をする必要がないと考えられていること，これまで大きな問題が生じてこなかった等が挙げられる。このように考えると，共済・保険において契約書が取り交わされている事実こそが，共済・保険サービスにおける消費者保護の必要性の高さを示しているともいえる。また近年，サービスにかかわる消費者問題の複雑化・深刻化が進むなかで，共済（保険）約款にもわかりやすさが追求されてきた。背景としては，自由化にともなう競争の激化と，それに対応するための共済（保険）商品の多様化や特約の増加が挙げられる。

一般に質のわるいサービスが提供された場合は，モノよりも深刻な事態に陥るとされる。モノが不良品であった場合は，返還もしくは交換が可能であることが多い。しかしサービス提供の場合，たとえ不満足な内容であっても，既に供給されてしまったサービスの復元や返還は不可能である。したがって，質のわるいサービスの供給が消費者に多大な損害を与えることへの対処法として，医師・弁護士のような国家資格制度，共済・保険業界における自主的な資格制度等が実施されている。また，消火設備や誘導灯など消防法の基準を満たすホテル施

設に「適マーク」を与えるなど，事前的な規制を行うことが挙げられる。

　一方で，消費者に被害が生じた場合の損害賠償のあり方，サービス供給者の責任の明確化など，事後的な対応も整備する必要がある。たとえば共済には，生命（損害）保険契約者保護機構のようなセーフティネットがないが，員外利用も含め契約者の増加がみられるため，将来的には何らかの対応をする必要があるだろう。

4. 生協共済のサービス・エンカウンター

　「サービス・エンカウンター」は，企業の提供するサービスに顧客が直接接する場面を意味する言葉である。通常は1種類のサービス商品を購入する際にも，連続する数種類のサービス・エンカウンターを経験する。たとえばディズニーランドでは，1人の入場者が入場券を購入し，ディズニーランドを後にするまでの間に，平均74回のサービス・エンカウンターを経験するといわれる。

　生協共済においても，加入時におけるパンフレットの配布や送付からはじまり，商品説明，加入手続き，共済金の支払に関連するやりとりなど，さまざまなサービス・エンカウンターが存在する。一人のサービス供給者がいくつかのサービス・エンカウンターを担当する場合もある。共済加入者は共済団体との接点となる個々のサービス・エンカウンターにおいて，サービスを消費し，その内容についての印象や評価を持つ。

　生協共済の提供するサービスは，ホテルや航空会社などのサービス企業が提供するものと同様に，組織全体で生産を支えるシステム商品である。また，連続的なサービス・エンカウンターの評価が重なって，そのサービス商品全体の満足度が決められる。したがって，すべてのサービス・エンカウンターにおいて一定水準以上のサービス提供がなされる必要があり，特に共済金支払など共済加入者にとって重要となる局面においては，サービス提供のあり方に細心の注意が払われなく

てはならない。

　サービス・エンカウンターの重要性を示す言葉に，闘牛士が牛にとどめを刺す瞬間になぞらえた「真実の瞬間（Moment of Truth）」がある。サービス提供者は一期一会の精神で顧客に対する必要があり，少しでも手を抜けば顧客にそれを察知され，闘牛士に牛が角で反撃するように，顧客のサービスに対する評価や満足度が低下してしまうことを意味する。

　サービス企業が質の高い「真実の瞬間」を提供するための従業員の条件として，①高いモチベーション，②サービス内容に関連する高度な知識と技能，③対人関係についての感受性の高さと状況理解力，④現場での処理を従業員にまかせることのできる組織体制（エンパワーメント[2]）が挙げられる。共済・保険商品は他のサービス商品と比して，サービスの提供期間が長いという特徴もあるため，愛想やサービス提供の態度がよいなど一時的かつ表面的な対応には限界がある。また提供するサービスの質の確保のためにマニュアル作成をする重要性が高い一方で，マニュアルのみに頼らず，共済加入者（および加入希望者）の置かれている状況や心理状態にも臨機応変に対応できるように，各提供サービスの質を向上させることが求められる。

　生協共済におけるサービス提供の質を向上させる手段としては，既に頻繁に行われている研修会や説明方法の訓練，共済商品に関する知識・情報の提供が基礎となる。共済組織としての意義や歴史的な背景などの再確認もサービス提供の際には有効だろう。また組織内での業務の分担や責任の明確化，報告義務の確実な遂行をはかる一方で，役割交換の柔軟性やたすけあう姿勢も求められる。

　共済団体は非営利組織で，相互扶助を前提とする組織でもあるので，株式会社におけるストック・オプション制度の導入などは不可能である。また顧客アンケートの評価内容や，生保の営業職員のように共済加入者数を報酬や人事評価に反映させるなどのインセンティブを与えることも組織の性格からなじまないかもしれない。しかしたとえば，

加入者の紹介をすると共済団体が扱う商品・サービスを安く購入できる特典や，アンケート評価が高い人の写真やコメントの掲示，ザ・リッツ・カールトンにおける「ファイブスター社員表彰[3]」，東京ディズニーリゾートにおける「ファイブスタープログラム[4]」，2007年にNTTデータが導入した「サンキューポイント制度[5]」など，組織内で感謝しあい，支え合い，称えあう雰囲気を醸成し，人の役に立つ誇りや喜びを引き出すことで，よりよいサービス提供をめざすような取組みであれば，共済団体にも導入可能ではないだろうか。

III　生協共済における顧客分類と顧客満足

　ここでは，ヘスケットらが提唱する「サービス・プロフィット・チェーン」の考え方に基づき，生協共済における顧客分類を行う。そのうえで，共済団体に利益をもたらす顧客像について検討する。また生協共済におけるサービス・ロイヤリティの重要性とそれを高めるような要因について考察する。最後に，生協共済の顧客満足度調査とその結果を解釈する際の注意点について考える。

1. 生協共済における顧客分類

　ヘスケットらが提唱した「サービス・プロフィット・チェーン」の考え方によると，関係性をもとに顧客を分類する際には，企業や組織が提供する商品に対する顧客の「満足度」と「忠誠度」が用いられる（図1）。

　「満足度」とは，購入した商品に対して，顧客がどれくらい満足したかによって測られる。また「忠誠度」は，ある期間にどれくらいの金額の商品をその企業や組織から購買したかによって測られる。

　図1における①「敵対者」は，満足度と忠誠度の両方が最も低いグループで，悪い評判やクチコミを他の消費者に広げる恐れもあるため，

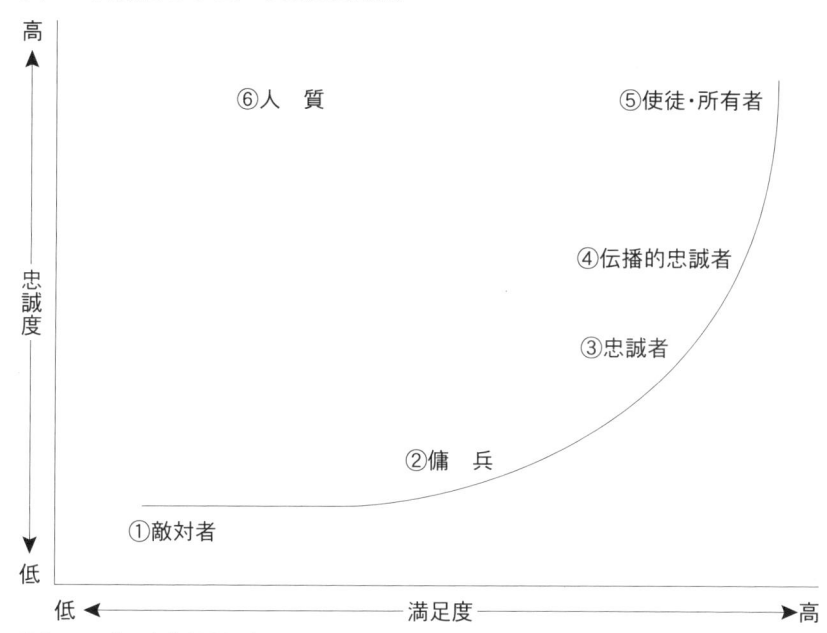

図1　関係性をもとにした顧客分類

縦軸：忠誠度（高←→低）
横軸：満足度（低←→高）

- ⑥人質
- ⑤使徒・所有者
- ④伝播的忠誠者
- ③忠誠者
- ②傭兵
- ①敵対者

出典：ヘスケット他(2004), p.97。

警戒する必要がある。②「傭兵」は，満足度はやや高いが忠誠度は低いグループである。価格により商品の購入を決定するため，よりよい条件を提示されるといなくなってしまうが，シェアの獲得には必要とされる。近年，生協共済に加入してくる大部分は，このグループに属すと考えられる。③「忠誠者」は満足度が高く，継続的に商品を購入するグループである。④「伝播的忠誠者」は継続的な消費者であるだけではなく，他の消費者に商品を宣伝し利益をもたらしてくれるグループである。⑤「使徒・所有者」は中核となる顧客層であり，企業や組織に対して強い共感を持つグループである。商品等に関する意見を述べる，経営に寄与する行動への参加意欲を持つ，顧客の紹介をするなどの特徴がある。生協共済の運営においても，専業主婦を中心として極めて重要な役割を果たしてきた。⑥「人質」は，そのサービスから逃げたくても逃げることのできないグループである。たとえば街で

1軒しかない商店や，最寄り駅から離れた場所にある工場内の食堂などを厭々利用している客が例に挙げられる。何度も商品を購入してはいるが，満足度は低いままで収益性も低いグループである。

　経験的にその正しさが知られている事実であるが，「80対20の法則（パレートの法則）」によると，利益の80％は20％の顧客から得られる[6]。また一般的に，「伝播的忠誠者」と「使徒・所有者」により，利益の80％以上がもたらされる。生協共済においてはそれほど極端な数値になっていないかもしれないが，価格を最優先する「傭兵」から「忠誠者」に，できれば「伝播的忠誠者」や「使徒・所有者」へと移動させていく努力が必要である。

　デパートではハウスカードの仕組みを充実させ，年間購入額に応じて割引率を高めることにより，上得意客の囲い込みをねらっている。同様に，航空会社のマイレージプログラムや家電量販店のポイント制度なども顧客の囲い込みが目的である。しかし，業界内の各社が同様な制度を適用すれば単なる価格競争に陥るだけで，企業・組織の熱心な信奉者やファンを得ることは難しい。④伝播的忠誠者や⑤使徒・所有者になってもらうためには，やはり企業や組織の理念への共感や，人間関係を深めるためのコミュニケーションの工夫など，地道な努力が求められる。

　市場から顧客ターゲットを特定するために顧客層を分類し，グループ化する作業を「セグメンテーション」という。従来，固有のニーズを持ったターゲットを探す方法は，年齢，性別，職業，所得，家族構成など人口統計的なアプローチを取ることが多かった。実際，このような方法で分類されたグループは，共通する価値観やニーズ，行動パターンを示すことが多いため，しばしば懸賞などの方法により企業がデータを収集・利用する。しかし今日の消費のあり方は，年齢や所得といった人の属性のみでは説明できない。同一人物が生活場面や用途に応じて，さまざまなモノやサービスを選択・消費する。ブランド物のコートやバッグとユニクロのジーパンを組み合わせる，出張ではビ

ジネスホテルを利用するが旅行では高級ホテルを利用するという按配である。生協共済の加入者の属性，なかでも所得階層については従来，高所得であるという印象は少なかったかもしれないが，金融商品選択の合理化により，高所得者層の生協共済への加入も増加している。そのような意味からも，セグメンテーションや販売促進活動方法の再考が必要であるかもしれない。

2. 生協共済のサービス・ロイヤリティ

　D. D. グレムラーとS. W. ブラウンの定義によると，サービス・ロイヤリティとは，「顧客が特定のサービス提供者のサービスについて反復購買行動を示し，その提供者に好意的な態度を持ち，必要なときにはその提供者から優先的に購入することを考える程度[7]」を意味する。グレムラーとブラウンは，サービス・ロイヤリティを高める3つの要因として，①「顧客満足（Customer Satisfaction, CS）」，②「スイッチング・コスト」，③「人間関係の絆」を挙げている。

　①「顧客満足」の先行要因には，顧客価値がある。顧客価値は，「得たもの」（サービスの結果と過程の品質の確かさ）と価格など「支払うもの」を対比することにより決められる。顧客価値が上がると，顧客満足も高まる。顧客が購買行動を行うことにより，たとえば「今日はよいサービスを受けた」という感情的（主観的）な報酬が得られた場合，次の購買行動につながるとされる。

　②「スイッチング・コスト」は，サービス提供者を変更するときに必要となるコストを意味する。金銭的な費用も入ることがあるが，それよりも新しいサービス提供者候補を判断し，選択する探索行動（クチコミやネット情報の収集，実際に店の前を通り雰囲気を確かめるなど）や，なじみの店では必要のない意思疎通に要する手間，期待するサービスが得られるかについての不安など，心理的・肉体的なコストのほうが大きいとされる。

　また③「人間関係の絆」は，サービス・ロイヤリティを支える基盤

となるものである。サービスを受けるだけではなく，会って話をするのも楽しみであるというように，人間関係それ自体が魅力の一つとなっている。

　生協共済においては従来，「顧客満足」，「スイッチング・コスト」，「人間関係の絆」のいずれもが，サービス・ロイヤリティを高めるような強みとして機能してきた。なかでも「人間関係の絆」に関しては，生協共済における最大の強みの一つといえる。生命保険会社の営業職員チャネルや損害保険会社の代理店チャネルにおいても，一部では顧客との強いつながりが指摘されるが，日常的なつながりという意味では生協共済に軍配が上がるかもしれない。近年，保険料・保障（補償）内容の見直しにより，共済掛金の安さに魅力を感じて，組合員となり共済に加入する割合が増加しているため，この強みが十分に発揮されなくなる可能性も出てきた。これは，サービス・ロイヤリティ形成のうえではマイナス要因となるだろう。

　サービス・ロイヤリティが重要な理由としてC. H. ラブロックが挙げる以下の5点[8]は，企業に関するものであるが，非営利である生協共済団体においてもあてはまる点が多い。

　①新規顧客の獲得は費用がかかる
　②サービス企業の利用数は，時間の経過とともに増える傾向がある
　　（サービス企業の利用は，最初はゆっくりしているが，時間の経過とともに利用数が増える傾向がある）
　③何回も利用してもらうことにより，1回の利用にかかるオペレーション費用が下がる
　④なじみのサービス企業に対しては，プレミアム料金（割増料金）を払うことに顧客の抵抗が少ない
　⑤クチコミ効果が期待できる

　またヘスケットらは，サービス・ロイヤリティが重要な理由として上記5点に加えて，関連販売（クロス・セリング）を挙げ，「新製品や新サービスを売るには，既存のカスタマーを相手にしたほうが，新規

カスタマーを相手にするより，はるかにコストがかからない。理由は簡単である。お互いにわかりあっている同士の売買のほうが，導入の手続きも要らないし，信用をチェックする必要もないし，時間がかからないからである[9]」と述べている。

3. 生協共済の顧客満足度調査結果と解釈

顧客満足度調査の解釈として参考にすべきものに，ゼロックス社の例がある。ゼロックス社は1980年代半ばから，大規模な顧客満足度調査を継続的に実施し，月に質問票を4万票発送していた。また1993年までに，5段階評価（5：非常に満足，4：満足，3：普通，2：不満，1：非常に不満）のうち4と5の評価で100％とする目標を掲げ，全社的な運動を展開していた。しかし「5」と評価したグループは，「4」と評価したグループの6倍もゼロックス社の製品を再購入していることが明らかとなり[10]，両者の相違は満足度の大きさのみならず，質的なものでもあることがわかった。

モノやサービスの消費において，消費者が特に問題を感じなかった場合には，顧客満足度調査において「3」か「4」の評価がなされる傾向がある。特に比較的長期の取引がある企業・組織に対しては，無難な評価として「4」がつけられることが多い[11]。しかし「4」という評価が，消費者の次なる購買行動につながるかわからないため，確度を高めるためにも「5」の評価をめざす努力が求められる。

共済においても員外利用などの例外はあるが，長期の取引がある企業・組織と同様な効果が起こり得る。日常的なつながりや接触度が比較的密で，精神的なつながりも少なくないと考えられるので，質問票の回収方法によっては実際よりも評価が甘くなってしまう可能性があることを想定しなくてはならない。つまり，消費者の真の声を汲み取るために，質問設定やアンケートのやり方にも工夫が求められる。同時に，共済の大規模化がすすむなかで，「1」や「2」という低い評価をする消費者（場合によってはクレーマー）への対応も従前以上に必

要となっている。インターネットも含め情報管理を徹底し，苦情・不満の内容とそれらへの対処方法，やりとりの経緯などを共済団体内で共有・蓄積し，その情報を組織内でオープンにすることにより，個別対応ではなく組織として，迅速にクレーム処理を行う仕組みを整備することが求められるだろう。

　平成22年3月16日に公表された「JCSI（日本版顧客満足度指数：Japanese Customer Satisfaction Index）の調査結果」[12]は，サービス産業生産性協議会が経済産業省と連携してとりまとめたものである。対象企業の選定条件や調査時期に相違はあるものの，この調査により日本で初めて顧客満足度の業界横断での比較・分析が可能となった。この調査は，日本の主なサービス業29業界，291社を対象としたものであり，サービスを多面的に評価するために顧客満足の原因・結果を含む6項目について調査，指数化している。6項目とは，①顧客満足，②顧客期待（利用前の期待・予想），③知覚品質（利用した際の品質評価），④知覚価値（価格への納得感），⑤クチコミ（他者への推奨度），⑥ロイヤルティ（継続的な利用意向度）である。

　これによると，全労済が損害保険（共済）業界の顧客満足指数で1位（全業界では18位），生命保険（共済）業界で2位（同45位）という評価となった。共済は全労済とJA共済のみが，調査対象となっている[13]。また，損害保険（共済）業界1位の全労済（損害保険）の顧客満足指数は75.2であり，生命保険（共済）業界1位のアフラックの顧客満足指数は73.7である（表1）。

　損害保険（共済）業界の顧客満足指数の中央値は65.1，生命保険（共済）業界の顧客満足指数の中央値は63.6である。29業界平均の顧客満足指数の中央値は67.8であるから，保険（共済）業界は平均以下ということになる。

　ちなみに調査した291社中，顧客満足度で高い評価を得た上位3社とその顧客満足指数は，①東京ディズニーリゾート82.3，②ECカレント81.1，③あきんどスシロー78.8となっている。また調査した29

表1　保険業界のJCSI調査結果

業界名	企業名	顧客満足	顧客期待（利用前の期待・予想）	知覚品質（利用した際の品質評価）	知覚価値（価格への納得感）	クチコミ（他者への推薦）	ロイヤルティ（継続的な利用意向）
損害保険	全労済（業界1位）	75.2	68.2	72.1	72.5	59.9	64.9
損害保険	業界の中央値	65.1	65.1	66.6	61.6	57.4	58.4
生命保険	アフラック（業界1位）	73.7	68.7	74.6	69.2	64.5	55.2
生命保険	業界の中央値	63.6	64.2	63.6	60.0	54.7	46.1

出典：「平成21年度JCSI(日本版顧客満足度指数)調査結果」より作成。
注）業界の中央値は,各業界内で,指数の各項目の順位が中央に位置する企業の数値(企業数が偶数の場合は2社の中間の数値)を示す。

業界中，顧客満足度で高い評価を受けた業界は，①通信販売業界，②旅行業界，③介護サービス業界の順であった。JCSIのような共済団体と直接的な利害関係を持たない，業界横断型の指標ができたことにより，共済団体・保険会社が，業界内の競争や常識のみにとらわれず，顧客満足向上のための取組みや工夫をさらにはかることが期待される。

Ⅳ　おわりに

　共済・保険のような金融商品は，モノと比較すると事前の評価が難しく，実際にサービスを受けてはじめてその効用がわかる特性がある。またサービスを受けた後でさえ，本当にそのサービス内容や価格が適正かつ自らの目的に沿うものであったかについては判断がつきにくい。このようにサービスは，単純に「安い」から「よい」もしくは「選ば

れる」とは限らない。たとえ多少価格が高くても付加価値があれば，消費者には魅力のある商品と映る。

　共済における付加価値や優位性を考察するにあたり，本稿では生協共済のサービス提供者という側面に焦点をあてた。共済加入者との関わり方をいかなるものに設定するかによって，生協共済のサービスの品質にも変化が生じる。よりよいサービスの提供のために，共済団体はふさわしい顧客を選び，適正に制度を管理・運営する必要がある。当初に設定した関わりが得られなければ，共済加入者と共済団体の双方にとって不十分なサービスとなってしまう。

表2　消費者とサービス提供者の関わり

		サービス提供者	
		消極的	積極的
消費者	消極的	①希　薄	②お節介
	積極的	③無　視	④濃　密

出典：山本昭二(2009)，p.151を一部変更。

　表2は，消費者とサービス提供者の関わりについてまとめられたものである。たとえば図中②の「お節介」は，消費者は商品をただみせてもらいたいだけであるのに，店員がしつこくついてまわるようなことである。図中④の「濃密」は一見すると望ましく感じられるが，特定の人物へのサービス提供に時間がかかりすぎて他の消費者に迷惑をかける，馴れ合いの関係に陥るといった危険性もある。サービス提供者は，日々変わる消費者との関係性において，対個人的にも全体にとっても適正なバランスを考えていく必要がある。また，消費者個々人がどのような関わりを求めているかを正確に見極めなくてはならない。

　消費者の関わりが多いセルフサービス型の商品では，効率化やコスト削減により価格は抑えられる。しかし，サービス提供者によるきめ細かな対応に欠ける。近年，顕著となっている航空会社の動きとして，機内食・飲み物提供の有料化や，新聞を置かなくなる等の機内サービ

スの縮小，座席指定をなくすことによる搭乗手続きの簡素化などがある。消費者のメリットとしては運賃の低額化が期待できることであるが，それを是としない消費者もいる。そのような消費者のために，ファーストクラスの快適性をより高めると同時にビジネスシートをなくし，エコノミーとファーストにクラスが限定される傾向にある。今日，日本で提供される共済・保険商品に対する消費者の選好にも同様な傾向がみられる。それに伴い，商品内容も二極化しているようである。また，共済商品のわかりやすさが評価されていることや不況の影響などもあり，保障（補償）内容のスリム化が進んでいる。

　生協共済は従来，教育産業におけるサービスと同様に，共済加入者の積極的な関わりを前提としたサービス供給を行ってきた。しかし，今後もその姿勢が有効であるかについては検討の余地がある。また生協共済にとって望ましい顧客像についても，再考が必要とされるだろう。

〈参考文献〉

・伊藤宗彦・高室裕史 (2010)，『1からのサービス経営』中央経済社。
・井原哲夫 (1992)，『サービス・エコノミー』東洋経済新報社。
・押尾直志監修・共済研究会編 (2007)，『共済事業と日本社会』保険毎日新聞社。
・小野桂之介 (2004)，『県民共済グループ　躍進の研究』東洋経済新報社。
・岡田太志 (2006)，『保険問題の諸相』千倉書房。
・近藤隆雄 (2007)，『サービスマネジメント入門―ものづくりから価値づくりの視点へ (第3版)』生産性出版。
・近藤隆雄 (2010)，『サービス・マーケティング (第2版) ―サービス商品の開発と顧客価値の創造―』生産性出版。
・沢田茂 (2007)，『ひろがれ！ゆうくんの輪』コープ出版。
・ジェームス・トゥボール (2007)，『サービス・ストラテジー』小山順子，有賀裕子訳，ファーストプレス。

- 生協共済研究会編著 (2008),『生協の共済　今, 問われていること』コープ出版。
- パイン, 2, B. J., ギルモア, J. H. (2005),『[新訳] 経験経済』, 岡本慶一, 小高尚子訳, ダイヤモンド社。
- 番場博之・千葉商科大学生協編 (2007),『生協の本』コープ出版。
- ヘスケット, ジェームス・L. 他 (1998)『カスタマー・ロイヤルティの経営―企業利益を高めるCS戦略』島田陽介訳, 日本経済新聞出版社。
- ヘスケット, ジェームス・L. 他 (2004)『バリュー・プロフィット・チェーン』山本昭二, 小野譲司訳, 日本経済新聞出版社。
- 堀田一吉 (2003),『保険理論と保険政策』東洋経済新報社。
- 堀田一吉編著 (2006),『民間医療保険の戦略と課題』勁草書房。
- 水島一也 (2006),『現代保険経済 (第8版)』千倉書房。
- 宮地朋果 (2008),「保険金等の支払い問題と契約者保護をめぐる一考察」『保険学雑誌』第601号, pp.33-52。
- 宮地朋果 (2010),「生保会社による医療保険の商品開発と販売における課題」『保険学雑誌』第611号 (保険自由化10年特集号), pp.141-156。
- 山野嘉朗 (2007),『保険契約と消費者保護の法理』成文堂。
- 山本昭二 (2009),『サービス・マーケティング入門』日本経済新聞出版社。
- ヤン・カールソン (1990),『真実の瞬間―SAS (スカンジナビア航空) のサービス戦略はなぜ成功したか』堤猶二訳, ダイヤモンド社。
- 鷲尾悦也 (2009),『共助システムの構築―新たなる公共性の創造』明石書店。

(1) 各団体への加入理由のアンケート結果については, 宮地朋果 (2008),「生協共済における環境変化と将来」生協共済研究会編著『生協の共済　今, 問われていること』コープ出版, pp.193-197を参照されたい。

(2) 従業員が自分の役割を果たそうとするときに, 顧客の期待に応えるために必要な自由裁量の余地が十分に与えられていることを指す。従業員への信頼が基盤となる。たとえばザ・リッツ・カールトンでは, 不満を訴える客に対して, サービス担当者が2,000ドルを上限として自由に使い, 顧客の期待を超え

るサービス提供を求める権限を与えている。
(3) 社内の全セクションから，それぞれ最も評価の高いスタッフを3カ月ごとに選出し，その中から5名を「ファイブスター社員」として表彰する制度である。
(4) 素晴らしいパフォーマンスをしたキャストに上司がファイブスターカードを渡す。このカードを受け取ると，オリジナル記念品との交換や定期的に開催されるファイブスターパーティーへの参加ができる。
(5) 他部署の仕事に協力した社員に，感謝の気持ちをこめたポイントを専用サイトや社内SNSで送る。人事評価とは連携していないが，四半期ごとに獲得ポイント数の上位者が表彰され報奨金が出る。
(6) 100種の商品の品揃えをしても，実際によく売れるのはそのうち20種の商品であるということにもつかわれる。
(7) 近藤隆雄（2010），p.274。
(8) 近藤隆雄（2010），p.277。
(9) ヘスケット他（1998），p.80。
(10) ヘスケット他（1998），p.108。
(11) ヘスケット他（1998），p.111。
(12) 経済産業省ホームページ（http://www.meti.go.jp/press/20100316006/20100316006-2.pdf）
(13) 損害保険業界の調査対象は，東京海上日動，三井住友海上，損保ジャパン，あいおい，日本興亜損害，ニッセイ同和，全労済，JA共済，ソニー，チューリッヒ，アクサ，三井ダイレクトである。また生命保険業界の調査対象は，日本，かんぽ，第一，明治安田，住友，三井，富国，ソニー，アフラック，アリコ，全労済，JA共済である。

生協共済の経営に関する理論的考察と商品を中心とした経営戦略

◎駒澤大学大学院経営学研究科研究生
梅田 篤史

1　はじめに――チャンドラーの命題と経営理念・経営戦略・経営組織――

　近年の生協共済における研究は，生協共済のコーポレート・ガバナンスや商品戦略，情報開示を含めたコンプライアンスの問題など多くの経営学的課題が取り扱われている。

　これらの研究から，生協共済という組合組織が，組織を継続させるということのみを目的とした「運営する」という時代から，組織の継続だけではなく，成長も視野に置き，（法律の改正による）保険会社など他業種との競争に打ち勝ち，かつ組合員やその他組織への社会的責任を果たすといった，組織を「経営する」という時代へと変化しているということがわかる。

　これまでの理論的研究においては，共済の本質や経済的効用，収益構造などの経済学的研究が多く行われてきたが，これからは上記のような経営学的研究が生協共済という組合組織にも必要とされているのである。

　本稿では，はじめにアルフレッド・D・チャンドラー（A. D. Chandler）の「組織は戦略に従う」という命題を研究の枠組みとして用い，生協共済の経営理念，経営戦略，経営組織の三者の関係を考察する（**図表１参照**）。

　本稿後半では，経営戦略は継続事業体である企業が常に変化する環境を考慮し環境の変化に合致した事業活動を営むための指針であり，適切な経営戦略の策定のためには経営環境を知ることが肝要であるという点から，経営環境として今日最も関心の高い高齢社会を概観し，生協共済における商品を中心とした経営戦略についての少々の提言を行う。

figure 1 経営理念・経営戦略・経営組織の関係

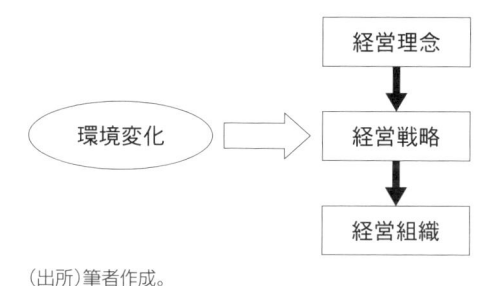

```
                    ┌──────────┐
                    │  経営理念  │
                    └──────────┘
                          ↓
  ┌──────┐  ⇒       ┌──────────┐
  │環境変化│          │  経営戦略  │
  └──────┘          └──────────┘
                          ↓
                    ┌──────────┐
                    │  経営組織  │
                    └──────────┘
```

(出所)筆者作成。

2　生協共済における経営理念・経営戦略・経営組織

　本節では、経営理念、経営戦略、経営組織の基本的概念について論じ、チャンドラーの命題にならい、生協共済におけるこれら3つの関係を検討し、生協共済の特殊性を探る。

(1) 生協共済の経営理念
①経営理念とは

　経営理念とは、経営者が経営活動の根底を支えるものとして重視している信念、信条、理想、イデオロギーなどをいい[1]、創業者が抱く信念や信条そして企業経営を取り巻く環境変化に伴う企業内部および外部からの変革の要請により形成される。

　経営理念は、企業の存在意識、使命など対外的に実現したい姿と、経営姿勢、行動方針など組織の基本方向・共通の価値について定められたものであり、経営目標や経営行動の基本方向を定めるもとになり、企業行動の基本的な考え方や経営活動のよりどころとなるものである。

　また、経営理念は長期的な視点から作り出されるものであり、顧客や従業員、株主、取引先などのさまざまなステークホルダーに受け入れられる理念を採用することで企業の存続につながるのである。なぜなら、いかに企業が短期的に成長を遂げ繁栄していたとしても、ステ

ークホルダーに継続的な協力関係と共感を得られるような企業としての理念と実践でなければ長期的な存続・成長を望むことかできないからである。

　②生協共済の経営理念

　今日の協同組合の経営理念は，その源流であるロッチデール原則（①組合員は一人一票の議決権をもつ，②資金は寄付などではなく，組合員の出資によってまかなう，③出資金に対する配当は一定利率以下にする，④剰余金は利用高に応じて分配する，⑤商品は市価で組合員に供給する，⑥掛け売りはしないで現金で供給する，⑦よい品質のものを正確な量目で供給する，⑧政治や宗教に対して中立を保つ，⑨組合員の教育に力を注ぐ[2]）がもとになっており，生協共済の経営理念も例外ではない。

　生協共済における経営理念は以下のとおりである。

　全労済では，「みんなでたすけあい，豊かで安心できる社会づくり」（全労済〔全国労働者共済生活協同組合連合会〕『全労済ファクトブック2009年版』2009年）という経営理念を掲げている。

　CO・OP共済では，共済事業のめざすものとして，「私たちは共済事業によって，組合員相互の助け合いにより，組合員のくらしの中の各種の危険による経済的な損失を保障することを中心にして，組合員のくらしの向上に役立ち，生協の発展，協同組合運動の普及と豊かな社会づくりへの貢献をめざします。（CO・OP共済ホームページより）」としている。

　全国生活協同組合連合会（県民共済）では事業目的という形で，「共同互助の精神に基づき，組合員の生活の文化的経済的改善を図ることを目的とする。（全国生活協同組合連合会ホームページより）」としている。

　これらに共通となるものは，「組合員どうしの助け合いにより，より豊かな社会集団（組合組織）を形成する」という点にある。このことから，協同組合を含め生協共済の経営理念は，組合組織を形成する

という組織構造との関係性が強いと考えられる。

(2) 生協共済（組合組織）の経営組織

①経営組織とは

経営組織は選択された経営戦略を実践するための資源を配分し，組織を管理するためのシステムである。チャンドラーの命題が示す通り，経営戦略と経営組織は密接な関係にある。

経営戦略に適応しない経営組織は，その資源配分が思いつきで整合性の取れないものとなり，環境適応に一時的に成功しても長期的に適応しつづけることは難しい。そのため，いかに優れた経営戦略を設定したとしても，それを実現させる経営資源の組織化がうまく行われなければよい結果を生むことはできない。

②生協共済の経営組織

ここでは，株式会社と生協共済の組合組織の違いを概観し，組合組織（協同組合）の特殊性について考察する。

金森久雄・荒憲治郎・森口親司編（2002）『経済辞典（第4版）』有斐閣，p.157によると株式会社とは，「現代における代表的企業形態で物的会社の典型である。その特徴は，資本の証券化，有限責任制度，重役制度にある。歴史的には1602年設立のオランダ東インド会社がその嚆矢」とされる。

株式会社は企業の代表的な法律的形態である。株式会社は，個人・法人を問わず，社会の広範な人々からの持分資本調達を可能としており，大規模事業の運営にもっとも適している。

株主は利潤の配当（インカム・ゲイン）や株価の値上がり（キャピタル・ゲイン）を期待して企業の株式を購入する。株主の会社に対する責任はその保有する株式の引き受けを限度とする有限責任であり，株主は基本的な権利として，共益権たる議決権，および自益権たる利益配当請求権と残余財産請求権を持っている[3]。

株券は株主の地位を表す有価証券であり，株数に応じた議決権が与

えられる。株主は株式会社の構成員であるが，株主は会社の経営には参加せず，実際の会社の経営は専門の経営者が行う。

それに対し協同組合は，みずから事業を利用するための自発的な組織であり，組合員による民主的な運営を基本としている。

協同組合は，ある共通の目的をもった人どうしが自発的に集まってつくる経済組織であり，趣旨に賛同する人が資金を出し合い事業を営み利用し合う[4]。

協同組合は，利潤をあげるためではなく，自分たち自身がその事業を利用するために協同組合を形成する。そのため，元手も出資金という形により自分たちで出し合い事業を始めるのだが，この出資者の対象は株式会社とは異なり，協同組合においては出資者たる組合員を一人ひとりの生きた人間（自然人）によって構成されることを基本としている。

議決においては出資金の多い少ないにかかわりなく，一人一票とい

図表2　協同組合と株式会社の基本理念・運営方法の違い

	協同組合	株式会社
出資者の主たる目的	・組合員としてみずから事業を利用する（非営利）	・株主が利潤の配当や株の値上がりを期待（営利）
組織面での特色	・組合員は自然人が基本 ・利用者と出資者は原則として同一（人との結合体）	・株主は自然人に限定されず，法人も可 ・利用者と出資者はとくに一致しない（資本の結合体）
運営面での特色	・一人一票の議決権 ・日常の組合員参加による民主的運営が基本	・株数に応じた議決権 ・経営部門が分離し，株主は日常運営には参加しない
財務面での特色	・出資配当に制限がある ・余剰金の利用高配当を行う場合がある	・利潤の配当には制限がない ・利用者に対する配当はとくにない

（出所）協同組合経営研究所，2007，『新 協同組合とは〈改定版〉―そのあゆみとしくみ―』p.50。

う仕組みをとる。

　また，事業の運営により剰余が発生した場合は，契約者に割戻金として還元する。

　協同組合の組合員にとって，事業への出資と，事業の利用と，事業体の運営への参画とは，切り離すことのできない活動であり，こうした三つの機能が結合され，一体になっていることが，株式会社と異なる協同組合の特徴である[5]（**図表2参照**）。

　このように，組合組織に比べ，株式会社の方がより拡大志向が強く，組織も戦略の変化に対し柔軟に変化させることが容易となる。これに対し，組合組織は「組合員どうしの助け合いにより，より豊かな社会集団（組合組織）を形成する」という組合組織の理念と密接な関係にあり，株式会社に比べ新規事業および新規商品の開発のため資金調達の面を含め，組織の柔軟性が弱い点に違いがある。

(3) 経営戦略と生協共済の理念・組織・戦略の関係

　①経営戦略とは

　経営戦略の定義について，経営学の分野で初めて戦略概念を用いたのはチャンドラーであり，『組織は戦略に従う』の中で，経営戦略とは，「企業の目標達成に必要な経営資源の配分」であると説明している。アンゾフ（Ansoff, H. I.）は『企業戦略論』の中で，経営戦略を「部分的無知のもとで企業が新しい機会を追求するための意思決定ルール」と定義している。

　いっぽう，金森久雄・荒憲治郎・森口親司編（2002）『経済辞典（第4版）』有斐閣，p.292では，「経営戦略とは，企業の存続と発展を企図する経営行為の総称。自社にとって利用可能な経営資源であるヒト，モノ，カネ，情報の配分・再配分を不確実で変動的な環境に適合させるために行われる未来志向の組織的意思決定のことである。」としている。

　以上をまとめると，経営戦略の定義は以下の3点に集約されること

になる[6]。
　　a．経営戦略が企業の将来の方向あるいはあり方に一定の指針を与える構想である。
　　b．経営戦略が企業と環境とのかかわり方に関するものである。
　　c．経営戦略が企業におけるさまざまな意思決定の指針あるいは決定ルールとしての役割を果たしている。

　すなわち，経営戦略とは，企業の将来のあり方に指針を与える基準となるものであり，なおかつ継続事業体である企業が常に変化する環境を考慮し環境の変化に合致した事業活動を営むための指針であり，企業は戦略の策定により，存続，発展することが可能になるのである。

　②生協共済の理念・組織・戦略の関係
　ここまでチャンドラーの「組織は戦略に従う」という命題にもとづき経営理念と経営組織の定義と生協共済におけるこれらの位置付けについて概観してきた。

　これにより組合員どうしの助け合いによってより豊かな社会集団（組合組織）を形成するという経営理念と，事業への出資・事業の利用・そして事業体の運営への参画を切り離すことなくこれら3つの機能が結合され一体となった構造の経営組織が密接な関係にあることがわかった。

　このことから，生協共済のような組合組織は一般企業のように経営戦略が経営組織を規定するという前出のチャンドラーの「組織は戦略に従う」という命題が当てはまりにくく，組合組織においてはチャンドラーの命題のように，経営戦略が経営組織を規定するのではなく，経営戦略が経営組織に規定されることとなる。

　今後経営環境の急激な変化が起こった場合，株式会社では大幅な戦略の変更とそれを助ける株式の発行や金融市場からの自由な資金調達や必要となった事業の合併・買収による迅速な人的・物的資源等の調達などが可能である。これに対し組合組織においては，組合員のためという限られた理念もとづく経営組織の範囲内に限定された形で経営

戦略の変更がなされる可能性がある。

3　経営戦略と経営環境──高齢社会の現状──

　前節の通り，経営戦略は，企業の将来のあり方に指針を与える基準となるものであり，なおかつ継続事業体である企業が常に変化する環境を考慮し環境の変化に合致した事業活動を営むための指針である。企業は戦略の策定により，存続，発展することが可能になるのである。
　このように，適切な経営戦略の策定のためには経営環境を知ることが肝要となる。本節では，経営環境として今日最も関心の高い高齢社会を概観し，次節の商品を中心とした生協共済の経営戦略の策定の要因を探る。
　①人口
　国立社会保障・人口問題研究所（2010）『人口統計資料集2010』によると，2008年10月1日現在わが国の総人口は1億2,769万人である。わが国の人口は，2007年頃をピークに今後は少子化の影響による減少を続け，2050年までには人口が1億人を割り込むと推測されている。
　65歳以上の高齢人口においては，1955年の時点では5％台と非常に低い数値であるのだが，その後上昇を続け2005年までには20％台となり，5人に1人が高齢者であるという現状である[7]。高齢人口の増加はその後も続き，2055年までには40％台まで上昇すると推測されている。
　また上述のような高齢人口の増加に対し，近年では少子化が進行している。1955年には30％台であった年少人口は，1995年から2000年の間に高齢人口との逆転が起こっており，2025年以降は10％を切ることとなる[8]（図表3参照）。合計特殊出生率は，1955年の時点では2.37人であったが，1975年の時点で出生率は2人を割り，2005年の

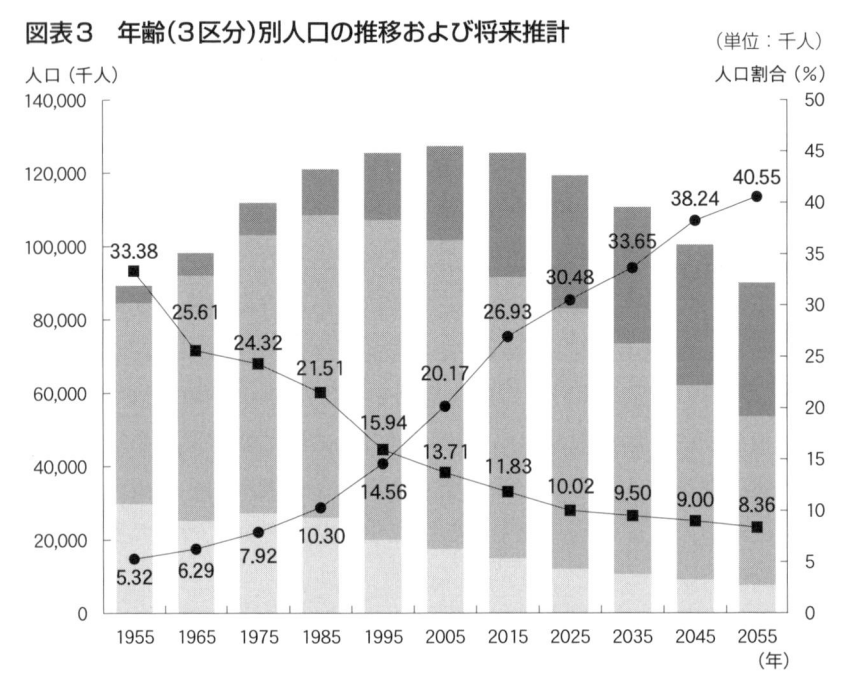

図表3　年齢(3区分)別人口の推移および将来推計

(単位：千人)

年	65歳以上人口割合	14歳以下人口の割合
1955	5.32	33.38
1965	6.29	25.61
1975	7.92	24.32
1985	10.30	21.51
1995	14.56	15.94
2005	20.17	13.71
2015	26.93	11.83
2025	30.48	10.02
2035	33.65	9.50
2045	38.24	9.00
2055	40.55	8.36

■65歳以上　■15〜64歳　■0〜14歳　●65歳以上人口割合　■14歳以下人口の割合

(出所)国立社会保障・人口問題研究所,2010,『人口統計資料集2010』を筆者により加筆修正。

時点では1.26人と非常に低い値を示している[9]。

　このような出生率の低下は，高学歴化，女性の社会進出，ライフスタイルの変化，これらによる晩婚化があげられる。また，現在の不景気による収入の低下と今後の経済的見通しの不安とさらなる高学歴化による子弟の養育費の増加もこの少子化に拍車をかける要因となっている。

　②寿命

　高齢人口の拡大だけではなく，平均寿命も男女ともに急速に延びている。

　1955年時点の男性63.60歳，女性の67.75歳から2005年の時点では，男性が15年ほど延びて78.56歳，女性は18年ほど延びて85.52歳になっている。その後は2055年までに男女ともに5年ほど寿命が

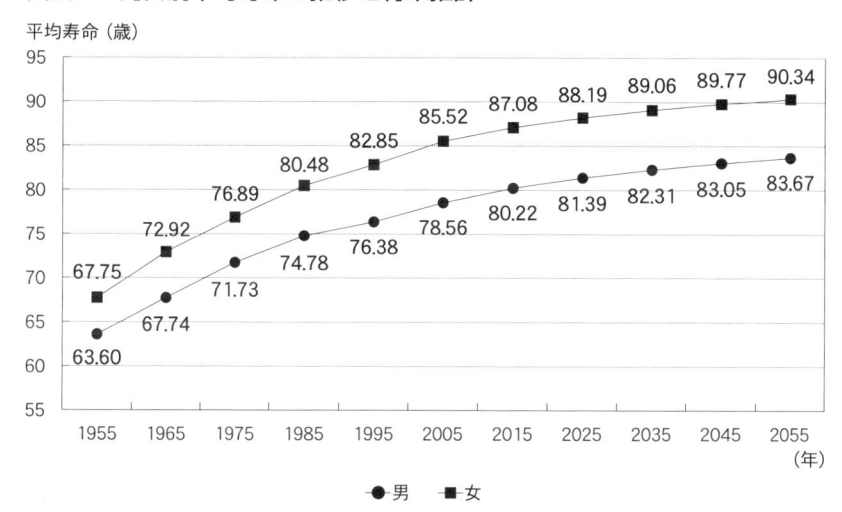

図表4　男女別平均寿命の推移と将来推計

平均寿命（歳）

年	男	女
1955	63.60	67.75
1965	67.74	72.92
1975	71.73	76.89
1985	74.78	80.48
1995	76.38	82.85
2005	78.56	85.52
2015	80.22	87.08
2025	81.39	88.19
2035	82.31	89.06
2045	83.05	89.77
2055	83.67	90.34

（出所）国立社会保障・人口問題研究所「日本の将来推計人口」（平成18年12月推計［中位］）を筆者により一部修正。

延び，男性が83.67歳，女性が90.34歳になると推測されている[10]（図表4参照）。

　また，平均寿命の男女の差に着目すると，1955年では，男女の差は4.15年であるが，20年後の1975年では5年台に延び，50年後の2005年では6.96年となる。今後も2005年をピークに6年台の寿命の差が保たれること推測される。

　③高齢者の医療リスク

　厚生労働省の『平成19年　我が国の保健統計』によると，年齢別外来件数は，65歳～74歳で155万4,800人（約21.9％），75歳以上では152万3,100人（21.4％）であり，65歳～74歳の前期高齢者と75歳以上の後期高齢者が全体の約半数を占めている（図表5参照）。

　いっぽう入院においても高齢者の数は多く，全体の6割以上を占めている。年齢別入院件数は65歳～74歳で29万9,000人（約20.5％），75歳以上では63万9,000人（43.7％）であり，75歳以上の後期高齢者が約4割を占めている（図表6参照）。

図表5　年齢別外来件数（2005年）

(単位：千人)

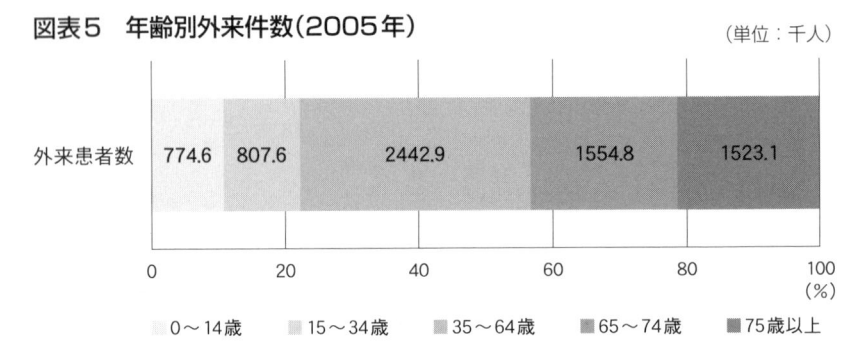

| 外来患者数 | 774.6 | 807.6 | 2442.9 | 1554.8 | 1523.1 |

0　　　20　　　40　　　60　　　80　　　100
(%)

■0〜14歳　■15〜34歳　■35〜64歳　■65〜74歳　■75歳以上

(出所)厚生労働省,2007年度版,『平成19年　我が国の保健統計』p.2に基づき筆者作成。

図表6　年齢別入院件数（2005年）

(単位：千人)

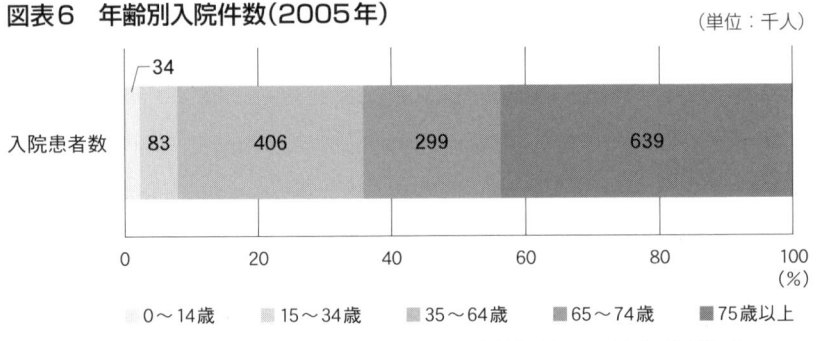

34

| 入院患者数 | 83 | 406 | 299 | 639 |

0　　　20　　　40　　　60　　　80　　　100
(%)

■0〜14歳　■15〜34歳　■35〜64歳　■65〜74歳　■75歳以上

(出所)厚生労働省,2007年度版,『平成19年　我が国の保健統計』p.2に基づき筆者作成。

④単独生活者

高齢者の単独生活者は安定したペースで上昇を続けている。

図表7によると，高齢世帯の約3割は単独世帯であるということになる。

近年の若年層が就学・就職を求めて都市部に移住してしまうことにより親子が別々の生活をすることを強いられることと，夫婦と子供による家族構成をとる核家族化の一般化も一つの要因である。

また，特徴的な傾向として，女性の単独世帯が非常に多いということである。1970年では55.0％，2005年では70.8％であり現在では高齢女性の約7割が単独で生活をしているということになる[11]。これは前出の男女の寿命差により生じたもので，夫に先立たれてしまうこ

図表7　高齢世帯の単独生活者の推移

割合（％）

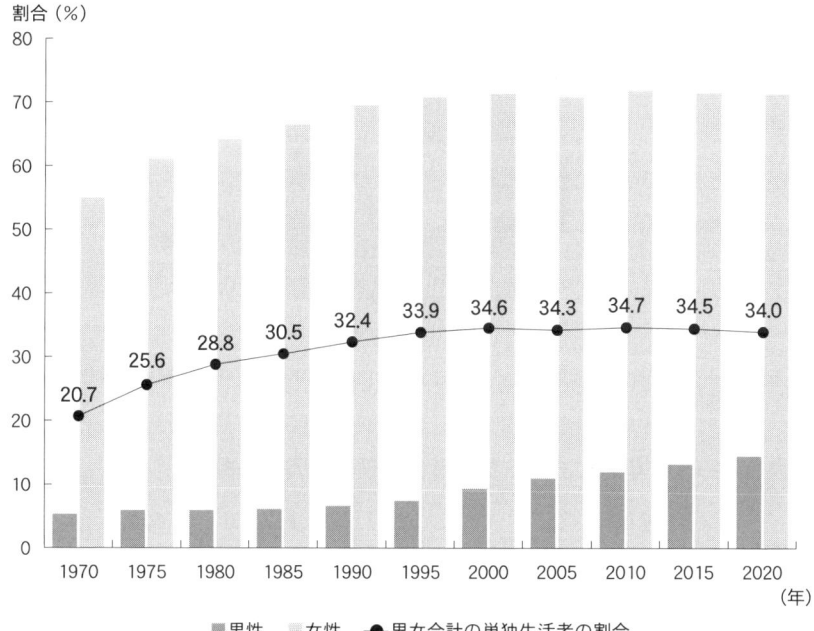

年	男女合計
1970	20.7
1975	25.6
1980	28.8
1985	30.5
1990	32.4
1995	33.9
2000	34.6
2005	34.3
2010	34.7
2015	34.5
2020	34.0

■男性　■女性　●男女合計の単独生活者の割合

(注)高齢世帯とは、世帯主の年齢が65歳以上の世帯をいう。
(出所)三浦文夫編、2007、『図解　高齢者白書2006年度版』全国社会福祉協議会、p.46を筆者により一部修正。

とにより生じているケースが多い。

⑥自殺

　近年高齢者の自殺は年々増加しており、年齢を重ねるごとに自殺者数が上昇する傾向にある。

　警察庁発表の2009年における年齢別自殺者数によると、60歳以上の高齢者の自殺件数は12,034人であり、現役世代である30歳代では約3倍、40歳台・50歳代では約2倍に及ぶ（**図表8参照**）。

　高齢者の自殺の原因は、全年齢と比べて健康上の問題が大きい。健康上の問題においては、慢性的な病気などによる心身の衰弱が主な原因とされている。これ以外にも経済的問題と家庭問題も多く、これらが原因として起こる孤独死は社会的問題となっている。（**図表9参照**）

203

第2部　21世紀の"生協の共済"事業課題

図表8　2009年度における年齢別自殺者数

（単位：人）

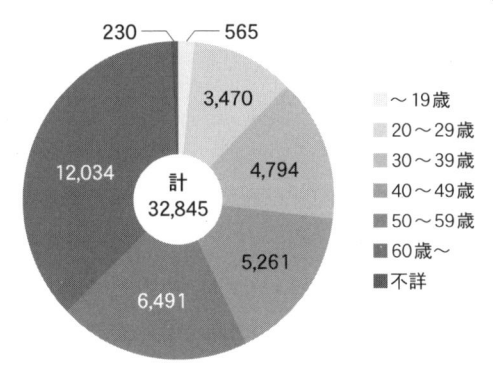

- 〜19歳：565
- 20〜29歳：3,470
- 30〜39歳：4,794
- 40〜49歳：5,261
- 50〜59歳：6,491
- 60歳〜：12,034
- 不詳：230

計 32,845

（出所）警察庁生活安全局生活安全企画課「平成21年中における自殺の概要資料」（2010年5月）を筆者により一部修正。

図表9　2009年度における高齢者の自殺の原因・動機

（単位：人）

	全年齢	割合	60歳以上総数	割合	60歳以上男	割合	60歳以上女	割合
家庭問題	4,117	12.1%	1,612	13.5%	1,008	13.0%	604	14.6%
健康問題	15,867	46.7%	7,258	60.9%	4,254	54.7%	3,004	72.6%
経済・生活問題	8,377	24.6%	2,089	17.5%	1,859	23.9%	230	5.6%
勤務問題	2,528	7.4%	222	1.9%	205	2.6%	17	0.4%
男女問題	1,121	3.3%	59	0.5%	38	0.5%	21	0.5%
学校問題	364	1.1%	1	0.0%	1	0.0%	0	0.0%
その他	1,613	4.7%	671	5.6%	410	5.3%	261	6.3%
総　数	33,987	100.0%	11,912	100.0%	7,775	100.0%	4,137	100.0%

（出所）警察庁生活安全局生活安全企画課「平成21年中における自殺の概要資料」（2010年5月）を筆者により一部修正。

⑦生活費

　高齢者の生活費について，収入の面では，高齢者世帯の平均総所得は306.3万円であり，そのうち公的年金・恩給が209.4万円（68.4％）と，高齢者の収入は公的年金が中心となっている。その他，稼働所得は56.2万円（18.4％），財産所得は23.0万円（7.5％）である。

高齢世帯の所得に対し全世帯の平均所得は総所得566.8万円と，高齢世帯の収入は半分程度である(12)（**図表10参照**）。

　消費に焦点をあてると，10年の間に大きな変化が生じている。1995年と2005年を比較すると消費金額が大きくなったものは光熱費（＋16.9％）と交通費（＋30.0％）であり，最も上昇したものは保健医療費（＋43.4％）である。それらに対し消費金額が小さくなったものは住居費（－17.5％）家具・家事用品（－15.7％）被服費（－23.4％）といった比較的支出の節約が可能なものが中心である(13)。年金収入が中心であり，全世帯に比べ収入の少ない高齢者は公共料金等の上昇に対し，節約の効くものの消費を少なくすることにより，全体の支出を調節しているのだが，社会保障の改定や物価の上昇などにより近年ではこの調節を強いられている傾向が強い。その中でも医療費の伸びは極めて大きく，医療費の増加は老後の生活において大きな負担となる。

図表10　高齢者世帯の所得（2006年）

区　分		一世帯当たり平均所得金額	
高齢者世帯	総所得	306.3万円	－
	稼働所得	56.2万円	18.4％
	公的年金・恩給	209.4万円	68.4％
	財産所得	23.0万円	7.5％
	年金以外の社会保障給付金	2.5万円	0.8％
	仕送り・その他の所得	15.2万円	5.0％
全世帯	総所得	566.8万円	－

（出所）内閣府編，2009，『高齢社会白書（平成21年版）』p.21を筆者により一部修正。

4　生協共済の商品を中心とした経営戦略への期待と展望

　高齢者の寿命の伸長により高齢人口の増加が起こっている中で，独居高齢者の増加や経済的不安は社会的問題となっている。本節では，

前節で概観した高齢社会の現状をもとに，生協共済における商品を中心とした経営戦略についての少々の提言を行う。

(1) 課題となること

今後の課題となる点は，老後の資金準備の大型化への対応である。人間の寿命は大幅に延びており，老後の必要資金は年々増加している。今後環境の変化次第では，共済商品の大幅な戦略の変更が求められる。その際，組合組織を経営の根幹とする生協共済においては，経営の根本的な改革が求められることになる。

このような環境のもと，株式の発行や金融市場からの自由な資金調達や必要となった事業の合併・買収による迅速な人的・物的資源等の調達などが可能である株式会社への組織を変更する民間の生命保険会社が増える中，組合組織である生協共済は不利な状況に立たされる可能性がある。

しかし，大型の保障は民間の生命保険会社に任せて，生協共済は基本的な保障を担うという棲み分けの戦略をとることもでき，今後は保障の大型化への対応に向けた組織改革の戦略をとり民間生保との競争を行うのか，民間生保との棲み分けの戦略をとり，（保険に比べて）純粋な保障業としての共済の地位を固めるのかの選択に迫られることになると考えられる。

また，現物給付について，これは保険法により行うことはできないが，保障への利便性を確保するために今後検討されることを望む。現物給付の例としては，通常の保険金支払いに替えて，入浴や病院などへの送迎サービスなどの介護サービスを含めた生命系共済，バリアフリー構造への増改築（リフォーム）のための資金作りが組み込まれた住宅共済や運転を引退した契約者の今後の交通手段の確保ための資金作りが組み込まれた自動車共済などが考えられる。

(2) 期待されること

　生協共済の商品の特徴に期待されることとして，一律型の掛け金方式があげられる。

　民間保険の保険料は，保険契約者が支払う保険料と，保険事故発生の際に支払われる保険金の数学的期待値が等しいことを示す原則で，$P=wZ$（Pは保険料，wは事故発生の確率，Zは保険金）の式で示され，事故発生の確率が高いほど，保険料が高くなる給付・反対給付均等の原則と，各危険集団のおのおのから払い込まれる保険料（純保険料）の総額（収入）が，その危険集団について支払われる保険金の総額（支出）と等しくなるように収支バランスを図る収支相当の原則の2つの原則があり，今日では個々のリスクに見合った保険料を支払うことが原則とされている。

　これに比べ，大部分の共済の掛け金は，個別のリスクではなく，全体の危険リスクに対してより平均的な掛け金を支払うことが原則とされており，リスクが高く収入が少ない高齢者においてはこの共済の一律掛け金方式は民間保険に比べ有益である。しかし，今後の高齢者の増加により共済においてもこの一律掛け金方式では対応が不可能となる危険性があるため，今後掛け金方式の問題の解決が求められる。

　その他商品以外の強みとして，健康上の問題と経済的な問題，および単独生活者の増加による高齢者の孤立の問題に対して，保険にはない生協の地域密着のネットワークを活かした共済加入者へのアフターサービスとしてのフィナンシャル・プランニングや健康・心理に対するカウンセリング・サービスがあげられる。

　CO・OP共済では[14]，組合員が暮らしの保障やお金について学ぶための活動として，ライフプランニング活動を行っている。ここではくらしの見直し講演会，くらしの見直し座談会，ライフプラン講座，個別相談などを行っている。また，活動の担い手であるライフプラン・アドバイザー（LPA）の養成にも力を入れており，2009年度末現在で2,446名のLPAが全国の生協で活躍している。

くらしの見直し講演会は，保険の仕組みや保障の選び方，年金などくらしに役立つ様々な知識をつけてもらうことを目的としており，くらしの見直し座談会は，LPAが講師となり，保障や年金のくらしのお金についてより深く学ぶことができる。ライフプラン講座では，保障の見直しに限らず，保険や年金，税金などくらしのお金の基礎について，幅広く学ぶことができる。また，一人一人の要望に沿った相談を受ける個別相談を行うなどきめ細かなサービスを行っている。
　この他にも健康増進に関わる活動として，生活習慣病の予防を目的として全国の生協の約251店舗に全自動血圧計の設置をしたり，商品である《たすけあい》《あいぷらす》《新あいあい》の加入者が無料で利用できる共済健康ダイヤルなどを設置したりするなど，これらは高齢者の健康問題の解決への一助となる。
　全労済では[15]生活保障設計運動として，生活保障設計運動，生活保障プランナーの養成，生涯生活保障設計運動を行っている。
　生活保障設計運動では，組合員一人一人が自分の現状を改めて認識し自分に合ったライフプランを，組合員自らが立てられるよう，保障のみならず生活関連情報の提供や相談活動を通じて幅広くサポートを行っている。生活保障プランナーの養成は，会社の福利厚生担当者や労組執行部を対象に個別組合員の相談に対応できるライフプランの考え方や関連知識をつけることを目的としている。本講座は20010年5月末現在，全国で13,882名の修了者を輩出している。生涯生活保障設計運動は，生涯にわたる安心の実現と豊かな暮らしの創造と組合員の永続的な事業活動実現をめざし，高齢期の生きがいや社会参加，介護関連を含めた生活全般の支援活動等を具体化することを目的としている。
　この他にも高齢社会への対応（生活創造事業）として，介護サービス事業の取り組みによる高齢者の自立支援だけではなく，ホームヘルパー養成講座の開催により介護サービスの担い手を養成している。ホームヘルパー養成講座の修了者は，2009年度までの累計で，1級226

名，2級9,684名，3級6,349名，合計16,259名にのぼっている。

これらの両生協共済の対応は，今後の高齢社会の解決に役立つことを大いに期待する。

5　むすびにかえて――21世紀の"生協の共済"の「展望・課題」――

本稿前半では，チャンドラーの「組織は戦略に従う」という命題を用い，生協共済の経営理念，経営戦略，経営組織の三者の関係を考察した。

ここでは，生協共済の組合組織は組合員どうしの助け合いにより，より豊かな社会集団（組合組織）を形成するという経営理念との結びつきが強く，一般の企業のように戦略が組織を規定するのではなく，組織が戦略を規定するという特殊な構造を持っているということがわかった。

本稿後半では，経営戦略は継続事業体である企業が常に変化する環境を考慮し環境の変化に合致した事業活動を営むための指針であり，適切な経営戦略の策定のためには経営環境を知ることが肝要であるという点から，経営環境として今日最も関心の高い高齢社会を概観し，生協共済における商品を中心とした経営戦略についての少々の提言を行った。

ここではまず，今後の課題となる点として，老後の資金準備の大型化への対応をあげた。

株式の発行や金融市場からの自由な資金調達や必要となった事業の合併・買収による迅速な人的・物的資源等の調達などが可能である株式会社への組織を変更する民間の生命保険会社が増える中，組合組織である生協共済は不利な状況に立たされる可能性がある。

この点においては，大型の保障は民間の生命保険会社に任せて，生

協共済は基本的な保障を担うという棲み分けの戦略をとることもでき，今後は保障の大型化への組織改革の戦略をとり民間生保との競争を行うのか，民間生保との棲み分けの戦略をとり，（保険に比べて）純粋な保障業としての共済の地位を固めるのかの選択に迫られることになると考えられる。

　これに対し，高齢者の寿命の伸長による高齢人口の増加が，独居高齢者の増加や経済的不安を引き起こし社会的問題となっているということから，共済の一律掛け金方式とCO・OP共済のライフプラン・アドバイザーおよび全労済の生活保障設計運動などへの期待を期待できる点としてあげた。

　これらの点を踏まえ，21世紀の"生協の共済"の「展望・課題」について以下のことを考える。

　図表11は，アルペン型保険とアングロサクソン型保険という保険のイデオロギー的分類である。共済は，アルペン型保険に属し，全体の危険からの事故の発生確率をもとに保険料を計算する収支相当の原則を保険料計算の（共済は掛け金）第一原則とし，規模の経済にこだわらず組合という共同体一人一人の経済的安全のために連帯的な相互扶助を理念としている。

　このように，決して個別リスクに応じた保険料ではない，個別リスクに対する保険料を原則とする合理性を追求した保険にはない，加入条件や告知の「ゆるさ」や民間の保険に加入できない人も加入対象とする「やさしさ」をもった商品を通じて，一人でも多くの組合員の経済的不安の解放を担うべきであると考える。

　このような「ゆるさ」「やさしさ」をもつ商品の開発には，組合組織を活かした経営が可能である生協共済はより適しており，そのためには組合員の相互扶助というアイデンティティが必要不可欠である。

　そして，このアイデンティティがよりきめの細かい保障商品の開発が可能となる。そして，保険金の支払いのみにとどまる民間保険に比べ，このアイデンティティが商品に付随する様々なサービスを提供す

る原動力になり，組合員のより一層の生活の向上につながると考える。

図表11　アルペン型保険とアングロサクソン型保険

	アルペン型保険	アングロサクソン型保険
基本特性	連帯　相互扶助（互酬）	選択　競争
制度の基本単位	共同体（既存集団）	個人（虚構集団）
保険への加入	自主的（相互保険） ギルド，職業組合など	自由契約 企業　個人
保険原理	収支相当　重視	個別保険料　重視
保険料	平均保険料 緩い個別化	個別保険料 強い個別化
交換原理	不等価交換	限定された等価交換
保険の性格	安全性	投機性（収益性）
保険団体の規模	小規模	巨大化（規模の経済性）
契約の性質	長期的	短期的
key 概念	相互扶助　再分配 生命保険　火災保険 共済　社会保険	自由契約　等価交換 数理的公平性 海上保険

（出所）岡村国和，2008,「第2章　保険をめぐる共同体と相互扶助」石田重森編著『保険学のフロンティア』慶應義塾大学出版会, p.46。

（1）金森久雄，荒憲治郎，森口親司編, 2002,『経済辞典（第4版）』有斐閣, p.293。
（2）協同組合経営研究所, 2007,『新　協同組合とは〈改定版〉―そのあゆみとしくみ―』協同組合経営研究所, p.56。
　　また，参考までに協同組合の原則として，ロッチデール原則以降の原則を以下にあげる。ICAパリ大会（1937年）で決められた原則（①組合の公開制，②民主的運営（一人一票制），③利用高に比例した剰余金の分配，④出資に対する配当の制限，⑤政治的および宗教的中立，⑥現金取引，⑦教育の促進），ウィーン大会（1966年）で決められた原則（①加入・脱退の自由，②民主的運営，③出資配当の制限，④剰余金処分の方法，⑤教育活動の促進，⑥協同組合

間の協同），マンチェスター総会（1995年）で決められた原則（①自発的でオープンな組合員制度，②組合員による民主的運営，③組合員による財産の形成と管理，④組合の自治・自立，⑤教育・研修と広報活動の促進，⑥協同組合間の協同，⑦地域社会への配慮）同掲書p.56-57。
（3）経営学検定試験協議会監修／経営能力開発センター編, 2006,『経営学検定試験公式テキスト 〈1〉経営学の基本』中央経済社, p.9。
（4）協同組合と相互会社については，両者に組織上の理念的な面と機能的な面においての大差はないと考えられる。保険契約（共済加入）においては，保険相互会社は，全国民を加入の対象とすることに対し，共済は組合員という限られた範囲の人々を加入の対象としている点に相違がある。これは，保険相互会社では保険契約を行った時点で契約者になると同時に会社の所有者（「社員」という）となることに対し，共済は，まず組合の組合員になってから，共済への加入を行うという加入の二段階方式という特殊な特徴によるものである。また，相互会社の場合，保険契約を解除すると同時に所有者としての権利を失うのに対し，協同組合では共済契約の解除をしても，組合員としての所属と権利を持ち続けることができるという点にも相違がある。
（5）協同組合経営研究所, 2007, 前掲書, p.52。
（6）経営学検定試験協議会監修／経営能力開発センター編, 2006,『経営学検定試験公式テキスト 〈2〉経営戦略と組織』中央経済社, p.4-5。
（7）国立社会保障・人口問題研究所, 2010,『人口統計資料集2010』による。
（8）同上書。
（9）同上書。
（10）国立社会保障・人口問題研究所「日本の将来推計人口」（平成18年12月推計［中位］）による。
（11）三浦文夫編, 2007,『図解 高齢者白書2006年度版』全国社会福祉協議会, p.46による。
（12）内閣府編, 2009,『高齢社会白書（平成21年版）』p.21による。
（13）三浦文夫編, 2007, 前掲書, p.65による。
（14）CP・OP共済, 2010,『事業のご報告 ANNUAL PEPORT 2010』p.29-

32。

(15) 全労済, 2009, 『全労済ファクトブック 2009 年版』 p.29, 40-41。

〈参考文献〉

ロバート・C・アッチェリー, ・アマンダ・S・バルシュ／宮内康二訳, 2005, 『ジェロントロジー～加齢の価値と社会の力学～』きんざい. (= Atchley, Robert. C. & Barusch, Amanda. S., 2006. Social Forces and Aging : An Introduction to Social Gerontology, 10th ed, Academic Internet Publishers.)

H. I. アンゾフ, 広田寿亮訳, 1969, 『企業戦略論』産業能率短期大学出版部.

石名坂邦昭, 1994, 『ファミリーリスク・マネジメントと保険』白桃書房.

岡崎陽一, 1999, 『人口統計学〔増補改訂版〕』古今書院.

折茂肇編, 1999, 『新老年学〔第2版〕』東京大学出版会.

金森久雄, 荒憲治郎, 森口親司編, 2002, 『経済辞典(第4版)』有斐閣.

協同組合経営研究所, 2007, 『新　協同組合とは〈改定版〉―そのあゆみとしくみ―』.

工藤由貴子, 2006, 『老年学―高齢社会への新しい扉をひらく―』角川学芸出版.

経営学検定試験協議会監修／経営能力開発センター編, 2005, 『経営学検定試験公式テキスト　試験ガイド＆キーワード集』中央経済社.

経営学検定試験協議会監修／経営能力開発センター編, 2006, 『経営学検定試験公式テキスト〈1〉経営学の基本』中央経済社.

経営学検定試験協議会監修／経営能力開発センター編, 2006, 『経営学検定試験公式テキスト〈2〉経営戦略と組織』中央経済社.

経営学検定試験協議会監修／経営能力開発センター編, 2006, 『経営学検定試験公式テキスト〈3〉戦略的経営課題』中央経済社.

厚生労働省, 2007年度版, 『平成19年　我が国の保健統計』.

国立社会保障・人口問題研究所, 2010年度版, 『人口統計資料集』.

鈴木辰紀編著, 2005, 『新保険論――くらしと保険――』成文堂.

生協共済研究会編, 2008, 『生協の共済　今, 問われていること』日本生活協同組

合連合会出版部.

橘覚勝, 1971,『老年学　その問題と考察』誠信書房.

アルフレッド D. チャンドラー, Jr.／有賀裕子訳, 2004,『組織は戦略に従う』ダイヤモンド社.

庭田範秋編著, 1989,『保険学』成文堂.

内閣府編, 2009,『高齢社会白書（平成21年版）』.

ホリヨーク, ジョージ　ヤコブ／財団法人協同組合経営研究所訳, 1993,『ロッチデールの先駆者たち』財団法人協同組合経営研究所.

三浦文夫編, 2007,『図解　高齢者白書2006年度版』全国社会福祉協議会.

宮内康二, 2005,「ジェロントロジー」『ニッセイ基礎研所報』vol.36, ニッセイ基礎研究所.

Mehr, Robert. I. & Hedges, Bob. A., 1974. Risk Management, Richard D. Irwin, Inc.

Tibbitts, Clark (ed), 1960. Handbook of Social Gerontology, University of Chicago Press.

〈参考URL〉

警察庁 (http://www.npa.go.jp/)

厚生労働省 (http://www.mhlw.go.jp/)

国立社会保障・人口問題研究所 (http://www.ipss.go.jp/)

CO・OP共済 (http://coopkyosai.coop/index.shtml)

全国生活協同組合連合会 (http://www.kyosai-cc.or.jp/)

全労済 (http://www.zenrosai.coop/)

共済に対する「相互扶助」意識に関する検証
──エフコープ組合員に対する調査に基づいて──

◎九州産業大学商学部准教授
山崎 博司

はじめに

　日本コープ共済生活協同組合連合会は「CO・OP共済のめざすもの」を定め，共済事業を行っている。「CO・OP共済のめざすもの」には，「共済金の支払いを受けた組合員の声の紹介や，共済の必要性を理解していただくことを通して，協同組合の基本的価値である相互扶助や協同の精神を育みます。」という1項目がある[1]。つまり，「相互扶助の精神を育む」ことが，CO・OP共済の事業目的の一つとなっているのである。

　では，その目的はどの程度達成されているのか。すなわち，CO・OP共済に対して組合員が「相互扶助」意識をどの程度共有しているのか。どのような組合員が，CO・OP共済に対してどの程度「相互扶助」意識を共有しているのか。CO・OP共済に対して「相互扶助」意識を共有していない組合員の割合が高い集団の特性は何か。これらを検証することが，本研究の目的である。

　検証には，日本生活協同組合連合会が企画し，生協総合研究所が2009年に実査した「全国生協組合員意識調査」のデータのうち，提供を受けることができた「エフコープ生活協同組合組合員」のデータを用いた。

　上記調査の概要は，『2009年度全国生協組合員意識調査報告書（詳細版）』によれば，次のとおりである[2]。調査対象は，地域購買生協の組合員数上位30生協の組合員1,317万4,023人の中から，各生協の組合員数に応じて6,000人が無作為に抽出された。調査方法は，アンケート用紙を郵送し，記入後に郵便で返送する郵送自記式調査法で実施された。実施時期は，2009年5月上旬から6月下旬である。回収されたアンケートは4,304件で，回収率は71.7％である。なお，エフコープ組合員には203人にアンケートが配布され，137人からアンケートが回収された（回収率67.5％）。

1　CO・OP共済の認知状況，加入状況，および印象

　まず，データ全体137人について，CO・OP共済の認知状況，加入状況について確認する。次に，CO・OP共済を「知っている」組合員103人が，共済に対して有している印象について整理する。さらに，共済加入状況と「組合員同士の助け合い」に対する評価とをクロス集計する。

　(1) CO・OP共済の認知状況

　分析対象137人のうち，CO・OP共済を「知っている」組合員が103人（約75%），「知らない」組合員が29人（約21%），無回答が5人（約4%）である[3]。

　(2) CO・OP共済の加入状況

　生計を共にしている家族のうち1人以上がCO・OP共済に加入している組合員は，51人である。分析対象137人に対する割合は約37%，CO・OP共済を「知っている」組合員103人に対する割合は約50%になる[4]。

　(3) CO・OP共済についての印象

　この調査では，CO・OP共済の印象について，9項目を挙げ，回答を求めている。**表1**がその集計結果である。この質問はCO・OP共済を「知っている」と回答した組合員に限定したものであるため，**表1**の合計人数はいずれも103人となっている。

　本稿のテーマである「相互扶助」意識の共有は，**表1**の「組合員同士の助け合い」に対する評価で確認することができる。「そう思う」と「まあそう思う」との合計61人が，「組合員同士の助け合い」を肯定している組合員である。分析対象137人に対する割合は約45%，CO・OP共済を「知っている」組合員103人に対する割合は約59%になる[5]。

　以下の分析では，CO・OP共済の印象について，「そう思う」と「まあそう思う」という回答をあわせて「肯定」，「あまりそう思わない」

と「そう思わない」という回答をあわせて「否定」と表記する。また，「組合員同士の助け合い」についての「無回答」は除外して集計する。

表1　CO・OP共済の印象

CO・OP共済の印象	そう思う	まあそう思う	あまりそう思わない	そう思わない	わからない	無回答	合計
組合員同士の助け合いである	29	32	5	4	29	4	103
	28%	31%	5%	4%	28%	4%	100%
掛け金が安い	51	33	4	0	13	2	103
	50%	32%	4%	0%	13%	2%	100%
加入手続きが簡単	54	31	2	0	13	3	103
	52%	30%	2%	0%	13%	3%	100%
保障の際の対応が早い	37	13	1	0	50	2	103
	36%	13%	1%	0%	49%	2%	100%
入院・通院の保障が充実している	28	37	6	2	28	2	103
	27%	36%	6%	2%	27%	2%	100%
死亡保障が充実している	5	36	19	4	35	4	103
	5%	35%	18%	4%	34%	4%	100%
内容に組合員の声が活かされている	9	35	8	0	47	4	103
	9%	34%	8%	0%	46%	4%	100%
加入時、職員の対応が丁寧	26	15	3	3	53	3	103
	25%	15%	3%	3%	51%	3%	100%
他の共済や保険の方が優れている	3	5	27	10	54	4	103
	3%	5%	26%	10%	52%	4%	100%

（注）上段は回答者数、下段は構成比で％未満を四捨五入している。

（4）共済加入状況と「組合員同士の助け合い」に対する評価

表2は、CO・OP共済加入の有無と「組合員同士の助け合い」の評価との関係を示している。「加入あり」とは、生計を共にしている家族のうち1人以上がCO・OP共済に加入している場合である。

表2　CO・OP共済加入の有無との関係

CO・OP共済加入の有無	CO・OP共済は組合員同士の助け合いである			
	肯　定	否　定	わからない	合　計
加入あり	40	4	6	50
	80%	8%	12%	100%
加入なし	20	5	23	48
	42%	10%	48%	100%
無回答	1	0	0	1
	100%	0%	0%	100%

（注）上段は回答者数、下段は構成比で％未満を四捨五入している。

　「加入あり」の80%が「組合員同士の助け合い」を肯定しているのに対し、「加入なし」では「組合員同士の助け合い」を肯定する割合が42%に過ぎない[6]。一方、「組合員同士の助け合い」について「わからない」とする割合は、「加入なし」で48%に対し、「加入あり」で12%である[7]。

　表3は、生計を共にしている家族のうちCO・OP共済に加入してい

表3　CO・OP共済に加入している者との関係

CO・OP共済に加入している者	CO・OP共済は組合員同士の助け合いである			
	肯　定	否　定	わからない	合　計
本　人	30	3	3	36
	83%	8%	8%	100%
配偶者	17	2	0	19
	89%	11%	0%	100%
子　供	26	3	3	32
	81%	9%	9%	100%
他の家族	2	0	0	2
	100%	0%	0%	100%

（注）上段は回答者数、下段は構成比で％未満を四捨五入している。

表4　CO・OP共済に加入している子供の数との関係

加入している子供の数	CO・OP共済は組合員同士の助け合いである			
	肯　定	否　定	わからない	合　計
1人	11	0	2	13
	85%	0%	15%	100%
2人	7	3	0	10
	70%	30%	0%	100%
3人	8	0	1	9
	89%	0%	11%	100%

(注)上段は回答者数、下段は構成比で%未満を四捨五入している。

る者と「組合員同士の助け合い」の評価との関係を示している。「組合員同士の助け合い」を肯定する割合は，他の家族の100%を除外すれば，配偶者が加入している場合が89%で最も高く，以下，本人83%，子供81%である。

　表4は，CO・OP共済に加入している子供の数と「組合員同士の助け合い」の評価との関係を示している。「組合員同士の助け合い」を肯定する割合は，子供3人が加入している場合が89%で最も高く，以下，子供1人85%，子供2人70%となっている。

2　年齢や家族構成等と「組合員同士の助け合い」との関係

　ここでは，CO・OP共済を「組合員同士の助け合い」であると評価するか否かについて，組合員本人の年齢や家族構成等の違いが関連しているかを確認するため，クロス集計を行う。
　(1)　クロス集計の枠組みと分析対象の限定
　CO・OP共済を「組合員同士の助け合い」であると評価するか否かについては，次の4区分でクロス表を作成する。

表5 「組合員同士の助け合い」に関する分析対象全体の評価

CO・OP共済を知っている			CO・OP共済を知らない	合　計
組合員同士の助け合いである				
肯　定	否　定	わからない		
61	9	29	29	128
48%	7%	23%	23%	100%

(注)上段は回答者数、下段は構成比で％未満を四捨五入している。

①CO・OP共済を知っていて，CO・OP共済について「組合員同士の助け合い」を肯定する回答
②CO・OP共済を知っていて，CO・OP共済について「組合員同士の助け合い」を否定する回答
③CO・OP共済を知っていて，CO・OP共済について「組合員同士の助け合い」であるかどうか「わからない」とする回答
④「CO・OP共済を知らない」とする回答

　分析対象は128人に限定する。エフコープ分のデータ全体137人には，CO・OP共済の認知状況についての設問に「無回答」であった5人，およびCO・OP共済の印象に関する「組合員同士の助け合い」についての設問に「無回答」であった4人が含まれるため，これらを除外した。分析対象128人の回答を上記①～④に分け集計したものが，**表5**である。

　なお，分析対象128人の性別は，女性121人，男性1人，無回答6人である。

（2）組合員本人の年齢との関係

　CO・OP共済を「組合員同士の助け合い」であると評価するか否かについて，組合員本人の年齢とクロス集計したものが，**表6**である。
　ここから，次の5点を指摘することができる。①「組合員同士の助け合い」を肯定する割合は，「40歳未満」が63％で，40歳以上よりも高い。②「40歳代」，「50歳代」，および「60歳以上」では，「組合員同

表6　組合員本人の年齢との関係

組合員本人の年齢	CO・OP共済を知っている 組合員同士の助け合いである 肯定	否定	わからない	CO・OP共済を知らない	合計
40歳未満	15	4	4	1	24
	63%	17%	17%	4%	100%
40歳代	18	3	12	6	39
	46%	8%	31%	15%	100%
50歳代	16	1	6	10	33
	48%	3%	18%	30%	100%
60歳以上	11	1	3	10	25
	44%	4%	12%	40%	100%
無回答	1	0	4	2	7
	14%	0%	57%	29%	100%

（注）上段は回答者数、下段は構成比で%未満を四捨五入している。

士の助け合い」を肯定する割合が44〜48%の範囲であり，あまり差がない。③「組合員同士の助け合い」を否定する回答は，「40歳未満」および「40歳代」に多い。④「組合員同士の助け合い」であるか「わからない」とする割合は，「40歳代」が31%で，他の区分より高い。⑤「CO・OP共済を知らない」割合は，「60歳以上」が40%，「50歳代」が30%で，他の区分より高い。

（3）家族構成との関係

CO・OP共済を「組合員同士の助け合い」であると評価するか否かについて，家族構成とクロス集計したものが，**表7**である[8]。

ここから，次の3点を指摘することができる。①「組合員同士の助け合い」を肯定する割合は「3世代家族」が37%で，他の区分に比べ低くなっている。②「組合員同士の助け合い」であるか「わからない」とする割合は，「3世代家族」が32%で，他の区分より高い。③「CO・OP

表7 家族構成との関係

家族構成	CO・OP共済を知っている 組合員同士の助け合いである 肯定	否定	わからない	CO・OP共済を知らない	合計
夫婦のみの家族	10	1	2	6	19
	53%	5%	11%	32%	100%
夫婦と子供からなる家族	35	6	17	11	69
	51%	9%	25%	16%	100%
3世代家族	7	2	6	4	19
	37%	11%	32%	21%	100%
その他	9	0	4	8	21
	43%	0%	19%	38%	100%

（注）上段は回答者数、下段は構成比で％未満を四捨五入している。

共済を知らない」割合は「夫婦のみの家族」が32％で，他の区分より高い。

なお，「夫婦のみの家族」19人は組合員本人の年齢が50歳以上である[9]。

（4）生計を共にしている家族の人数と関係

CO・OP共済を「組合員同士の助け合い」であると評価するか否かについて，生計を共にしている家族の人数とクロス集計したものが，**表8**である。

ここから，次の4点を指摘することができる。①「組合員同士の助け合い」を肯定する割合は，「5人以上」の家族が58％で，他の区分に比べ高い。②「4人」家族では，「組合員同士の助け合い」を肯定する割合が39％で，他の区分に比べ低い。③「組合員同士の助け合い」を否定する回答は，「4人」家族に多い。④「CO・OP共済を知らない」割合は，「3人」家族が30％，「2人以下」家族が29％で，他の区分より高い。

表8　生計を共にしている家族の人数と関係

生計を共にしている家族の人数	CO・OP共済を知っている 組合員同士の助け合いである 肯定	否定	わからない	CO・OP共済を知らない	合計
2人以下	17	1	6	10	34
	50%	3%	18%	29%	100%
3人	9	0	5	6	20
	45%	0%	25%	30%	100%
4人	16	6	10	9	41
	39%	15%	24%	22%	100%
5人以上	19	2	8	4	33
	58%	6%	24%	12%	100%

(注)上段は回答者数、下段は構成比で%未満を四捨五入している。

(5) 扶養している子供数との関係

CO・OP共済を「組合員同士の助け合い」であると評価するか否かについて，扶養している子供数とクロス集計したものが，表9である。

ここから，次の4点を指摘することができる。①「組合員同士の助け合い」を肯定する割合は，扶養している子供数「1人」が67%，「3人以上」が63%で，他の区分よりも高い。②扶養している子供数「2人」では，「組合員同士の助け合い」を肯定する割合が43%で，他の区分に比べ低い。③「組合員同士の助け合い」を否定する回答は，扶養している子供数「2人」に多い。④扶養している子供がいない組合員（「0人」）は，扶養している子供がいる組合員（「1人」，「2人」，「3人以上」）よりも，「組合員同士の助け合い」であるか「わからない」とする割合が低く，「CO・OP共済を知らない」割合が高い。

表9 扶養している子供数との関係

扶養している子供数	CO・OP共済を知っている 組合員同士の助け合いである 肯定	否定	わからない	CO・OP共済を知らない	合計
0人	15	1	4	7	27
	56%	4%	15%	26%	100%
1人	12	0	4	2	18
	67%	0%	22%	11%	100%
2人	20	7	11	9	47
	43%	15%	23%	19%	100%
3人以上	12	0	5	2	19
	63%	0%	26%	11%	100%
無回答	2	1	5	9	17
	12%	6%	29%	53%	100%

(注)上段は回答者数、下段は構成比で%未満を四捨五入している。

3 年収や就業状況等と「組合員同士の助け合い」との関係

　ここでは、CO・OP共済を「組合員同士の助け合い」であると評価するか否かについて、年収や就業状況等の違いが関連しているかを確認するため、クロス集計を行う。
　クロス集計の枠組みと分析対象の限定は、前記2－(1)と同一である。
　(1) 夫婦合わせた年収との関係
　CO・OP共済を「組合員同士の助け合い」であると評価するか否かについて、夫婦合わせた年収とクロス集計したものが、**表10**である。
　ここから、次の5点を指摘することができる。①「組合員同士の助け合い」を肯定する割合は、年収「800万円～1,000万円未満」が82%、

表10　夫婦合わせた年収との関係

夫婦合わせた年収	CO・OP共済を知っている 組合員同士の助け合いである 肯定	否定	わからない	CO・OP共済を知らない	合計
400万円未満	26	0	10	15	51
	51%	0%	20%	29%	100%
400万～600万円未満	10	7	6	4	27
	37%	26%	22%	15%	100%
600万～800万円未満	14	1	6	4	25
	56%	4%	24%	16%	100%
800万～1,000万円未満	9	0	1	1	11
	82%	0%	9%	9%	100%
1,000万円以上	2	1	5	3	11
	18%	9%	45%	27%	100%
無回答	0	0	0	2	3
	0%	0%	33%	67%	100%

(注)上段は回答者数、下段は構成比で%未満を四捨五入している。

年収「600万円～800万円未満」が56%で、他の区分よりも高い。②「組合員同士の助け合い」を肯定する割合が低い区分は、年収「1,000万円以上」（18%）、年収「400万円～600万円未満」（37%）である。③「組合員同士の助け合い」を否定する回答は、年収「400万円～600万円未満」に多い。④「組合員同士の助け合い」であるか「わからない」とする割合は、年収「1,000万円以上」が45%で、他の区分より高い。⑤「CO・OP共済を知らない」割合は、年収「400万円未満」が29%、年収「1,000万円以上」が27%で、他の区分より高い。

　(2) 年収に占める組合員自身の収入割合との関係

　CO・OP共済を「組合員同士の助け合い」であると評価するか否かについて、年収に占める組合員本人の収入割合とクロス集計したもの

表11 年収に占める組合員本人の収入割合との関係

年収に占める自身の収入の割合	CO・OP共済を知っている 組合員同士の助け合いである 肯定	否定	わからない	CO・OP共済を知らない	合 計
0割	16	3	2	3	24
	67%	13%	8%	13%	100%
1〜3割	24	2	12	5	43
	56%	5%	28%	12%	100%
4〜6割	2	1	3	5	11
	18%	9%	27%	45%	100%
7〜9割	2	0	0	1	3
	67%	0%	0%	33%	100%
10割	8	0	3	3	14
	57%	0%	21%	21%	100%
無回答	9	3	9	12	33
	27%	9%	27%	36%	100%

(注)上段は回答者数、下段は構成比で%未満を四捨五入している。

が、表11である。

　ここから、次の4点を指摘することができる。①「組合員同士の助け合い」を肯定する割合は、自身の収入割合「0割」と「7〜9割」が67%で、他の区分よりも高い。ただし、「7〜9割」はサンプル数が少ないため、実態を反映していない可能性がある。②「組合員同士の助け合い」を肯定する割合が低い区分は、自身の収入割合「4〜6割」で18%である。③「組合員同士の助け合い」であるか「わからない」とする割合は、自身の収入割合「1〜3割」が28%、「4〜6割」が27%で、他の区分より高い。⑤「CO・OP共済を知らない」割合は、自身の収入割合「4〜6割」が45%で、他の区分より高い。

　(3) 前年と比べた年収の変化との関係

表12 前年と比べた年収の変化との関係

前年と比べた年収の変化	CO・OP共済を知っている 組合員同士の助け合いである 肯定	否定	わからない	CO・OP共済を知らない	合計
増えた	4	2	4	3	13
	31%	15%	31%	23%	100%
減った	26	5	17	15	63
	41%	8%	27%	24%	100%
変わらない	31	2	8	10	51
	61%	4%	16%	20%	100%
無回答	0	0	0	1	1
	0%	0%	0%	100%	100%

(注)上段は回答者数，下段は構成比で%未満を四捨五入している。

　CO・OP共済を「組合員同士の助け合い」であると評価するか否かについて，年収の変化（対前年比）とクロス集計したものが，表12である。

　ここから，次の4点を指摘することができる。①「組合員同士の助け合い」を肯定する割合が高い区分は，年収の「変わらない」組合員（61%）である。②「組合員同士の助け合い」を肯定する割合が低い区分は，年収の「増えた」組合員（31%），年収の「減った」組合員（41%）である。③「組合員同士の助け合い」であるか「わからない」とする割合が高い区分は，年収の「増えた」組合員（31%），年収の「減った」組合員（27%）である。

（4）自身のくらし向きに対する評価との関係

　CO・OP共済を「組合員同士の助け合い」であると評価するか否かについて，自身のくらし向きに対する評価とクロス集計したものが，表13である。

　ここから，次の4点を指摘することができる。①「組合員同士の助け

表13 自身のくらし向きに対する評価との関係

自身のくらし向きに対する評価	CO・OP共済を知っている 組合員同士の助け合いである 肯定	否定	わからない	CO・OP共済を知らない	合計
中の上	6	1	4	9	20
	30%	5%	20%	45%	100%
中の中	42	8	21	15	86
	49%	9%	24%	17%	100%
中の下または下	13	0	4	5	22
	59%	0%	18%	23%	100%

(注)上段は回答者数、下段は構成比で%未満を四捨五入している。

合い」を肯定する割合が高い区分は、自身の暮らし向きを「中の下または下」と評価する組合員（59%）である。②「組合員同士の助け合い」を肯定する割合が低い区分は、自身の暮らし向きを「中の上」と評価する組合員（30%）である。③「組合員同士の助け合い」を否定する回答が多い区分は、自身の暮らし向きを「中の中」と評価する組合員である。④「CO・OP共済を知らない」割合が高い区分は、自身の暮らし向きを「中の上」と評価する組合員（45%）である。

(5) 就業状況との関係

CO・OP共済を「組合員同士の助け合い」であると評価するか否かについて、就業状況とクロス集計したものが、**表14**である。

ここから、次の4点を指摘することができる。①「組合員同士の助け合い」を肯定する割合が高い区分は、「無職または専業主婦」の組合員（55%）である。②「組合員同士の助け合い」を肯定する割合が低い区分は、「フルタイム」で働く組合員（22%）である。③「組合員同士の助け合い」であるか「わからない」とする割合が高い区分は、「フルタイム」で働く組合員（33%）である。④「CO・OP共済を知らない」割合が高い区分も、「フルタイム」で働く組合員（39%）である。

表14　就業状況との関係

就業状況	CO・OP共済を知っている 組合員同士の助け合いである 肯定	否定	わからない	CO・OP共済を知らない	合計
フルタイム	4	1	6	7	18
	22%	6%	33%	39%	100%
パート・アルバイト・派遣	23	4	12	5	44
	52%	9%	27%	11%	100%
自営業主または家族従業者	6	2	1	3	12
	50%	17%	8%	25%	100%
無職または専業主婦	22	2	6	10	40
	55%	5%	15%	25%	100%
年金生活者	6	0	3	3	12
	50%	0%	25%	25%	100%
無回答	0	0	1	1	2
	0%	0%	50%	50%	100%

(注)上段は回答者数、下段は構成比で%未満を四捨五入している。

(6) 学校歴との関係

CO・OP共済を「組合員同士の助け合い」であると評価するか否かについて、学校歴とクロス集計したものが、表15である。

ここから、次の3点を指摘することができる。①「組合員同士の助け合い」を肯定する割合が低い区分は、「4年生大学・大学院以上」(35%)である。②「組合員同士の助け合い」であるか「わからない」とする割合が高い区分は、「短期大学・高等専門学校まで」(27%)である。③「CO・OP共済を知らない」割合が高い区分は、「4年生大学・大学院以上」(35%)である。

表15 学校歴との関係

学校歴	CO・OP共済を知っている 組合員同士の助け合いである 肯定	否定	わからない	CO・OP共済を知らない	合計
中学・高等学校まで	29 50%	5 9%	11 19%	13 22%	58 100%
短期大学・高等専門学校まで	25 49%	3 6%	14 27%	9 18%	51 100%
4年制大学・大学院以上	6 35%	1 6%	4 24%	6 35%	17 100%
無回答	1 50%	0 0%	0 0%	1 50%	2 100%

(注)上段は回答者数、下段は構成比で%未満を四捨五入している。

4 生協とかかわりと「組合員同士の助け合い」の評価

　ここでは、CO・OP共済を「組合員同士の助け合い」であると評価するか否かについて、生協とのかかわりの違いが関連しているかを確認するため、クロス集計を行う。

　クロス集計の枠組みと分析対象の限定は、前記2-(1)と同一である。

（1）生協加入期間との関係

　CO・OP共済を「組合員同士の助け合い」であると評価するか否かについて、生協加入期間とクロス集計したものが、表16である。

　ここから、次の3点を指摘することができる。①「組合員同士の助け合い」を肯定する割合が高い区分は、生協加入期間「10年以上20年未満」（54%）である。②「組合員同士の助け合い」を肯定する割合が低い区分は、生協加入期間「10年未満」（42%）である。③「組合員同

表16 生協加入期間との関係

生協加入期間	CO・OP共済を知っている 組合員同士の助け合いである 肯定	否定	わからない	CO・OP共済を知らない	合　計
10年未満	15	5	11	5	36
	42%	14%	31%	14%	100%
10年以上20年未満	25	0	8	13	46
	54%	0%	17%	28%	100%
20年以上	19	4	6	10	39
	49%	10%	15%	26%	100%
無回答	2	0	4	1	7
	29%	0%	57%	14%	100%

(注) 上段は回答者数、下段は構成比で%未満を四捨五入している。

士の助け合い」であるか「わからない」とする割合が高い区分は、生協加入期間「10年未満」（31%）である。

(2) 1か月の生協利用金額との関係

CO・OP共済を「組合員同士の助け合い」であると評価するか否かについて、1か月の生協利用金額とクロス集計したものが、**表17**である。

ここから、次の3点を指摘することができる。①「組合員同士の助け合い」を肯定する割合が高い区分は、利用金額「1万円以上2万円未満」（57%）である。②「組合員同士の助け合い」であるか「わからない」とする割合が高い区分は、利用金額「4万円以上」（46%）である。③「CO・OP共済を知らない」割合が高い区分は、生協を「利用していない」組合員（38%）である。

(3) 生協利用業態との関係

CO・OP共済を「組合員同士の助け合い」であると評価するか否かについて、生協利用業態とクロス集計したものが、**表18**である[10]。

共済に対する「相互扶助」意識に関する検証

表17 1か月の生協利用金額との関係

1か月の 生協利用金額	CO・OP共済を知っている 組合員同士の助け合いである			CO・OP共済 を知らない	合　計
	肯　定	否　定	わからない		
利用してい ない	7	0	3	6	16
	44%	6%	19%	38%	100%
1万円未満	17	2	7	8	34
	50%	4%	21%	24%	100%
1万円以上 2万円未満	16	1	5	6	28
	57%	23%	18%	21%	100%
2万円以上 3万円未満	6	3	0	4	13
	46%	11%	0%	31%	100%
3万円以上 4万円未満	8	2	4	4	18
	44%	8%	22%	22%	100%
4万円以上	6	1	6	0	13
	46%	0%	46%	0%	100%
無回答	1	0	4	0	5
	20%	0%	80%	0%	100%

(注)上段は回答者数，下段は構成比で％未満を四捨五入している。

　ここから，次の2点を指摘することができる。①複数の業態を併用している組合員は，1業態のみを利用している組合員に比べ，「組合員同士の助け合い」を肯定する割合が高く，76％である。②「CO・OP共済を知らない」割合が高い区分は，「店舗のみ」を利用する組合員（38％）である。

表18　生協利用業態との関係

生協利用業態	CO・OP共済を知っている 組合員同士の助け合いである 肯定	否定	わからない	CO・OP共済を知らない	合計
店舗のみ	14	1	5	12	32
	44%	3%	16%	38%	100%
個人配送のみ	10	2	5	4	21
	48%	10%	24%	19%	100%
共同購入のみ	20	4	11	7	42
	48%	10%	26%	17%	100%
複数業態の併用	13	2	1	1	17
	76%	12%	6%	6%	100%
無回答	2	0	6	0	8
	25%	0%	75%	0%	100%

(注)上段は回答者数、下段は構成比で%未満を四捨五入している。

終わりに

　本研究の第一の目的は、CO・OP共済に対してエフコープ組合員が「相互扶助」意識をどの程度共有しているかを検証することである。この点については、前記1．で述べたが、エフコープ組合員137人の45%がCO・OP共済に対して、「相互扶助」意識を共有しているとの結論が得られた。「相互扶助」を共有していない組合員には、①CO・OP共済を知らない組合員、②CO・OP共済を知ってはいるが、「相互扶助」であるかどうか分からない組合員、③CO・OP共済を知って、「相互扶助」を否定する組合員、の3類型がある。①と②がそれぞれ21%であり、③は7%に過ぎない。

表19 「相互扶助」意識を共有する割合の高い区分と低い区分

項　目	「相互扶助」意識を共有する割合が高い区分	「相互扶助」意識を共有する割合が低い区分
組合員本人の年齢	40歳未満	―
家族構成	―	3世代家族
生計を共にしている家族の人数	5人以上	4人
扶養している子供数	1人 3人以上	2人
夫婦合わせた年収	600万円～800万円未満 800万円～1,000万円未満	400万円～600万円未満 1,000万円以上
年収に占める組合員自身の収入割合	0割	4～6割
前年と比べた年収の変化	増減なし	増減あり
自身のくらし向きに対する評価	中の下または下	中の上
就業状況	無職または専業主婦	フルタイム
学校歴	―	4年生大学・大学院以上
生協加入期間	10年以上20年未満	10年未満
1か月の生協利用金額	1万円以上2万円未満	―
生協利用業態	複数の業態を併用	―

　本研究の第二の目的は，エフコープのどのような組合員がCO・OP共済に対して，どの程度「相互扶助」意識を共有しているかを検証することである。この点については前記2.から前記4.で分析した。その結果をもとに，「相互扶助」意識を共有する組合員の割合が高い区分と低い区分を整理し，**表19**の結論が得られた。

　本研究の第三の目的は，CO・OP共済に対して「相互扶助」意識を共有していない組合員の割合が高い集団の特性をエフコープ組合員のデータをもとに検証することである。この点については，前記2.から前記4.で分析した。その結果をもとに，CO・OP共済を知らない

表20　CO・OP共済を知らない組合員の割合が高い区分と「相互扶助」であるかどうか分からない組合員の割合が高い区分

項　目	CO・OP共済を知らない割合が高い区分	「相互扶助」であるかどうか分からない割合が高い区分
組合員本人の年齢	50歳代 60歳以上	40歳代
家族構成	夫婦のみの家族	3世代家族
生計を共にしている家族の人数	2人以下 3人	―
夫婦合わせた年収	400万円未満 1,000万円以上	1,000万円以上
年収に占める組合員自身の収入割合	4～6割	1～3割 4～6割
前年と比べた年収の変化	―	増減あり
自身のくらし向きに対する評価	中の上	―
就業状況	フルタイム	フルタイム
学校歴	4年生大学・大学院以上	短期大学・高等専門学校まで
生協加入期間	―	10年未満
1か月の生協利用金額	利用していない	4万円以上
生協利用業態	店舗のみ	―

組合員の割合が高い区分と，CO・OP共済を知ってはいるが，「相互扶助」であるかどうか分からない組合員の割合が高い区分を整理し，**表20**の結論が得られた。

〈注解〉
（1）日本コープ共済生活協同組合連合会発行『CO・OP共済　事業のご報告 ANNUAL REPORT 2010』p37
（2）日本生活協同組合連合会政策企画部編集・発行『2009年度全国生協組合員意

識調査報告書（詳細版）』p4

（3）エフコープ分を含む全国のデータでは，CO・OP共済を「知っている」組合員の割合が約67％，「知らない」組合員の割合が約27％，無回答が約5％である（日本生活協同組合連合会政策企画部編集・発行『2009年度全国生協組合員意識調査報告書（詳細版）』p20）。CO・OP共済を「知っている」組合員の割合は，エフコープ分に比べ，約8％低い。

（4）エフコープ分を含む全国のデータでは，「生計を共にしている家族のうち1人以上がCO・OP共済に加入している組合員」の割合（全組合員に対する割合）が約33％である（同上p140をもとに算出）。この割合は，エフコープ分に比べ，約4％低い。

（5）エフコープ分を含む全国のデータでは，全組合員の約36％が「組合員同士の助け合い」を肯定している（同上p142をもとに算出）。この割合は，エフコープ分に比べ，約9％低い。

（6）エフコープ分を含む全国のデータでは，CO・OP共済に加入している組合員の約75％が「組合員同士の助け合い」を肯定している（同上p145をもとに算出）。この割合は，エフコープ分に比べ，約5％低い。

（7）エフコープ分を含む全国のデータでは，CO・OP共済に加入している組合員の約18％が「組合員同士の助け合い」について「わからない」としている（同上p145をもとに算出）。この割合は，エフコープ分に比べ，約6％高い。

（8）サンプル数が少ないため参考値ではあるが，「その他」の内訳は次の通り。

家族構成	CO・OP共済を知っている 組合員同士の助け合いである 肯定	CO・OP共済を知っている 組合員同士の助け合いである 否定	CO・OP共済を知っている 組合員同士の助け合いである わからない	CO・OP共済を知らない	合計
母子・父子家族	4	0	0	4	8
	50%	0%	0%	50%	100%
単身	4	0	2	1	7
	57%	0%	29%	14%	100%
自分と親からなる家族	0	0	2	3	5
	0%	0%	40%	60%	100%
不明	1	0	0	0	1
	100%	0%	0%	0%	100%

（注）上段は回答者数，下段は構成比で％未満を四捨五入している。

(9) 家族構成と組合員本人の年齢は次の通り。

家族構成	40歳未満	40歳代	50歳代	60歳以上	無回答	合計
夫婦のみの家族	0	0	6	12	1	19
夫婦と子供からなる家族	22	25	12	4	6	69
3世代家族	1	8	9	1	0	19
母子・父子家族	0	4	3	1	0	8
単身	0	1	1	5	0	7
自分と親からなる家族	1	0	2	2	0	5
その他	0	1	0	0	0	1

(注)表の数値は回答者数

(10) サンプル数が少ないため参考値ではあるが,「複数業態の併用」の内訳は次の通り。

生協利用業態	CO・OP共済を知っている 組合員同士の助け合いである 肯定	否定	わからない	CO・OP共済を知らない	合計
店舗と個人配送の併用	4 / 67%	1 / 17%	0 / 0%	1 / 17%	6 / 100%
店舗と共同購入の併用	7 / 88%	1 / 13%	0 / 0%	0 / 0%	8 / 100%
個人配送と共同購入の併用	2 / 67%	0 / 0%	1 / 33%	0 / 0%	3 / 100%

(注)上段は回答者数,下段は構成比で%未満を四捨五入している。

〈参考資料〉

・日本コープ共済生活協同組合連合会発行『CO・OP共済 事業のご報告 ANNUAL REPORT 2010』(2010年)
・日本生活協同組合連合会政策企画部編集・発行『2009年度全国生協組合員意識調査報告書(詳細版)』(2009年)

第3部

参考編

「FPから見た生協の共済」
~暮らしを支える草の根の連帯を結び直す~

◎ファイナンシャルプランナー
内藤 眞弓

I　はじめに

　私は生命保険会社で13年間営業に携わった後，ファイナンシャルプランナー（以下FP）として独立して15年になります。現在，FPとしての活動は次の3つを柱にやっております。

　第1の柱が個人の相談をお受けすることです。第2が執筆活動で，できるだけたくさんの方に「お金に関する考え」「生活に対する知恵」などを広めていきたいと思っています。第3の柱は，このようなところで話をさせていただくこと，セミナーや講演会の講師としての仕事です。第1の柱である個人のご相談をお受けすることが，いろいろな学びや気づきをいただく機会になっており，それが原稿やお話をすることに生きていくという，3つの柱がいい関係で回っているのが現状です。

　私がFPになってからの15年を振り返りますと，世の中はずいぶん様変わりしたという感覚を持たざるをえません。FPの道具である「キャッシュフロー表」を例に挙げるとその変化はよくわかります。キャッシュフロー表というのは，あるご家庭の将来にわたっての収入と支出を予測し，今の貯蓄が将来幾らになるのかを予測するものです。そのキャッシュフロー表をもとに，望む暮らしが実現できるだろうか。実現させるためには何をどうすればいいのだろうかということをお客様と一緒に考え，アドバイスを行うのです。

　FPになったばかりの1996年頃，収入の予測は年3％ずつ上昇すると見込んでいました。今から考えるとばかばかしいくらいの，のどかな時代だったと思います。それが，どうもこの通りにはいかなそうだと，2％になり1％になり，場合によってはもう増えない，あるいはちょっとずつ減っていくようなシミュレーションをしましょうといった状況にまで変わっていきました。

　このような移り変わりを見ているうちに，保険・共済だけではなく

マネープラン全体，そして暮らし全体につながることなのですが，市場にどっぷり浸かる暮らしでは安定が得られないのではないか，そのようなことを考え始めました。

たとえば連帯経済というような，市場とは別の経済圏，あるいは地域圏，暮らしの場を持つことによって，一人ひとりの暮らしが安定し，たくさんのお金がなくても心穏やかに生きていけるのではないでしょうか。暮らしを市場に委ね過ぎると，お金がないと暮らせなくなってしまいます。雇われる暮らしだけに頼っていると，雇用が切れたときに破綻を迎えてしまいます。

「お金をためましょう」「投資をしましょう」も大切なことですが，それだけではなくて，市場とは別の連帯の場をどうやったらつくれるのか，少しのお金で心豊かに暮らすにはどうすればいいのかといったことを，この4〜5年考えてきました。

このような私自身の問題意識を織り込みながら，「暮らしにおける保障」と「共済」という商品の位置づけについて感じていることをお伝えできればと思っています。「暮らしを支える草の根の連帯を結び直す」とサブタイトルをつけました。私は「共済」が人々の暮らしにおける楔のような役割を果たせないものかと考えておりまして，その期待を込めたものです。

本日は，まず，民間の生命保険会社が販売している保険の現状と問題点をお話します。次に，協同組合が「共済」を売ることの意味も含めて「共済」をどのように感じているかをお話したいと思います。

II　民間生命保険会社の販売手法の問題点

1　不安を喚起するセールス手法

私自身も売り手だった時代がありますので，売り手側の気持ちは分かっているつもりです。一方，商品を売るのではなくコンサルティン

グだけで仕事をする立場になってみますと，お客様と売り手側には大きな溝があることに気付かされました。最近は重要事項説明とか注意喚起情報など，契約締結までに踏まなくてはならない手順に関するルールは整備されてきたと思います。ではそれで解決したかというと，実は全く解決していないという印象を持っています。

　その溝はどのようにして発生するのかといえば，一つには不安を喚起するセールスです。テレビなどを見ていますと「医療費の自己負担が大変」とか「差額ベッド代はこんなにかかりますよ」「長生きすると老後の生活は不安」など，不安を喚起する売り方が盛んです。特に今は，先進医療特約をつけた医療保険をずいぶん熱心に売っています。これについては後ほどまたふれます。

　本日の新聞に，「公的医療保険だけで医療費をまかなえると思うか」が35.6％で，1996年以来の高水準であるという生命保険文化センターの2010年度の生活保障に関する調査結果が出ていました。これには絶句しました。日本は国民皆保険制度でみんな健康保険に加入しています。病院に行って「自由診療してください」と言う人はほとんどいないと思います。健康保険証を持って病院で診察を受けることを当たり前のようにやっているにもかかわらず，公的医療保険だけで医療費がまかなえると思っている人が35.6％しかいない。しかもそれが高水準だというのです。

　アンケート調査には，質問の仕方や選択肢に何を持ってくるかによって結果を左右する怖さがあります。しかし，この結果の裏には，公的医療保険だけではまかなえないかのような空気を醸成していることにも原因があるように思えます。また，新聞などで医療崩壊とか救急たらいまわしの報道がされています。そのようなことが重なって，公的医療保険制度への不信感が進んでいるような気がします。公的医療保険は公共財であること，人々が適切に上手に使っていくべきものであるという教育が全くされていないところに大もとの原因はあるのだろうと思います。

保険診療で臓器移植まで受けられ，CTスキャンは全ヨーロッパ中と同じ台数がある日本。そういう国であるにもかかわらず，満足度は最下位レベルです。でもWHOの評価は1位です。非常に低いコストでこれだけの医療をやっているのです。その背景には，医療従事者たちの連続36時間労働などの苛酷な実態があり，医療崩壊とさえ言われるような状況です。でも，なかなか理解は進みません。

人々の公的医療保険制度に対する不信には，保険会社の不安を喚起するセールスもかかわっているのではないかと常々感じています。医療費の自己負担を過大にアピールする手法には，数年前に畑違いの厚労省から保険会社に注意がいったようで，今は小さくパンフレットなどに「高額療養費は考慮していません」と書くようにはなりました。かつてはそういう文言もありませんでした。

ただ相変わらず差額ベッド代はパンフレットなどに，「30日入院して1日1万円だったら30万円です」というのが出ています。ただこれもいろいろ指摘があったのだと思います。「治療の必要性がなく本人が希望した場合」との前提がつくようになりました。でも小さい字です。

最近では，先進医療がまるで夢の治療であるかのようにテレビなどでも宣伝し，先進医療特約付の保険の販売につなげています。先進医療とは実験段階の治療です。高額療養費や差額ベッドならまだお金の問題だけで済むのですが，命にかかわる問題です。先進医療が余りにも大きく宣伝されるがために，医療現場にちょっとした混乱を招いているそうです。初めてがんだと告知された人が，いきなり「重粒子線治療を受けられますか？」と言うのだそうです。

現場の医師は「あなたの場合は標準治療がありますから，重粒子線治療をしなくても大丈夫」と言うのですが，その「標準治療」という言葉でがっかりするのだそうです。つまり，標準治療は大した医療ではないとの誤解があるようです。標準治療とは国際的にもこれが効くという根拠のある治療のことです。日本の中で先進医療とされているものは，今後，保険診療に収載するかどうかを評価する段階の治療で，

効かなければ外される可能性もあります。そういうものであるにもかかわらず，余りにも広告宣伝が行き届いて，これを受ければ治ると思ってしまうのです。

　不安を喚起されて「保険に入らなきゃだめなのね」と思った方は，当然「保険に入れば大丈夫」と思います。「保険さえ入っておけば万一の備えは万全」と思ってしまいます。そうなると，過剰な期待，幻想，あいまいさなどを内包したままの加入になってしまいます。その期待が結果よりも大きくなると当然，「こんなはずではなかった」と不満や幻滅になってきます。少し前に不払いや請求漏れが社会問題になりましたが，それはあいまいなまま契約してしまったとか，幻想を持ってしまった，過剰な期待を持ってしまったということも，裏にあるのではないかと感じています。

2　契約であることの認識が薄い

　ご相談をお受けしていると，「加入のときだけうまいこと言うんですよね。あれも出る，これも出るって」とか「やたらと不安ばかりあおって」「難癖つけて払いたがらない」などとおっしゃる方もいます。実際はどうかわからないのですが，顧客がそのように受けとめていることは歴然とした事実です。

　入口（契約）の段階であいまいなまま加入してしまったとしても，出口つまり「請求する」「給付を受ける」段階はあいまいではありません。冷徹な契約ですから，支払事由を満たさないと受け取れません。入口のルールがきちんと守られていないと，払われないことも多々あります。その入口と出口のギャップに戸惑われることになるのです。

　情報の格差，非対称というところで売り手側に問題はあると思いますが，買い手側に問題がないわけではありません。一般的に「契約」であるという意識が薄いのです。「難癖をつけて払いたがらない」という方に事情をよくよく聞いてみますと，証券をなくしていたとか，引っ越ししたのにまだ住所変更ができていなかったとか，契約者が亡

くなっても契約者変更をしていなかったなど，メンテナンスの不備によるものが多いのです。また，必要書類が整っていないために，「あれ出せ，これ出せ」と言われているうちに，「保険会社はうるさい」と癇癪を起してしまう人もいます。

でも，保険はそういうものです。書類がきちん整わないのに払っていいものではありません。受け取るべき人の手に確実に届ける責務が保険会社にはあります。本来受け取る資格のない人に払ったら大変なことになります。しかし，入口の段階でエモーショナルに不安を喚起して加入を促しておきながら，きちんとした説明をしないまま，出口で「契約だ」といきなり言われても，というのは無理からぬことと思います。入口と出口をきちんとつなぐためには，「契約」であることを理解できるように説明した上で契約に結び付けるべきだと思います。けれどもそれができていません。

Ⅲ　民間保険会社の「多様なニーズにこたえる」複雑な商品

1　アンケートやデータで誘導

保険会社は新商品の説明会で「消費者の皆様方の多様なニーズにこたえて」と言ってアンケート調査の結果や各種データを出します。介護が心配だとか，医療費に不安を持っているとか，いろいろなデータを見せて，「だから，お客様の声に応えるために新しい商品を開発したんです」とおっしゃるのです。しかし，アンケートの質問の仕方自体が誘導していると感じるものや，データを都合よく解釈しているものもたくさんあります。

例えば最近の医療保険は，保険期間は終身で1入院60日が限度というのが主流です。「入院日数は短くなっています。平均入院日数がどんどん短くなっているので，1入院が60日でも十分対応できます」と言う一方で，データを根拠に「1日当たりの医療費の負担は重くなっ

ている」と言うわけです。入院日数が短くなっても，必要な医療行為は従来通り行われますから，1日当たりの金額が高くなるのはある意味当然です。

　しかし，保険会社の方は「手術は特約から外せるようにしました。その分保険料が安くなります。1日あたりの入院日額をもっと増やせますよ」と言うのです。しかし，一般的に入院料よりも手術に関する費用のほうが高く，入院日数が短くても手術をすると自己負担は大きくなります。入院が短くても，あるいは日帰り手術でも，手術給付金があればある程度まとまったお金がもらえます。この手術給付金こそが肝であるにもかかわらず，1日あたりの医療費が高いところにフォーカスして，手術を外して入院日額を上げるという誘導をしています。これは一つの例ですが，結果を導くためにアンケート調査などを使って誘導することもたくさんあると感じています。

2　情に訴えやすく売り易い商品の開発

　そして，情に訴える商品の開発。ある会社では乳房再建術の特約をつけました。何百円かでつけられるものです。「これで女性職員が売りやすい商品になった。こういうものを求めていたと評判なんです」とおっしゃる。「その特約をつけるためには，死亡保障は最低幾ら買わなければいけないんですか」と聞くと，その当時，「1,500万円は買ってもらいますよ」。つまり，特約だけは何百円なのに保険料全体だと1万円くらいになってしまいます。

　別の保険会社の方は「我々は，職員一人一人がきちんと生活できるだけの収入になるような商品を開発する使命がある」とおっしゃっていました。それは，会社としては正しいやり方なのかもしれません。つまり，保険会社は情に訴えて売りやすい商品を開発し，売る人はいいことをしていると思って売ります。特約としてセットにし，大量に売ることによって，その方のまとまった年収につながるという循環です。

　会社としては正しいやり方だとしても，消費者にとってはどうなの

でしょうか。情に流されて，あれも心配，これも心配で買っている場合ではありません。営業職員さんたちが，ごまかしではなく本当の意味で誇りを持って売れる商品にしてほしいと思います。

　多様なニーズをどんどん追求していくと，支払条件が複雑なものをつくらざるを得なくなっていきます。複雑化していけばいくほどわかりにくさにつながっていきます。これもある商品説明会での話です。生命保険は一般的に，養老保険だろうと終身保険だろうと高度障害とセットです。死亡1,000万円の契約なら高度障害でも1,000万円出ます。その会社では障害保障と死亡保障を2つに分けた商品の開発をしました。障害保障は所定の要介護状態で年金を支払うものですが，高度障害もカバーしています。そのため死亡保障に本来付いている高度障害保障機能を外し，保険料を安くしたそうです。

　「では一方の障害保障は，もちろん死亡保障を外しているんですよね」と質問すると，障害保障には死亡保障が付いているのだそうです。例えば，要介護状態になったら年金が100万円ずつ10回出る商品だとイメージしてください。でも，障害年金を受け取らずに死亡したときには100万円×10回＝1,000万円の死亡保険金が出るのです。死亡保障のほうは高度障害機能を外したのに，障害保障のほうは死亡保障機能を付けたままなのです。

　「なぜですか？　死亡保障を外して障害保障だけにすればもっと保険料が下げられるではないですか」と申し上げました。すると商品開発の方が「この保険は複雑なんです」とおっしゃいました。「要介護状態というのは支払条件が複雑なので請求できないと思います。保険会社に電話するのは，その方が亡くなったときだと思うんですよ」と，喜々としておっしゃるのです。「こっちの死亡保障は出るけれども，こっちは要介護状態のときだけですと答えると苦情になる可能性があります。だから，死亡保障も一緒にしておけば苦情にならなくて済むんです」と。

　本末転倒な話なのですが。それだけ複雑で請求できないものだとわ

かっていて作っているのが驚きでした。「死亡を外して保険料を安くし，請求漏れのないように定期的に訪問すればいいのではないですか」と申し上げたら，そのような発想はまるでなかったかのようにキョトンとしていました。その数年後に請求漏れとか不払いがたくさん出た会社です。

つまり，どっちを見ているかわからないのです。契約者がお客様ではなくて，売り手である代理店や営業職員がお客様なんだろうなという印象を持ちました。決して売っている人に悪気があるわけではありません。売っている人は多分，役に立つのだと思って一生懸命売っていると思います。

買い手も売り手も過剰な期待を持ってしまう商品。多様なニーズをどんどん追求するがゆえに，そうなっていっているのではないでしょうか。私はそもそも，「多様なニーズ」を保険で解決するのは無理があると思っています。数々の特約が生活者の手足を縛る結果になってしまっているのではないでしょうか。

IV 意識しないままに「公共」をおとしめる手法

そして，売っている人たちも国民の一人として公的保障の恩恵にあずかっているにもかかわらず，目先の会社益のために公共財をおとしめるようなセールス手法は天に唾を吐く行為だと思います。

自己負担の重さを過大に訴える手法についてはすでに述べましたが，差額ベッド料を「かかる費用」のように積算することもその一つです。差額ベッド料はかかるものではなく，かけるものです。希望しないとかかりません。治療上の必要性があるとか，あるいは感染するとかで病棟管理の都合上，そして同意書の確認をとっていない場合，かかりません。本人が希望していない場合は徴収してはいけないと厚生省の時代から繰り返し通知が出ているにもかかわらず，まるでかかるかの

ように思わされてしまっています。

一方で病院も，本当はとってはいけないにもかかわらず差額ベッド料をとっているケースが多くあります。その背景としては，医療現場にお金が回らず経営が厳しいため，差額ベッド料で凌いでいるという構造があるのですが，財源不足のしわ寄せが患者という弱い立場にいくのはやはりおかしな話です。民間の保険や任意の自助努力で差額ベッド料をカバーしましょうというのでは，本質的な解決には結びつきません。先進医療を「夢の治療」のように喧伝することの愚も先ほど述べた通りです。

平成24年以降，生命保険料控除が拡大されます。それが実は「かんぽ」の業容拡大とのバーターだったという話を聞きました。私は脱力しました。何年か前に生命保険業界から，生命保険料控除をもっと大きくしてくれという要望書が出ています。その要望書によりますと，生命保険料控除によって減収となる税金は民間生保分だけで年間で1,761億円です。税収は減るけれども，13兆円の給付実績があると主張しています。また，13兆円という金額は社会保険給付の約23％を占めているとも述べています。しかし，生命保険の給付は必要に応じて給付する社会保障ではありません。保険会社が選別した一定程度の健康体で保険料を払える人を対象とするプライベートな契約です。収益から社会に還元しているわけでもなく，同じ土俵で語れるものではありません。

これだけ財源不足が叫ばれ，福祉に回すお金がないという現状で，さらに控除枠を増やすとは，本当に空気が読めない業界だと思いますし，政治も情けないと思います。私が生命保険協会の会長だったら「保険料控除はやめにしよう。それによって何千億と浮くお金を福祉に回してもらおうではないか」と加盟生保を説得し，歴史に名を残すのにと妄想をしたりしています。

V　暮らしにおいて「保険・共済に入る」ことの意味

　では，暮らしという切り口で「保険・共済へ入る」意味を考えてみます。FPとして相談を受ける際には，まずその人の手取りを計算します。生活設計をする上では，事業運営と同じで予算が確定しないと始まりません。まず，幾ら年間で使えるのかという金額を割り出します。それが可処分所得です。収入から税金や社会保険料を引いた可処分所得を出すところからスタートします。この可処分所得は，21世紀に入ってからどんどん減っています。これからも多分減るのでしょう。年収が変わらなくても，いろいろな制度改革で可処分所得は減っていますが，年収そのものも右肩上がりの時代ではなくなっています。

　使えるお金がどんどん減る中で掛け金や保険料を払うと，ますます使えるお金が減ってきます。可処分所得から掛け金や保険料を払った残りのお金を日常生活費，冠婚葬祭，住まいの改築，レジャー，電化製品の買いかえ，通院の治療費，教育費，介護費用等々に配分します。

　確かに保険料・掛け金はただ払うだけのものではなく，所定の入院，通院，手術といったときには給付が受けられます。一方，それ以外に回すお金はどんどん減っていきます。家計はすべてつながっていますから，保険料や掛け金を払うことによって使えるお金がどんどん少なくなっていきます。ということは，「保険金や給付金の支払事由は満たさないけれどお金がかかる」という日常茶飯事のリスクが膨らんでいくのです。宇都宮健児さんなどがおっしゃっていますが，多重債務になるきっかけの多くはギャンブルや遊興費ではなく，ちょっとした生活費の補てんや親戚の冠婚葬祭などだそうです。

　保険料・掛け金が大きくなることによって貯蓄が増えにくくなります。たとえば，貯蓄が少ないために，家を買おうと思ったときに頭金が少なくなってしまいます。頭金が少ないと借り入れ額が大きくなり，長いローンを組まざるをえなくなります。結果的に，それは老後にま

で影響を及ぼします。ローン負担が重さは子供の教育費にも影響します。

　つまり，保険料・掛け金だけのことにとどまらず，一つのお金回りの行動が，そのほかのいろいろなところに影響を及ぼすのです。それは「今」という時間軸だけではなく，「将来」に向かっても影響を及ぼします。1万円の保険料負担が1年間では12万円，10年では120万円，20年で240万円になります。今どんなお金回りの行動をとっているかということが，1年後や2年後は大した差がなくても，10年，20年になると結果は大きく違ってきます。保険料や掛け金を払ってまでカバーするべきリスクなのかどうか。そういう視点も欠かせないだろうと考えています。

Ⅵ　協同組合が保障を売ることの意義

1　シンプルな商品ほど多様なニーズに応える

　私の希望を申し上げます。私が共済に期待することは，保険とは一線を画し，同じ土俵で闘うのはやめようということです。「同じ土俵には乗っていない」と言われるかもしれませんが，印象としては，「人によっていろいろなニーズがあるよね」「保険会社はいろんな商品を出してるよね」「共済も負けずに頑張らなくては」といった流れで民間生命保険会社の後追いをする方向に向かっているのではないかと危惧しています。

　共済独自の土俵，例えば商品をシンプルに。シンプルな商品で多様なニーズが満たせるのかと言われそうですが，私は，シンプルだからこそ満たすのだと思っています。シンプルであれば，多様なニーズへの対応は可能です。先ほど例をお示しした，いろいろな特約がついている保険。当然ながら保険料は高いです。一生その保険とつき合うと何百万円という支出になります。

見直そうにも複雑すぎてどう見直ししていいか分からない人が大半でしょう。特約がたくさん付いて良さそうに見えるのですが，何の役に立つのかわかりません。一つ一つ約款を見ていくと，何ページもわたって支払事由が細かく規定されています。多様性どころか，複雑な支払事由を満たさなければ給付につながらない，ガチッとした硬直的な特約がたくさん重なっているのです。重ねれば重ねるほど保険料は高くなりますから，先ほどの「使えるお金が減る」ということにつながります。

　シンプルで割安なものにしておけば使えるお金が増えます。家計にとっては，保険であろうが貯蓄であろうが必要なときに必要なお金があればいいんです。シンプルで安いものであれば貯蓄ができます。貯蓄をすることが自家保険，現金という保険になるのです。そうすると多様なニーズに対応できるようになります。

　商品はシンプルにする。そして個々の暮らしは多様なので，多様な暮らしに寄り添う保障設計を提供する。これが共済の役割ではないでしょうか。

2　保険・共済の「実体」と「限界」を伝える

　そして，保険・共済の「実体」と「限界」までも含めて伝えるという，保険会社がやらないことにまで踏み込むことです。保険・共済には，貯蓄とは違う独自のメカニズムがあると思います。そのメカニズムを伝えるのです。ここまで伝えて初めて自己責任ということが言えるのではないかと考えています。さらに公的保障の正しい知識を伝えていくことです。「公共財」であること，「みんなで助け合うもの」であることを伝えていくのです。

　共済は一つの商品かもしれませんが，それらを実現することによって，「組合員であること」そのものが「保障」になると感じていただけるのではないでしょうか。共済という一つの切り口を通して「つながっている」という安心，力強さ，心強さを感じていただける。そう

していくべきではないのかと考えています。

　では，保険・共済の実体とは何かと言えば，まず「現金給付」であるということです。これは当然過ぎることのようですが，ご相談にお見えになった方にこのことを申し上げると「言われてみれば，そうですよね」と改めて納得なさいます。つまり，無意識のうちに過剰な期待を醸成しているのです。いろいろな心配事があるので，「どの保険がいいかしら」「やっぱり共済かしら」などと思いながら相談に来るわけです。でも「給付されるのは現金ですから，別に死なない保険でもないし，病気にならない保険でもありません。よい治療，よい介護が受けられるものでもありません」とか「現金給付だから，その分，現金があればいいんですよ」といったことをさらっと申し上げると「そう言われてみれば，そうですね」と脱力した感じになってしまいます。

　既に入っているさまざまな保険証券を持っていらした方に，「たくさんお入りになっていますね。保険料の負担が大変ですね。何を期待されていますか？　何のためにお入りになりましたか？　ご心配なことをお聞かせください」と言うと，皆さん戸惑われたように「何かあったときのために」とおっしゃいます。でも保険は，何かあったときに役に立つものではありません。支払事由を満たしたときに現金が給付されるものです。そして支払事由は約款で規定されています。

　「何かあったときのために」とおっしゃるので「何かってどんなことでしょう？」とさらに聞くと，「そんなことまで考えたことがなかった」とおっしゃいます。考えたこともない「そんなこと」に年間何十万円も保険料を払っているという，これはびっくりすることではないでしょうか。デパートに買い物に行き，何に使ったかはわからないけれども，お金を払ってきてしまったということは普通あり得ません。けれども保険はそれがあり得てしまうのです。これはすごく不思議な現象です。

　ぜひ伝えていただきたいのは，この「支払事由に該当しないと受け取れない」ということです。ただし免責事由に該当すれば，いくら支

払い事由を満たしていてもだめです。別に読み合わせする必要はありませんが，約款などをお見せして，こんなふうに決められているということをお示ししてほしいのです。障害保障定期保険など何ページにもわたるものを,「見てください。この10年の保険期間中にこのような症状に該当しなければ，出ませんよ」ということを，パラパラと見せるだけでも結構びっくりされます。「病気になれば出るんじゃなかったんですか」とかいうような反応をされます。

保険・共済は，みんなで支え合っている商品なので，場当たり的に保険金や給付金を出すわけにはいきません。公平性を担保するためには支払事由にもとづいて給付すべきものは速やかに給付し，該当しないものには給付してはいけないのだということを，保険や共済の意義も含めてきちんと伝えるべきだと思います。

3 「請求」を予定しない保険・共済はない

そして，保険・共済は加入が目的ではありません。当たり前のことのようですが，結果的に加入が目的になっている人がたくさんいます。たとえ契約時に嘘をついてでも，何が何でも入りたいという人が時々います。「そこまでする価値があるものかどうかを見極めましょう」と，受け取れる給付金の限度ですとか，ルール違反をすれば実際には払われないことが多いという話をします。

保険・共済は，必ず「請求」を予定しています。請求を予定しない保険や共済はあり得ません。請求がスムーズに行われ，速やかに給付を受けられるような加入の仕方やメンテナンスをしておかなければいけないという理解が重要です。

契約時には，保険者つまり保険会社による選択があります。身体上・環境上・道徳上の危険を排除もしくは一定範囲に抑えるための選択で，告知内容はそのための大切な情報です。これも時々,「保険会社は変ですよね」とおっしゃる方がいます。「話したくもないような個人情報を聞いてくる」。私は「それが本当に嫌だったら貯蓄にするしかあ

りません」と申し上げます。告知とは，ある保障内容を保険会社が定める価格で引き受けるかどうかを判断する材料となるものです。余りにも危険が大きいと判断すれば保険料を割り増しするとか，削減するなどの条件を付けることもあります。それは契約者間の公平性を保つためです。保険の特性を踏まえて，このようなことをきちんと説明すれば，皆さんわかってくださいます。

契約から請求まで，終身保険だと50年以上になるかもしれません。メンテナンスを怠ると給付につながらないこともあります。こういう例がありました。転勤がすごく多い方で，頻繁に引っ越しをされていたそうです。そのたびに住所変更をしていたのですが，うっかり1回し忘れてしまいました。その間にたまたま満期がきてしまったのです。「そういえば，あの保険」と思って尋ねると，「もうお知らせは出しました。再び通知は出せません」とけんもほろろの扱い。「もう満期保険金は受け取れないのでしょうか」とおっしゃるので，「そんなことはありません。事情をきちんと説明して，住所変更が遅くなったのでと言えば，大丈夫ですから」と申し上げました。

もう一つの例です。高度障害状態になりました。約款では被保険者が受け取ることになっています。診断書から被保険者が高度障害の状態を満たしていることは認められました。しかし，被保険者自身は受け取れない状態でした。指定代理請求人制度もないころの古いもので，指定もしていませんでした。そこで，死亡保険金の受取人である子どもがかわって請求しようとしたときに，法定相続人全員から承諾書と戸籍抄本や印鑑をもらわなくてはならないと言われました。ところが行方不明の人が一人いるために受け取れません。高度障害状態なので面倒をみなければならない。保険金があればずいぶん楽になるけれども受け取れない。結局，裁判所で後見人になるための手続きをすることにしました。

最初は，「後見人制度というのがあるので，それをやったらどうですか」と言ったら，すごく面倒くさいと思っていたらしいのです。で

も,「裁判所へ行って粛々とやれば,行方不明の人を探すよりよほど早くできますから,そうしたほうがいいですよ」と申し上げました。この例が示すように,保険や共済はただ入っておけばもらえるものではありません。請求して初めてもらえるものであり,請求する人がいることがまず前提です。指定代理請求に指定していても,離婚や死別など,長年の間に指定代理請求人の資格を満たさなくなることもあります。指定代理人になるには,法律上の配偶者とか,いろいろ条件があります。ここら辺をきっちりしておかないと,請求時にトラブルになる可能性があります。

　お一人様が今後増加すると言われています。一人で不安だと思って加入していても,自分の手で請求できないことも考えられます。そういう場合,誰が受け取るのでしょうか。特に終身保険で払い込みが終わっている場合,お一人様だとその契約があることも知られないまま終わってしまう可能性もあるのではないでしょうか。

　保険・共済のこういうメカニズムについて,「入っていれば安心」ではなく,きちんとメンテナンスしていかなければいけないものだということをしっかり伝えていかなければなりません。そうなると,商品だけではない,組合員としてのつながりが,共済の強みになるのではないかと思っています。その人の暮らしぶりが見えている,そういう人が介在すること,つながっているということ,そのことによって請求まできちんとつなげるという回路が保てるのではないでしょうか。商品の細かい部分を比較して高いとか安いとかではなく,しかるべきときにきちんと請求できて,きちんと給付が受けられることが重要です。

4　愚直に組合員の暮らしに寄り添う

　保険会社の営業職員だけでなく,最近では保険ショップもよく利用されていますが,彼らが踏み込まないことまで踏み込んでいただきたいと思います。彼らは公的年金などの説明は一応さらっとしますが,実際の生活費に対してどの程度カバーできそうかとか,具体的な数字

を用いての説明はありません。保険ショップに行かれてそこで保険を買って，そのときはご機嫌だったのですが，「いや，待てよ」と立ち止まってご相談に来られる方も結構いらっしゃいます。「どういう説明を受けましたか？」とお聞きすると「公的年金は遺族年金もあるし，会社の退職金などもあるので，そう大きいのは要らないとは言われたんです」。「では，どれくらい必要だと言われましたか？」――「それは別に言われないけれども，この商品を勧められました」。

　一応言うけれども，それに突っ込んではいかないようです。余り突っ込むと保険が要らないことが明らかになってしまったりするんですね。私たちは一つ一つ数字を出します。数字はざっくりでかまいません。遺族年金，退職金や弔慰金などの会社の福利厚生制度，現在の貯蓄残高，家族の収入などから不足分を割り出します。とりあえずなくても困ることはなさそうだという結論になることも多いです。ご両親も近くにいるし，というようなことで家族の力によって「要らない」という結論に至ることもあります。持ち家あるいは両親と一緒に住んでいるとか，会社員で福利厚生制度がしっかりしているなど，死亡保障が不要な方も多いのですが，保険を売っているところでは，「要りませんね」という選択肢は，たとえそうであったとしても言えません。だから余り突っ込んではいけないのでしょう。

　私は保険会社の代理店などの研修に呼ばれることもあるのですが，その際には「しっかりこれを説明してください。でも，必ず保険に結び付きますから」と申し上げます。どれだけ説明しても，そして「別になくても心配ありませんね」と言っても，「死亡保障は要らないけれども，医療保険だけ入っておこうかしら」とか，「がん保険だけ入っておこうかしら」とか，何らかの保険にはつながります。最終的には多分，気持ちの問題なんだと思います。

　相談に行くということは，不安があるから行くわけです。不安があるときには，「こういう公的保障や企業の保障がありますね」と説明されると安心はします。でもまったく加入していないことも不安なの

です。つまり，なくても大丈夫だということはわかっているけれども，とりあえず不安を収めるために，貯蓄のじゃまにならないくらいの安いものに入っておこうという選択をされます。

このような方は過剰な期待は持っていません。保険の限界も，自分にはこういうものが備わっているということもわかった上で入るので，苦情はまずありません。売る側にとっても安心だし，「そういう売り方をする人は他にいないので，絶対に信頼を得ますよ」と申し上げます。このあたりは協同組合が共済を売る，そして保障を語る上で欠かせない部分なのではないかという気がしています。

けがや病気などの場合，健保組合や共済組合では付加給付などがあるということも，保険会社はあまりお話しされないのではないかと思います。公的医療保険には，所得区分が一般の方の場合，1カ月の医療費の自己負担費が8万0,100円を超えたら，あとは3割負担ではなくて1％で済むという高額療養費の制度があります。付加給付制度を持っている健保組合，共済組合では2万とか2万5,000円の負担で済むことがあります。自己負担金がそれを超えたら全部戻ってくる制度です。差額ベッド料の補助が1万5,000円まで出る会社もあります。

こういうことを知らなかったという人が大変多いのです。高額療養費そのものがまだまだ知られていないのですが，健保組合や共済組合に加入している人でも，付加給付があることを知らなかったという方は多いです。ただ，共済組合，健保組合では後から自動的に給料と一緒に戻ってくることが多いので，取りっぱぐれてはいないと思います。ただ，なかなか意識できません。

会社に互助会や親睦会がある人は，健保組合から2万5,000円を超えた部分は給付され，さらに互助会から1万円程度の給付が受けられるところもあります。結果的に自分が払うのは1万とか1万5,000円で済みます。このことを知っておくと，「死亡保障は要るかもしれないけれども，入院だったら貯蓄のほうがいいな」といった判断をされる方もいらっしゃいます。

5 公的医療保険と民間医療保険の違い

　営業職員の中には、「日本の公的医療保険は財政難で厳しいから当てになりません」とか、「公的医療保険ではたいした医療は受けられません」とか、「もう破綻しています」などと不安をあおって保険を売っている人がいます。かつて、公的年金はもう当てにならないと言って個人年金保険を売ったのと同じ構図です。では、公的医療保険と民間医療保険はどう違うのでしょうか。

　公的医療保険は、日本に住むすべての人が加入します——現在は、保険料が払えず、資格証明書を出されている人や未知の人もいるのでそう言い切れないのですが、一応たてまえとしてはこうなっています。所得に応じた保険料で加入でき、必要な治療が公定価格で受けられます。医学の進歩とともに受けられる医療が変わります。保険外併用療養費制度が保険制度に組み込まれ、その中に保険診療に収載するかどうかを評価する評価療養が含まれます。安全性と効果が認められたら保険に移行するという道筋がつくられています。

　一方、民間医療保険は、加入の可否は保険会社が決めます。そして給付の可否も、約款や診断書を照らし合わせて保険会社が決めます。所定の入院・手術・通院などに対して定額の現金給付です。原則として時代が変わっても、加入時の保障内容は変わりません。最近、民間医療保険の手術給付金の対象となる手術を従来の88分類ではなく、「公的医療保険対象の手術」にしているものがあります。今後公的医療保険に新しい手術が収載されていけば、その保険の手術給付金の対象も増えます。ただし「公的医療保険対象の手術」という保障内容そのものは変わりません。見方を変えれば、財政難で保険対象の手術が増えなければその医療保険の保障内容もそれに連動するのです。「公的な医療保険は今後、もう当てになりません」と言って売っている人は、自社が売っている保険の内容もどんどんしょぼくなると言っているのと同じです。

6 「暮らしとお金」のライフサイクル

　一般的に社会人になると貯蓄を始め，資産形成をスタートさせます。若いころは自己投資やレジャーなどに使うことが多いのでしょう。そして結婚して，住宅の頭金を準備して住宅ローンを組んで，お子さんが生まれたら教育費を捻出します。一方，保障という面からながめてみますと，けがや病気で入院したときの保障，家族への責任分の保障，死後の整理資金などが考えられます。

　若くて貯蓄はないけれど子どもが小さく責任が重い世代は保険や共済を利用することが合理的でしょう。しかし，資産形成がだんだん進むにしたがって，必ずしも保険や共済でまかなわなくても，現金の給付ですから，現金がふえていけば保障は自分でまかなえます。レジャーや自己投資，住宅の頭金などは貯蓄でまかない，医療費や家族への責任，死後の整理資金などは保険でなくてはならないといわけではありません。ところが，保障と貯蓄を縦割りで考えてしまう傾向があり，保障といえば保険に加入することと考えがちです。

　保険の特徴を言うときに「貯蓄は三角，保険は四角」で説明します。三角と四角の図を合体してみます。すると，時間とともに自力で準備できる領域が大きくなり，保険でカバーしなければいけない領域は狭まっていくのが分かります。自力で準備というのは，必ずしも貯蓄がふえるだけではなくて，子供が成長することも含みます。時の経過とともに教育費や子供に対する責任は減っていきます。生きていれば保険・共済の力ではなく自分の力で責任を果たしていけるのです。

　このような考えを基本におき，共済をどのように保障設計の中に組み込むのかを考えてみます。共済商品は割安であるがために補完のために利用されることが多いようです。多くの場合，すでに大きな保険に加入している人が，不足していると感じる部分，まだちょっと不安かなと思う部分を共済で補おうと考えるのですが，私は逆だと思っています。共済は入院や障害，死亡とセットになっているものが多いので，これをベースにしておき，不足するときには割安なものを乗せる

か，会社のグループ保険などを乗せます。それで当面の準備が整え，時間の経過とともに乗せた部分を少しずつ減らしていきます。

例えば住宅を購入したときは住宅が保障になるので，ここでポンと減らせます。教育費が一段落したらまた落とします。妻が働き始めて収入を得るようになったら，もうやめて共済だけにしようという具合に，保障からだんだん卒業していくのです。もし貯蓄が順調に増加したら，そこで共済もおしまいにします。

卒業するところまでを見通した設計をし，スムーズに卒業に向かうことが，自分自身の保険をつくる——つまり貯蓄を厚くしていく道なのだという考えを基本に設計してさしあげることが重要だろうと思います。

Ⅶ　おわりに

東京大学の本田由紀さんは戦後日本型循環モデルは破たんしたとおっしゃっています。かつては，政府が産業政策をすることにより，お父さんは長期安定雇用，年功賃金で守られ，必要なお金を持って帰ってきました。お母さんは教育ママになって，教育費だけでなく教育意欲も子供につぎ込んでいきました。日本は医療だけではなく，教育も保育も何もかも国のお金が十分に回っていません。OECD諸国の中でも，福祉にお金を使わない国であるというのは有名な話です。教育が社会ではなく親の責任であるとされる珍しい国ですが，それを家計がカバーしてきました。教育をつぎ込まれた子供は新規学卒一括採用で，高い若年労働力の需要とともに会社に送り込まれ，正式の学生から正式の社員へすき間なく移行するというモデルでした。

それがもう破綻しています。まだかろうじて保っているところもありますが，どんどんその回路が細くなっています。家庭以外で会社を通してつながっていたものがありました。会社にいればグループ保険

が利用でき，充実した福利厚生制度などで何とか保ってきて，国はそう福祉にお金をかけなくても大丈夫でした。それがプツプツと切れ始めています。

そうなると共済の役割は，プツプツと切れたところをつなぎ合わせていくことではないでしょうか。グループ保険にはアクセスできない人が共済でつながっていくなど，共済ならではの切り口で役割を担っていってほしいというのが私の希望です。既に労働組合や消費生活組合などのインフラがあります。そこでまたつなぎ合わせることができるのではないかと思っています。

今は，福利厚生制度にアクセスできない人が増え，セーフティネットも切り下がってきている状況です。また，インターネットなどを通して情報はあふれていますが，保険独特のメカニズムは，きちんと説明されなければわからないと思います。こういう部分を支える役割を担ってほしいと願っています。家族力格差も拡大しているので，家族に代わる絆をつなぎ合わせていく役割も求められます。

例えて言えば医療生協，協働労働ワーカーズ，NPOなどとの連携により，労働者の権利を守る，仕事を生み出す，あるいは納得の食材・衣料などを調達するなど，暮らしのインフラを守る役割を担うイメージです。共済を切り口にして，既にあるいろいろなインフラをつなぎ合わせていくことができないものかと考えています。冒頭に申し上げた「共済が人々の暮らしにおける楔のような役割を果たせないものか」という意味はこのようなことです。

注文と希望ばかり申し上げましたが，以上で私の話は終了します。どうもありがとうございました。

この「FPから見た生協の共済」は、2010年12月20日第8回生協共済研究会で行われた報告を報告者確認のもとでまとめたものです。

内藤　眞弓　プロフィール

㈱生活設計塾クルー取締役
「日本の医療を守る市民の会」を主宰
[保有資格]
CFP認定者
[得意分野]
保障設計をはじめとする生活設計
家計のリスク管理
金融資産運用設計
[講義・講演先]
日本コープ共済生活協同組合連合会　各種労働組合　自治体　金融機関　ビジネスブレークスルー大学院大学オープンカレッジ「株式・資産形成講座」　など
[近著など]
『お金はこうして殖やしなさい』改訂第3版　2010.1.29　ダイヤモンド社　1500円（税込）執筆　野田眞　目黒政明　亀井幸一郎　浅田里花　内藤眞弓　深田晶恵　清水香
『医療保険は入ってはいけない』新版　2010.1.29　ダイヤモンド社　1500円（税込）執筆　内藤眞弓

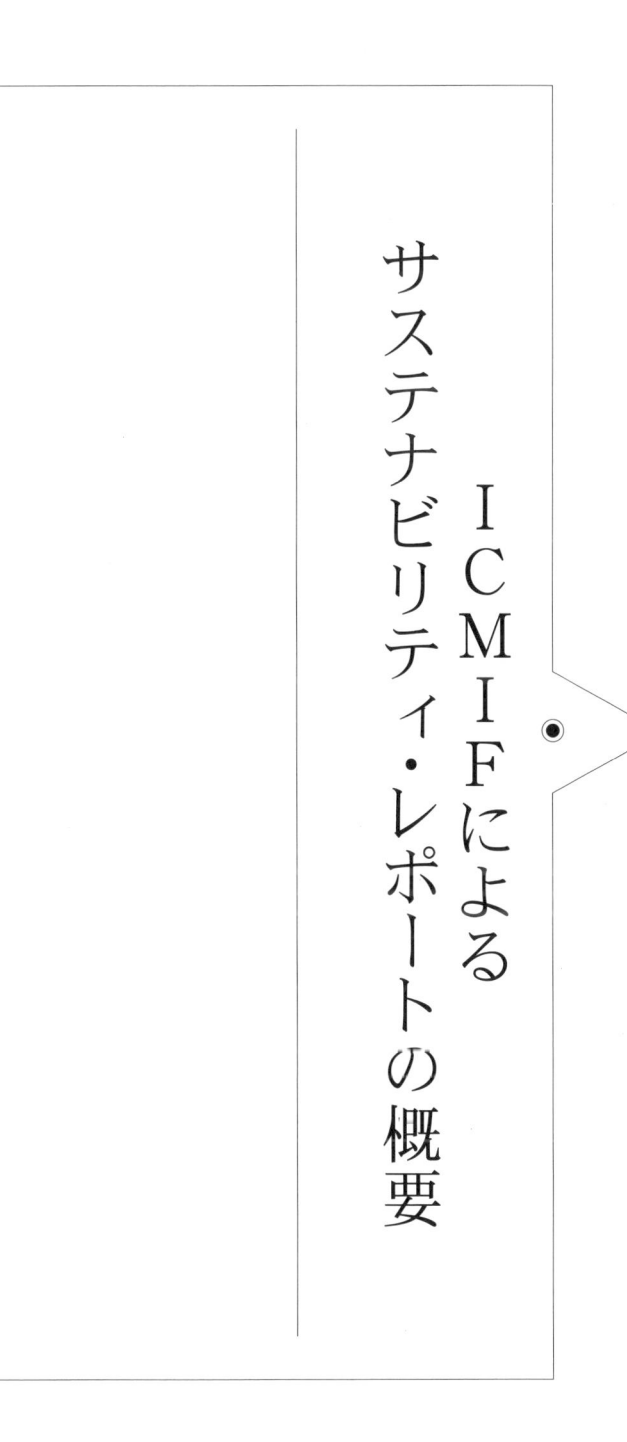

ICMIFによるサステナビリティ・レポートの概要

I　はじめに

1．背景

　ICMIFは，日本での正式名称を国際協同組合保険連合といい，相互扶助の精神に基づく世界の保険団体が加盟する国際組織です。会員数は216団体（70ヵ国）に及び，「独自性の強化」，「ビジネスの提供」，「会員との連携」，「情報共有」，「開発活動」，「コミュニケーション」の6つの事業方針に基づき会員へサービスを提供しています。ICMIFの最大のイベントは，2年に1度開催される総会で，2009年10月にカナダのトロントで行われた総会へは，世界から300名弱が参加しました。今回紹介するレポートは，この総会で初めて紹介されたものであり，正式名称を『協同組合／相互扶助保険者のサステナビリティ』といいます。この作成に携わったのはICMIF会員組織の代表者で構成された作業グループです。この作業グループは，2007年5月にICMIF理事会および会員組織からのサステナビリティの指針および慣行に関するアイディアおよびインスピレーションを共有したいという強い要望に応えるため，以下のメンバーで構成され，最初の会合をロンドンで開催した後，何度かの会議および電話会議を経て，このレポートをまとめ上げました。

　(1) バーバラ・ターリーマッキンタイル（コーポレーターズ，カナダ）
　(2) マリカ・クレックス（SNS REAAL，オランダ）
　(3) シャーロット・カーラ・リンダール（フォルクサム，スウェーデン）
　(4) アヌ・ピュルッカネン（タピオラ，フィンランド）
　(5) コリン・スミス（コーポラティブ・ファイナンシャル・サービス，英国）

(6) フェイ・ラジャー（ICMIF情報共有部門担当バイス・プレジデント，英国）

　レポートは冒頭で,「ICMIF会員のもつ企業価値は，まさにサステナビリティの趣旨と合致していると確信しています。つまり，協同組合や相互扶助保険組織は，今日および将来の社会経済問題および環境上の課題に対処するうえで，極めて重要な役割を担っているのです。」と述べ，人と人，そして，社会との繋がりを基盤とするICMIF会員とサステナビリティの概念が共通していることを強調しています。そして協同組合保険団体にとってサステナビリティの取り組みが重要なのは，短期的な競争上の優位性を確保するためではなく，持続可能な事業体として社会への長期的な責任への要請に応えることとなるからであるとしています。このようにICMIFは，サステナビリティを今後の事業体の存続をも左右する戦略上の重要事項であると考えており，今回のレポートではICMIF会員による先進事例を数多く取り上げることで，他のICMIF会員がサステナビリティに取り組むための重要な資料を提供することを目的としています。

2．レポートの構成

　本レポートの特徴は，ICMIF会員が既に実行している幅広い事例をケーススタディとして紹介している点にあります。

　まず前段では，議論の前提として，サステナビリティとは何かということ，その意味するところをCSRと比較しながら「将来に対する負の影響およびリスクを最小限にするために，企業活動と社会および環境との関係を管理する仕組み」と定義しています。

　次に，サステナビリティを戦略的な位置付けとして確立するためのガバナンス機構について，企業内におけるサステナビリティの権限は誰に与えられるべきかについて議論されています。レポートでは最高経営責任者が直轄する専門の部門にサステナビリティに対する権限を

与え，組織をリードするのが望ましいとしています。サステナビリティが企業戦略の中心に位置付けられれば，企業のビジョンとミッションに組み込まれることとなるからです。

続いてサステナビリティのガバナンスのあり方について議論が展開されます。特に，戦略を執行するための指導力をもたらすためにも，最高経営責任者が直接指揮できる体制を構築すべきであるとしています。

さらに，サステナビリティ政策を文書に取りまとめることの重要性についても述べられています。ここでは，明文化された政策は「企業に目標の設定，主要業績評価指標を開発し，これらがサステナビリティの取り組みに影響することを可能としています。」として，ワーキンググループへ参画したICMIFの5つの団体の経験が共有されています。

続いて，主要な利害関係者との関り方が，サステナビリティ政策を策定するうえで非常に重要な意味を持つことが記されています。特に職員の関わり方に関する提案やアイディアが述べられており，その中には，企業のサステナビリティの目標に貢献できるよう，いかにして全職員の毎日の業務を通じてサステナビリティを確実に取り組むかについての実践例も紹介されています。また，組合員や顧客，地域コミュニティ，政府や公共団体との関わり方についても探求しています。

そして，サステナビリティをどのように日常業務に組み込むのか，つまり，保険の本来的な社会的役割や，さまざまな生活場面で保障を提供するという事業体の使命を，いかに制度やサービスに反映させるかについての事例が紹介されています。例えば，カーボンフットプリントの削減や社会責任投資，保険金支払業務などを通じたサステナビリティを実践する事例です。

また，保険・共済制度の中に，いかにサステナビリティを組み込むかについても考察されています。ケーススタディでは，環境負荷の少ない自動車への保険料割引などが紹介されています。サステナビリテ

ィの特徴をもつ保険制度は，顧客へ強烈にアピールすることとなります。

最後に，人事政策を通じて，企業理念に忠実でやる気を持った職員を育成するのか，「人材獲得競争」にいかにして勝ち抜くのかが検証されています。ここでもICMIF会員によるケーススタディが深く掘り下げられています。

以下，各項目について詳しく見ていきます。

Ⅱ　レポートの内容

1．サステナビリティの定義

今日私たちが耳にするサステナビリティという用語が用いられたのは，四十年ほど前にさかのぼります。この概念は，インドのボパールの化学工場からの有毒ガスの漏出，ウクライナのチェルノブイリの原発事故，南極のオゾンホールの発見など，人類による環境破壊が背景にあります。

ビジネス界におけるサステナビリティとは，事業体の業務が，環境に対して，あるいは，事業を行う地域社会に対して，また，組織に関与する人々に対して将来的に不利な影響を与える可能性を認識し，その悪影響を軽減するためどのような行動をとることができるかを意味

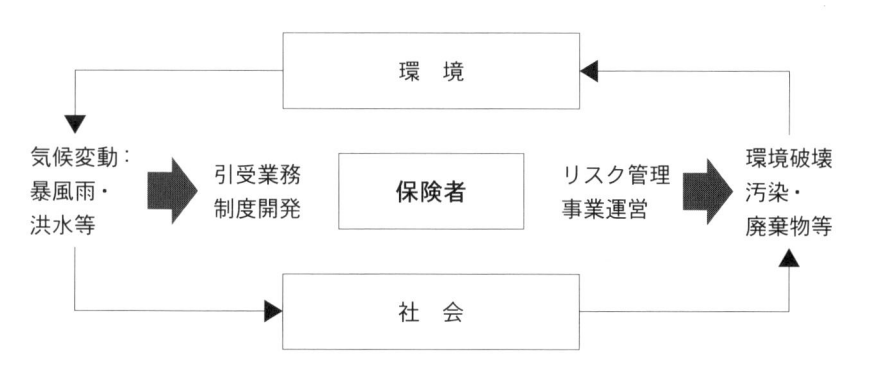

```
                    ┌─────────────┐
         ┌─────────▶│   環 　境    │◀─────────┐
         │          └─────────────┘           │
気候変動：    ┌─────────┐  ┌─────┐  ┌─────────┐    環境破壊
暴風雨・  ━━▶│引受業務  │  │保険者│  │リスク管理│━━▶ 汚染・
洪水等    　│制度開発  │  │      │  │事業運営  │    廃棄物等
         │  └─────────┘  └─────┘  └─────────┘    │
         │          ┌─────────────┐           │
         └─────────▶│   社 　会    │◀─────────┘
                    └─────────────┘
```

します。

　さらにまた，サステナビリティの概念は，社会と環境の相互作用について重点を置いています。つまり，保険業界においては，私たちの事業運営やリスク管理の手法が環境に影響を与えているのと同時に，気候変動が私たちの保険引受業務および制度開発に一定の影響を与えています。

　サステナビリティと似た考え方にCSR（企業の社会的責任）がありますが，大きな違いは，CSRは，サステナビリティとは異なり，企業による負のインパクトを示していない点です。

　したがって，本報告書においては，サステナビリティを「将来に対する負の影響およびリスクを最小限にするために，企業活動と社会および環境との関係を管理する取り組み」と定義します。社会奉仕または慈善寄付については，他のサステナビリティ活動と組み合わせて利用された場合には，サステナビリティ目的をサポートすることもありますが，その活動自体をサステナビリティには含めないこととします。例えば，フィンランドなどの国では，サステナビリティと企業による寄付は法律の規定で明確に区別されています。

　サステナビリティおよびその関連する指標は，多くの場合，社会（Social），経済（Economic）および環境（Environmental）の分野と関連しており，その頭文字をとった「SEE」という略語が頻繁に使用されています。

2．サステナビリティのガバナンス

　企業のサステナビリティの取り組みを進める姿勢が強ければ強いほど，サステナビリティを統治する機構はより強固で，かつ，組織全体に行き渡ったものとして構築する必要があります。例えば，サステナビリティに関わる専門部門を設置するのであれば，その上部機構に組織全体のサステナビリティ戦略を統括するサステナビリティを担当する役員が必要ということになり，その場合には下図のような組織機構

役員のもとでサステナビリティ戦略を展開する組織構造

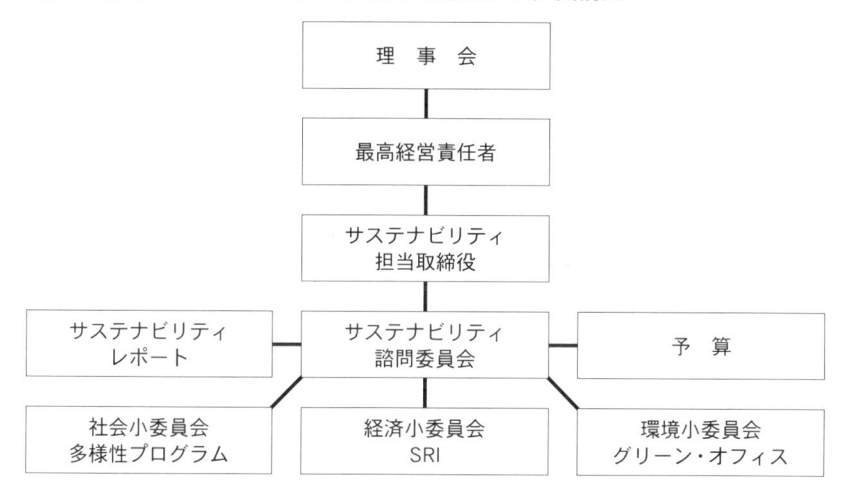

```
                    理事会
                      │
                 最高経営責任者
                      │
              サステナビリティ
               担当取締役
                      │
  ┌───────────────────┼───────────────────┐
サステナビリティ    サステナビリティ         予算
  レポート          諮問委員会
  ┌───────────────────┼───────────────────┐
社会小委員会         経済小委員会          環境小委員会
多様性プログラム       SRI              グリーン・オフィス
```

の構築が不可欠となります。

(1) 理事会

　企業のサステナビリティに対する取り組みや活動レベルの討議，確認とサステナビリティ対策の承認とを行います。サステナビリティは，理事会における定例議題となります。

(2) 最高経営責任者

　サステナビリティに関する職権上の「代表人物」として，理事会に報告します。

(3) サステナビリティ担当役員

　最高経営責任者に報告します。

(4) サステナビリティ担当部門

　サステナビリティの取り組みをその企業戦略の中核に据えるならば，サステナビリティの担当部門を役員の近くに配置する必要があること

となります。また，サステナビリティ担当役員から最高経営責任者へ直接報告できる仕組みを確立することも重要です。

(5) サステナビリティ諮問委員会

企業の主要部門の責任者で構成する諮問委員会を設置し，サステナビリティ活動を進める上でのプロジェクトチームとしての権限を付与することで効果を発揮します。この委員会へは組織の各部門の代表者が参画していなければなりません。諮問委員会に期待される主な役割として以下の3点があげられます。

①法令上遵守すべき基準と自発的に達成すべき目標を区別すること。
②経営管理者が取り組み事項に優先順位を付けること。
③業務体系を確立できるように年次の目標計画を策定すること。

(6) 組合員の役割

企業のサステナビリティの取り組みが組合員にもたらす価値を最大化するには，組合員にもサステナビリティの取り組みへ参加していただく必要があります。これにより，企業のサステナビリティ戦略と組合員の期待とがしっかりと結びつき，サステナビリティ戦略が長期的に組合員の期待にかなうものとなります。組合員の関与の事例としてタピオラ，CFSにおける取り組みが紹介されています。

3．サステナビリティ政策

サステナビリティ政策を文書として取りまとめることにより次の3つのメリットがもたらされます。

- 組織活動におけるサステナビリティの位置づけを明確にする。
- 内外の利害関係者にサステナビリティの目標を明確に表示できる。
- サステナビリティの取り組み成果の測定が可能となる。

ここでは，サステナビリティ政策を策定したことにより，組織活動におけるサステナビリティの位置づけを明らかにした先駆的な取り組みが報告されています。また，組織の利害関係者は，それぞれの立場から組織の活動に関わることとなります。そのため，それぞれの利害関係者がどのような期待を抱いているかを把握し，対応することが求められます。サステナビリティ政策を文書として取りまとめ明示することで，内外の利害関係者に対して組織の地域社会における活動，環境保全の活動あるいは組織の職場風土をアピールすることができるようになります。また，職員のサステナビリティ政策についての理解を促進することとなり，日常業務を通じた政策の実現が可能となります。また，サステナビリティ政策が冊子化されていれば，その組織のサステナビリティの達成目標の設定および主要な遂行指標の作成が可能となり，さらに，そのサステナビリティ活動による効果測定が可能となります。

　サステナビリティ政策に，組織の目標達成のために必要な方向性とそれを実現するため具体策が記載されているならば，明確な方針としての重要な役割を果たし得ることとなります。また，組織の利害関係者の役割を明確にすることは目的達成上の大きなメリットとなります。さらに，より良いサステナビリティの取り組みを進めるためには，改善手続きへのフィードバックが必要であり，そのためにはサステナビリティの成果が測定可能でなければなりません。まずはサステナビリティ政策を文書として取りまとめ，明示しなければなりません。

(1) 政策の記述

　サステナビリティ政策の有意性と信頼性を高める主要なポイントとして以下を掲げることができます。
　①組織の及ぼしうる影響を調査し，それらを分析すること。
　②改善可能な部分を確認すること。
　③保険業界を中心に，最良の実践を詳細に調べること。多くの組織

は，そのサステナビリティの成果を年次報告書で公表しています。
　④サステナビリティ政策と組織の事業目標は両立し得ることに注意して，現実的で達成可能な目標を設定すること。

サステナビリティ政策の策定により，最も重大なリスクが特定され，かつ，そのリスクを管理するための明確な方針と手法とが示されなければなりません。同時に，サステナビリティ政策の価値を高めるためには，以下に示す具体的な目標を掲げる必要もあります。

　（ア）環境分野での目標
　（イ）社会および地域社会での活動
　（ウ）倫理的課題
　（エ）持続可能な発展

サステナビリティ政策が発効となった際には，組織内の各部門で具体的な役割と責任を分担し，組織全体としてサステナビリティの取り組みを進めることが必要です。このことで部門間の重複部分を排除し，矛盾を最少にし，一貫した取り組みが可能となります。

(2) 政策の伝達

サステナビリティ政策を内外の利害関係者に伝達することで，以下の3点が可能となります。

　①サステナビリティ政策を策定した目的を伝えること。
　②健全な風土を持つ組織であることをアピールすること。
　③内外の利害関係者との信頼関係を構築すること。

職員にサステナビリティ戦略の推進宣伝の役割を期待するのであれば，伝達のプロセスは明確にすべきです。また，サステナビリティ政策を設定すると，政策目標が未達成であった場合には，組織の評判やブランドイメージの失墜の可能性を生じることとなります。そのような場合には，そのことを素直に認めることが利害関係者の信頼獲得につながり，さらに職員の努力を促すことにもなります。以下に図示した情報が循環する環境を整えることで，サステナビリティ政策が，ゆ

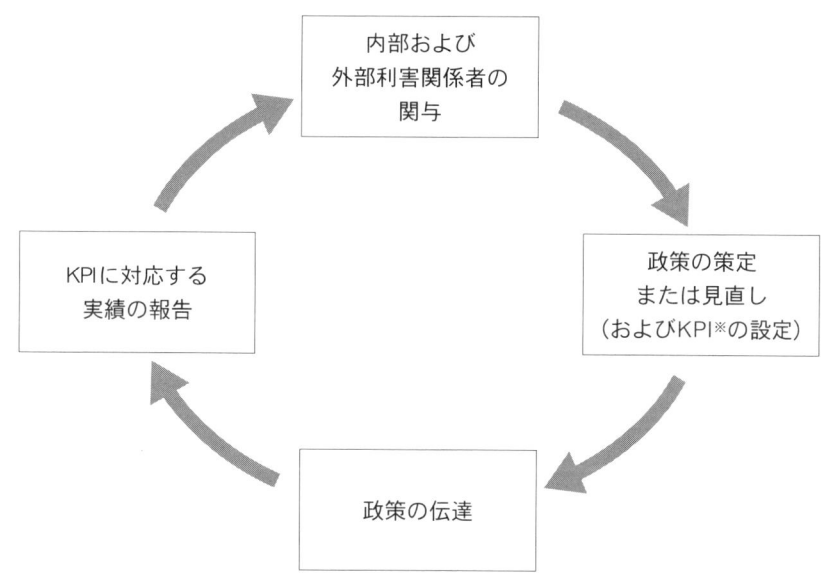

```
    内部および
  外部利害関係者の
      関与
   ↙        ↘
KPIに対応する    政策の策定
 実績の報告     または見直し
          (およびKPI※の設定)
   ↖        ↗
      政策の伝達
```

※KPI：Key Performance Indicator（効果測定基準）

っくり時間をかけて，継続して確実に利害関係者の期待に応え，価値を生み出していくこととなります。

　サステナビリティ政策の導入の段階においては，経営陣が強い決意を示すことが肝心です。これを地道に実施することにより，サステナビリティの取り組みを実施する組織風土が構築されることになります。

(3) サステナビリティ政策が及ぼす影響の測定

　サステナビリティの影響力を高め，それに対する信頼を確保するために，企業はそのサステナビリティ政策の取り組み結果を把握しなければなりません。その場合，以下の3点を考慮すべきです。

　①課題達成までの期間の違いによる効果測定の違い
　②サステナビリティの取り組み結果の比較可能性
　③効果測定指標についての情報公開と職員の意欲向上

　短期間で成果を生む具体的な目標を設定することにより，組織の積極的なサステナビリティの取り組みに対する利害関係者からの支持が

得られることとなり，活動に参加した職員が自分の貢献度を把握することにも役立ちます。一方，長期的な成果を生む目標は具体性に乏しくなりがちであり，組織の外的・間接的な要因の影響を強く受けます。したがってその効果測定はより困難となります。しかし，経営者は，長期間を要する課題の効果がどのようなものか，そして，それがどのように生じるかを熟知していなければなりません。なぜならば，これらは，サステナビリティがどのように組織に価値をもたらすかについての大部分を示すことになるからです。また，サステナビリティの取り組み結果を他の保険事業者と比較することも非常に有効です。GRIフレームワークなどの一般的・標準的な枠組みは比較する場合の手助けになります。（詳細は，www.globalreporting.org/に掲載されています。）

　サステナビリティ政策は，組織全体のみならず，個人，チームまたは部門の個々の貢献度の測定のための効果測定指標についても公開すべきです。サステナビリティ政策の実現に向けて大きく貢献した職員については，公式に表彰すべきです。これにより，組織は団結し，職員の意欲は向上し，サステナビリティ政策の影響力は高まることとなります。

(4) コーポレーターズ（カナダ）の取り組み

　以下に示すのは，コーポレーターズが『2008年のサステナビリティ・レポート』の10ページに記載しているサステナビリティ政策です。（全文は，www.cooperators.ca/.で閲覧できます。）

　"コーポレーターズは，事業，地域社会および世界経済が存在するのは，あらゆる資源を提供し，すべての命を育んでいる唯一かけがえのない地球のおかげであると認識しています。また，この大切な地球が，拡大する需要，自然および社会システムの劣化により限界に近づきつつあることも認識しています。コーポレーターズは，保険業者，雇用主，投資家，地域社会のパートナー，そして，協同組合組織とし

て，率先して持続可能な未来をめざします。また，それがコーポレーターズの使命であると認識しています。

　私たちにとって，サステナビリティとは，企業市民として，経済，環境および社会分野での優先事項を調和させることを意味します。

　私たちの財務力を強化し，自らの事業活動が環境および社会全体に対して与える悪影響を最小限にすることで事業の発展に努めます。さらに，事業革新，制度開発，組合員参画，利害関係者とのパートナーシップを通じて，社会の発展に貢献します。

　私たちは，サステナビリティ政策の観点から，事業活動による直接的な影響よりも，制度，サービスおよび利害関係者との関係による間接的な影響を重視しています。私たちはすべての事業活動が以下の4つのサステナビリティの原則と調和するよう常に検証を行っていきます。

　①持続可能な社会は，地球環境から生み出される資源をむやみに利用することを存続の条件としていません。
　②持続可能な社会は，社会の生産する商品への過度の集中を存続の条件としていません。
　③持続可能な社会は，自然破壊を存続の条件としていません。
　④持続可能な社会は，人々がそのニーズを満たすためにその能力の弱体化させることを条件としていません。

　コーポレーターズは，長期的な財務目標の進展が損なわれないような方法で，制度，サービス，利害関係者との関係を上記のサステナビリティの原則に調和させようと努力しています。"

(5) コーポラティブグループ（英国）の取り組み

　コーポラティブグループの構成組織であるCFSは，以下のサステナビリティ政策をそのサステナビリティ報告書で報告しています（サステナビリティ報告書2007/2008 4頁。www.co-operativeinsurance.co.uk/images/pdf/FINALFULLWEB.pdf参照）。

サステナビリティ開発政策

> コーポラティブグループは，環境の維持が可能な，また，社会的に責任ある手段で，利害関係者に価値を届けます。
>
> コーポラティブグループは，その事業を持続可能な手段（次の世代の人々が自身のニーズを満たすために能力を危険にさらすことなく現在のニーズを満たす事業の進展）でやり遂げ，進展させる必要があると考えています。

　私たちは，地球の資源（素材を生み出すおよび廃棄物を吸収するという両方の観点から）には物理的限界があり，その限界を超えたいかなる事業活動も，長期的な存続は不可能となるため再構成が必要であると考えます。地球環境は，廃棄物や無害な物質に循環させることのできない物質の累積に耐えることができなくなりつつあります。さらに，地球環境の品質（多様性）も数量（容量）も減少するようなことがあってはならず，むしろ成長可能でなければなりません。これらのことを，私たちは，環境におけるサステナビリティの最低条件として考えています。

　サステナビリティの展開についての倫理的要素については，組織に説明責任があります。これらは法令遵守の段階をはるかに超えるものです。環境面でのサステナビリティと異なり，取引慣行上，社会的な責任の所在に関しては，コンセンサスが得られることはほとんどありません。したがって，そのような問題を検討するときは，利害関係者との対話を通じて得られる組合員や顧客の見解が進むべき方向を示してくれます。また，この対話は，企業統治および経済的な実行可能性などにおいて，極めて重要な役割を果たしています。さらに広い意味では，コーポラティブグループでは，長い歴史を持つ自助，自己責任，民主主義，平等性，公平性および連帯，および法的遵守の追求などの協力的価値がその基準となります。

　私たちは，持続可能な開発をめざし，解りやすさと説明責任を果たしたいと考えており，達成状況について（または未達成状況について）報告し，独自に検証を行い，すべての重要な活動の明確な優先順位および目標を設定します。

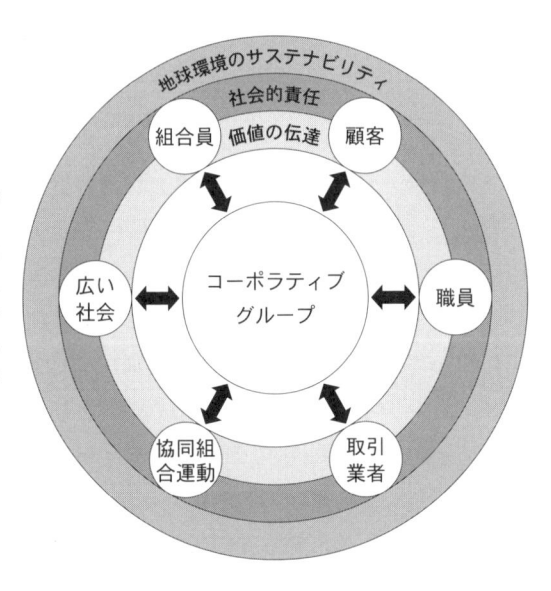

4．利害関係者の関与

　利害関係者の関与は，相互扶助／協同の原則の中核にあり，協同組合／相互扶助保険組織のビジネスモデルの基礎を形成します。保険業界は，世界で二番目に大きな資産シェアを有する業界であり，その利害関係者との双方向の対話を確立する大きな機会を有しています。社会が将来のリスクに備え，解決策を講ずる上で協同組合／相互扶助保険組織は重要な役割を果たすことができます。

　協同組合／相互扶助保険組織が，その多様な内外の利害関係者と効果的に連携し，事業内容の開示をさらに進めることができれば，これらの利害関係者は，その戦略プロセスにおけるパートナーとなります。つまり組織との信頼関係を構築し，組織への忠誠心を生み出すこととなり，結果として組織の経営的意思決定も社会のニーズに基づいたものとなります。

　協同組合／相互扶助保険組織の利害関係者の中心を占めるのは，組合員／契約者および職員です。全組織一丸となって，サステナビリティの取り組みを進め，高い支持を得るために，これらの利害関係者それぞれとの双方向の対話が必要となります。政府および地域社会との会話も，また，サステナビリティの取り組みを進める上で有効な機会となります。

(1) 職員の関与

　職員の関与を高めることは，サステナビリティの取り組みを進める職場風土を創出する重要な要素となります。組織は事業方針の変更により一定の影響力を与えることができますが，職員の関与により更に影響力は高まります。

①職員教育

　職員に対するサステナビリティの概要についての研修を実施することにより，サステナビリティについての全体的・統一的な理解が深まります。職員教育は，サステナビリティの取り組みを組織全体で進め

る風土を構築します。同時に，職員にさらに細かな戦略的レベルおよび組織の日常業務においてサステナビリティを推進する最初の取り組みとなります。

　ITを活用した教育プログラムを実施することで，多数の参加者が同質の教育を受けることが可能となります。専用のオンライン学習講座を開発し，サステナビリティの基礎知識を学ぶ環境を整えたコーポレーターズの先駆的事例がレポートでは報告されています。サステナビリティがどのように組織，地域社会および個人の意思決定に適用できるかを職員は学習することになります。また，組織内のメールシステムや社内報も職員教育のための有効なツールとなります。

　専門的な研修を実施して特定の職員の専門性を高めることも可能です。例えば，デジャルダン・ファイナンシャル・セキュリティ社では購買部門の職員を対象に，サステナビリティを推進する自らの組織の方針に賛同する取引業者および下請業者をどうやって選択・選定するかについての研修を実施しています。

　同様に，運転機会の多い職員にターゲットを絞ったエコドライブ研修がフォルクサムでも実施されています。この研修に参加した職員は，効果的で環境に配慮した運転技術を習得し，二酸化炭素の排出量の削減に向けて貢献することとなります。また，タピオラでも同様に職員の環境問題認識を高める研修を実施しています。

②**戦略および政策策定への職員の関与**

　タピオラでは日常業務の中でのサステナビリティの実践を全職員で進めています。これにより組織全体でサステナビリティの取り組みを進めることになります。また，コーポレーターズは，そのサステナビリティの戦略の構築に向けて職員合計で1,600名が参加する議論会を開催し，個別課題へのフィードバックや実施に向けたアイディアを検討しました。

③**サステナビリティを実践する上での職員の役割**

　デジャルダン・ファイナンシャル・セキュリティ社では，2005年

に本社で「ペーパー・チャレンジ」という職員参加型のプログラムを策定しました。これは再生紙の使用を推進することで紙の使用量を3年間で15％削減するという目標でしたが，2007年にはその目標を達成し，プリンターやコピーによる紙の消費を18％削減し，6.2百万枚の紙の使用量の削減に成功しています。

　また，2006年に気候ニュートラル企業となったフォルクサムでは，職員の移動手段として鉄道の利用を推奨し，また，燃費効率の良い自動車の使用を奨励しており，実際に成果も報告されています。また，デジャルダン・ファイナンシャル・セキュリティ社における，環境保全の意識の高い職員によるグリーンサークル活動と，その取り組みの成果についても報告されています。

　サステナビリティ・プログラムに対する職員の積極的な関与を進めることで，以下のようなメリットが組織にももたらされます。

　（ア）全職員がサステナビリティの実践者となり，積極的な参加が促進されます。
　（イ）職員の関与により組織の定期的なサステナビリティの達成状況が管理されます。
　（ウ）職員のやる気を育成し，サステナビリティの取り組みを進める職場風土を生み出します。

(2) 組合員／契約者の関与

　組合員は，協同組合／相互扶助保険組織の主要な利害関係者です。そのため組合員の期待に応えることは，組織にとっても大きな価値をもたらします。

①組合員への情報提供

　フォルクサムは1999年以来，自らの調査に基づく「ヒーティング・ガイド」を発行し，インターネット上に暖房装置の性能についての比較情報を掲載しています。同社は，建築資材に関するガイドライン，自動車の安全性と燃料効率についての情報についても組合員へ提供し

ています。同様の組合員を対象とする取り組みとして，全国誌を作成し，動物愛護，公正取引，人権および気候変動の特集を扱う事例についても報告されています。

②組合員からのインプット

　CISは，社会的な責任を果たす事業体とは，どのような組織であるべきかについて，組合員参加型の議論会を実施しました。その結果，400万人の組合員は，サステナビリティの取り組みに対して，価値ある意見を提供し得る存在であることが分かりました。組合員からの意見を的確に把握することにより，これらの問題にどのように対処・処理するべきかについて明確な回答を得ることができます。

(3) 政府との協調

　サステナビリティの取り組みを有機的に進めるには，政府・非政府組織（NGO）との有意義で具体的な協力関係を構築することも不可欠です。

①気候変動への取り組み

　近年，甚大な被害をもたらす自然災害の発生頻度が高まっています。これは，政府と保険業界とが連携して，必要であればより厳格な建築基準を制定・適用すべきことを意味しています。

②安全性の向上

　政府との提携により，保険会社はリスクを軽減し，個人の安全を高める有効な解決策を見出すことができます。フォルクサムは自動車の衝突事故によるむち打ち症に関する調査を実施しています。この調査結果の一部は，スウェーデン道路庁へも報告・共有されています。また，コーポレーターズでも大学や研究所との共同研究の結果に基づき，より安全な建造物の建設を推進する建築基本法改正，火災用スプリンクラーの設置法案等の成立のために政府に対してロビー活動を展開しています。

(4) 地域社会との協調

地域社会における基盤構築は，協同組合原則の基本的な要件です。その実現により，協同組合／相互扶助保険組織の得る便益は広がります。保険会社がサステナビリティの取り組みを実践すれば，ボランティア活動，地域社会との提携，教育および財政面の支援を通じて地域社会の強化につながります。

いかに協同組合／相互扶助保険組織が地域社会に対して実際的な貢献をすることが可能か，非常に多くの事例が報告されています。例えば，CISの上部団体であるコーポラティブグループでは，2007年に職員および組合員参加型のプロジェクトを実施して，118,983時間，145万ポンド（236万米ドル）相当の時間を地域社会に還元しました。地域社会からインプットを得ることで保険会社は，地域社会の抱える財政および保険の課題を把握できるようになり，組合員の要望に沿う長期的な解決策を提供できるようになります。

(5) ケーススタディ：特別講座の学習プログラムを通じたスタッフの関与

コーポレーターズでは，2007年からナチュラル・ステップ・カナダ社と連携して，インターネットを用いて包括的にサステナビリティについて学習できる講座の開発を進めてきています。特に，地球の直面する生態学的，社会的および経済的な課題を学習し，かつ先見的な計画を実行するための仕組みが開発されています。

サステナビリティの基礎知識：この対話形式の講座を通じて，環境，社会および経済に関する優先課題をひとつに関連付けて現実的に学習することができます。この講座を受講することにより，コーポレーターズの役職員は，理論的・実践的なサステナビリティの概念について，統一的で共通の理解を深めることとなります。この講座の至るところで引用されているコーポレーターズおよび関連組織での実際に発生した実例や事例により，サステナビリティの概念が実務・業務において

どのように実現されるのかを理解することとなります。

　2007年に講座を導入して以来1,860名を超える職員，取締役および代表者がこの講座を受講しました。多くの役職員がこの講座を受講したことは，気候変動問題への関心のみならず，コーポレーターズのサステナビリティの取り組みへの強力な支持を受けていることも物語っています。

(6) ケーススタディ：組合員意識調査を通じた組合員の関与

　組合員の関与は，CISの最優先事項であり，コーポラティブグループを構成するすべての組織の共通の価値です。約400万人の組合員を擁するCISは，組合員が積極的に関ることをサステナビリティの取り組みにおける最重要課題としており，日頃から組合員の意見を尊重しています。

　2003年にCISは，道徳規範およびサステナビリティの取り組みに対する組合員の意識調査を実施しました。質問項目は，倫理政策の作成，環境保護に関するサステナビリティの取り組み，人権および軍備，取引および労働者の権利，社会的一体性，遺伝子組み換え，動物保護，企業統治，および消費者保護の分野を含む広範囲に渡るものでした。その結果は，その後のCISの倫理政策等に影響を与えるほどの影響力を持つものでした。組合員意識調査はその後も継続実施されており，引き続き組合員の意見を尊重し，その優先的課題に対応するように，定例的なフィードバックを実施しています。

5．事業活動における実践

　サステナビリティのコンセプトでは，企業活動が環境に与える影響と環境が企業活動に与える影響の両面について考慮されています。したがって，企業のサステナビリティ戦略においては，事業活動が環境に影響を与える負のインパクトを特定した上で，それを最小限に抑えると同時に，環境が事業活動に与える負のインパクトを特定し，適切

な対応をとる必要があります。

(1) カーボンフットプリントの削減

　保険会社が環境へ影響を及ぼす要因は，事業所での電力消費，紙の使用および出張による交通機関の利用などがあります。しかし，これらはすべてうまく管理することで軽減または削減が可能です。例えば，温室効果ガス排出量を削減するための最も効率的な方法は，職員によって会社の取り組みが理解され，それが積極的に支持される状況を作り出すことです。職員一人ひとりの行動が，組織の目標達成に不可欠であることを職員が理解していなければなりません。

　多くのサービス産業と同様，保険会社は伝統的にその事業で非常に多くの紙を使用します。しかし，その使用量の削減に真剣に取り組むことは，今や環境だけではなく，業績へも影響を及ぼします。

(2) 投資を通じた企業のサステナビリティの強化

　保険会社は，社会的に責任ある投資政策を策定し，機関投資家として投資対象企業がサステナビリティの慣行を採用するように働きかけることで，間接的にサステナビリティに貢献することができます。

　2006年4月に発効した国連責任投資原則（UNPRI）は，機関投資家が環境，社会，ガバナンスの問題をその投資実務全体に組み入れ，社会倫理と運用実績を両立させるのに役立つグローバルな枠組みを提供しています。金融危機の発生により，長期的な視点に基づく社会的責任投資（SRI）の利点がはっきりと認識され，2008年には国連責任投資原則（UNPRI）に署名した組織は約360社に倍増し，その総資産額は14兆米ドルを上回りました。

(3) 保険金支払業務および事故防止を通じてのサステナビリティ

　協同組合／相互扶助保険組織は，保険金支払業務を通じて気候変動の問題に対処できる機会に恵まれています。"グリーン"を念頭に保

険金支払業務へ対応することで，保険料の活用方法についての契約者の期待に応えることとなり，環境への負荷を低減し利益を還元することで利害関係者を満足させることになります。

6．保険制度およびサービスにおける実践

保険会社におけるサステナビリティ政策の進捗状況を示す手段の中には，サステナビリティを促進する保険制度・サービスの開発と提供があります。これらを進めることにより，組合員のサステナビリティに対する関心を高める機会を提供することができ，同時に保険会社自身のイメージ向上も期待できます。サステナビリティの考え方は，将来のリスクへの保障を提供する保険の機能と多くの点で一致しています。また，その事業の中心にあるのは社会への貢献です。これらのことから協同組合／相互扶助保険組織の利害関係者がサステナビリティへの対応を保険制度やサービスに期待するのは当然のことです。また，政府の公的部門からの撤退が進むとともに，そこにおける人々の需要も高まると予測されます。協同組合／相互扶助保険組織の社会的課題に対処する役割が期待されています。

(1) 組合員の環境に対する価値観との調和

サステナビリティの特徴を備える保険制度は組合員を強く魅了し，また，このような取り組みを進める保険会社の企業イメージも向上すると期待されます。レポートでは，環境に配慮した自動車保険の開発，ハイブリッド車両・環境に配慮する車両・安全性の高い車両に対する保険料の割引，環境に配慮した資材を用いる住宅向けの火災保険の開発などの事例が紹介されています。

(2) 高まる社会的ニーズへの対応と保険の利用可能性の向上

技術，政治，人口構造の急激な変化により社会のニーズは変化します。その結果，社会貢献を基本コンセプトとする保険事業そのものも

新たな課題に直面することとなります。協同組合／相互扶助保険組織には2つの課題があります。つまり，変化する社会的ニーズを予測して革新的な保険制度を開発することと，いかに社会的役割を果たすかについての明確なビジョンを持つかということです。

高まる社会的ニーズに素早く対応し，組織の内外にアピールした事例が報告されています。例えば，増加する移民の保険ニーズに応えるための多言語コールセンターの設置，聴覚障がい者の保険利用をサポートするプログラムの開発，1980年代における介護保険の導入・実施，HIV感染症／エイズの危険性および予防方法についての教育キャンペーンの実施，非営利ボランティア組織に向けた保険制度の開発などです。

(3) 新たな投資需要に応える

企業倫理を基準に企業を選別する消費者が増えています。特に，倫理ファンドに投資することを望む消費者が増加しています。オランダのSNS REAALは，消費者が社会的に責任ある投資を行うことに強い関心を示す傾向にあることを認識し，社会，倫理，環境に対する明確な役割を果たす制度を開発しました。例えば，預金をサステナビリティ基金に投資するグリーン年金基金，政府の認定に基づき風力エネルギー，持続可能な建設事業および有機農業などの環境プロジェクトに投資するASNグリーンプロジェクトファンド，発展途上国の農業および事業を支援するマイクロクレジットに融資するASN-Novib Fondsおよび発展途上各国の企業に対する市場金利でのマイクロファイナンスの提供をめざしている機関投資家のためのSNSマイクロファイナンスファンドが報告されています。

7．人的資源

協同組合／相互扶助保険組織の人事政策に組織のサステナビリティ原則が反映されなければならないのは，それにより職員への影響を明

確に把握することが可能となり，かつ，社会的リスクに対応が可能となるからです。

(1) 人材募集および職員の保持

　サステナビリティ原則を反映した人事政策は，その企業の価値観と同一の価値観を持った人材を惹き付け，彼らによってサステナビリティのパフォーマンスも高まります。質の高い職員が優位性のある給与体系または高い労働条件を提示する企業に魅力を感じることもありますが，サステナビリティの価値に基づく協同組合／相互扶助保険組織は魅力ある雇用主として競合他社から自らを差別化することができま

CSRは，あなたのやる気と企業への忠誠心を高めますか？「はい」／「いいえ」

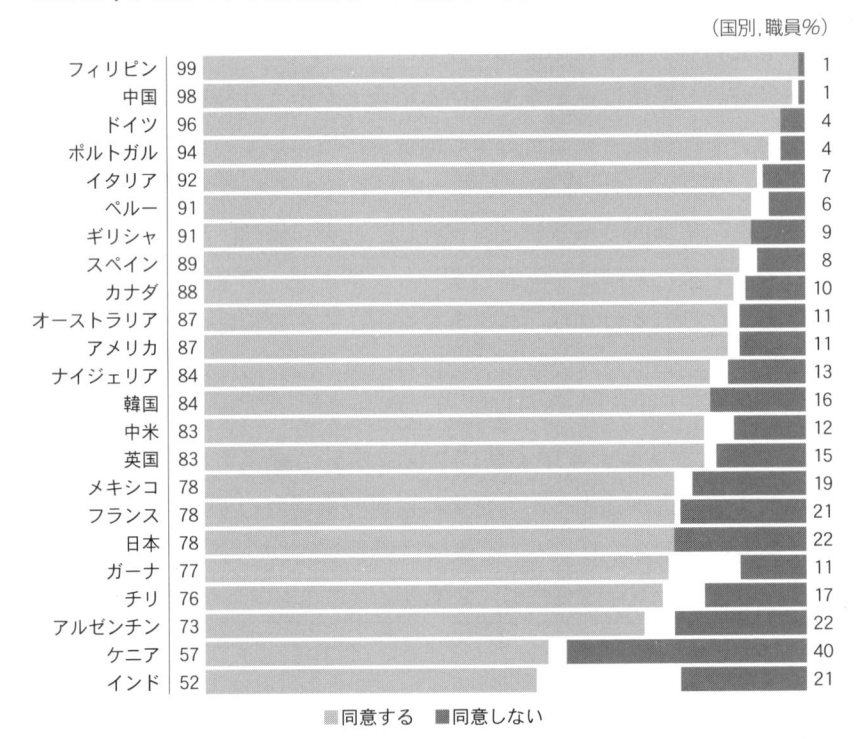

（国別，職員%）

国	同意する	同意しない
フィリピン	99	1
中国	98	1
ドイツ	96	4
ポルトガル	94	4
イタリア	92	7
ペルー	91	6
ギリシャ	91	9
スペイン	89	8
カナダ	88	10
オーストラリア	87	11
アメリカ	87	11
ナイジェリア	84	13
韓国	84	16
中米	83	12
英国	83	15
メキシコ	78	19
フランス	78	21
日本	78	22
ガーナ	77	11
チリ	76	17
アルゼンチン	73	22
ケニア	57	40
インド	52	21

■同意する　■同意しない

このグラフの白のスペースは「状況次第／同意も不同意もしない」および「分からない／該当なし」を意味します。

す。サステナビリティ戦略が職員の忠誠心とやる気を引き出すツールと成りえることは下に表示されている，グローブスキャンの実施した『企業の社会的責任モニター2009』によって証明されています。

　法令で定める最低基準を上回る出産休暇／育児休暇，疾病手当等を雇用契約に含めて保障することは，組織のサステナビリティの取り組み姿勢を示し，信頼できる組織である証となり，人材募集の上でも差別化を図ることとなります。

(2) 職員への福利厚生

　職員に対する福利厚生として，健康診断の実施，地域社会におけるボランティア・チャリティ活動の奨励・支援，業務における多様性と個人の尊厳を守る制度およびワーク・ライフ・バランス政策の実施を進める事例が報告されています。これらの事例は職員の多様性および男女雇用機会均等などの取り組みが協同組合／相互扶助保険組織にとって重要な課題であることを示しています。

(3) コミュニケーション・フロー

　職員が定期的に「トップダウン」の連絡を受け取ることは重要ですが，さらに進めて職員と役員の双方向の対話の関係性を構築することで大きな効果が期待されます。

　職員との密接な関係を構築するには，すべての段階および部門の職員からの意見を受け付け，それに回答できる体制を整えることが極めて重要です。職員の満足度を評価し，それを把握することのできる制度を実施し，その制度の有効性および進捗を管理することは，協同組合／相互扶助保険組織がいかに職員を大切にしているかを示すもので，組織に透明性の文化が育まれ，かつ，業績向上につながる経営管理を促進します。

（全労済経営企画部翻訳）

共済（生協共済）に関連する文献レビュー

◎公益財団法人生協総合研究所客員研究員
鈴木 岳

※本論文は，生協総合研究所で2008年から開催している生協論レビュー研究会で取り上げられた論題について，著者の責任において追加的な文献調査を行い，改めてまとめたものである。

はじめに

　本稿は,「共済（生協共済）」の文献レビューを標榜している。しかしながら, これまでの議論としては,「協同組合と共済」論が主流であり, その枠組みに大半は内包される。特に生協に限定した議論は, 紹介記事としては多数あれど, 論考としては少ないようである。この状況は, 共済の制度が, 技術的には各種協同組合に共通性があることに起因すると推察される。とはいえ, 本稿では, 表題を多少なりとも意識し, それに基づいて整理することとする。

　本レビューの場合, 時代で区分するより論者ごとの仕分けがよいようにも思う。というのも, 本稿で代表として取り上げた論考より前に, 既に同様・類似の主張をしている論者が多いからである。但し, 本レビュー・シリーズでは, 前者の手法を取っており, その線で統一すべきと考える。そこで, 無理は承知の上, あえて時代の4つの区切りとして, 土台としての共済論の古典的文献を第1期, 全国生協連（県民共済）の創設（1981年）と, 全労済の「こくみん共済」（個人定期生命共済）(1983年), 大学生協連の学生総合共済（1981年）, 日本生協連のCO・OP共済《たすけあい》(1984年) の開始と各種の共済が開発された1980年前半からを第2期, 保険業法が56年ぶりに改定（1996年）されて規制緩和の潮流が明確になった1996年前後からを第3期, 無認可共済問題に伴う保険業法の一部改正（2006年）と生協法が改正（2008年）された2005年以降のここ数年を第4期として, アンソロジー風に取り扱うこととしたい。また, 本稿での参考資料は, 結果として多くを『共済と保険』誌に負ったことを, 予め付言しておく。

1　第1期　共済論の古典的文献

ここでは，共済-保険協同組合に関する主要な5人の論者を挙げたい[1]。

（1）N. バルウ著，水島一也監修『協同組合保険論』社団法人共済保険研究会，1988年（Noah Barou, *Co-operative insurance*, 1936の全訳書）

ロシア生まれのノア・バルー（1889-1955）は，1922年に英国へ渡り，フェビアン協会に参画，国際協同組合の研究機関で活躍した人物である。バルーは，仏人シャルル・ジードが主宰した各国協同組合理論家たちの議論の場である「国際協同組合研究会」（1931-38年）の主要メンバーであった[2]。本著は，保険協同組合論の先駆的地位を占めるものである。

法律的要素として，バルーは，「保険協同組合は，それが個人組合員であれ，協同組合団体であれ，組合員のために設立された任意組織体であり，保険契約者と保険者との間に，人間的きずなが全く欠如している場合の多い営利会社に比べて大きな利点を持つ。……協同組合保険における人的要素や保険協同組合の組合員間に存する人間的きずなの重要性は，「道徳的危険」が大幅に減少し，ほとんど発生していないという点に最もよくあらわれている」（p.121）。また，危険の選択にあたっては，「民営保険が採用している二つの方針は，ある特定の職業と特定地域居住者の排除である。しかし，協同組合保険はすべての申込者に開放されているから，このような差別的方針はとらない。……組合員間の人間的きずなや組合員相互間の親密度は，調査を余分なものとさせることが多い」（pp.122-123）。と述べる。さらに，その協同組合保険の社会的要素や経済的要素を止揚し，協同組合保険と相互保険の相違を記している。

結論として,「保険協同組合は,営利会社の欠陥と不備を是正するために科せられた二重の責務を果たしつつある。……保険協同組合の存在は,営利会社による無制限の搾取を停止させ,かれらに保険料率および保険約款の再考を促させることになった。保険協同組合の存在が,保険業界の全般的な状況をかなり改善することとなった……もう一つの重要な功績は,協同組合による保険サービスが,普通の保険会社よりも低率の保険料で一般の人々にも利用可能となったことである。……協同組合保険は,組合員に義務感と責任感の意識を涵養させ,仲間の組合員と隣人の利益やニーズに対する思いやりの心を養う。こうしたことから,保険協同組合は,多分,他のいかなる形態の協同組合よりも,組合員の道徳水準を高めることになる」(pp.385-386) と高い評価を与える。但し,協同組合の問題点や欠陥として,「卸売組合によりその子会社として設立された保険協同組合は,営利保険会社が現に行っている経営方法を大幅に模倣している。これらの組合は,剰余金を普通の保険会社よりも多く保険契約者に(割)戻しているが,その経営方法は殆ど同じである。これらの組合は外務員を通じて事業活動を行っており,その経営は有給の役員の手に委ねられている。保険契約者の経営の参加はきわめて限られたものとなっている」(pp.387-388)。加えて,孤立した地方組合のさらされる危険についても論及している。

(2) 賀川豊彦『日本協同組合保険論』有光社,皇紀2600年 (1940年)

賀川豊彦 (1888-1960) の八面六臂の活躍ぶりは言うに及ばない。協同組合保険に関しても常々大いに関心を示していた彼は,1936年に欧州でバルーと会見し,大いに示唆を得ている[3]。太平洋戦争直前における日本の健康保険等の社会保険や私的保険の問題点を整理・分析し,協同組合保険を適用する諸国の趨勢にも十分目配りした土台をもとに,協同組合保険についての本質と存在意義を本著で記している (蛇足だが,本著は漢字にルビが全文にわたり振られている)。賀川は

次のように協同組合保険の優位性を述べる。

「協同組合保険に於ては実に複雑なる社会心理的機能が働くために，普通道徳危険率が少くなり，経営費の負担は軽減し，従って災害補償に対する保険料金の支出も，低率ですむわけである」(p.14)。

「組合保険に於ては元来が営利を目的としないために信用ある組合のいふことならば，何でも信じてくれる。そこに組合保険事業の強さがある」(p.17)。

「協同組合保険の一つの有利な点は，かうした契約破棄による契約者の損害を最小限度に喰い止める事にある」(pp.18-19)

「営利会社では殆んど無制限に，高額の保険金を契約し得る。しかし，営利会社と異って営利を基本としない組合保険に於ては無闇に保険金額を決定することは許されない」(p.19)。

「営利会社と違って組合保険は，経費に於て最小限度でよく，道徳危険率は少なく見てよいし，その上に利益金払戻の便宜があるために，その利益金を災害率を減少せしめるために消費することが出来る。……かくの如く営利保険会社では考えられない，社会政策的福利施設を，国家的に施行なし得るため，災厄を見てから財的補償を受けるだけでなく，根本的に災害をなくし得る運動に取かゝることが出来る」(pp.20-21)。

さらに，社会保険との対比において，賀川は，「経済組織の組立を分析的に考へない人は，簡単に国家保険をもって社会保険の理想的制度と考へる。保険制度が目的の簡単な郵便制度のやうなものであるならば国家事業として少しも差障りはない。現に簡易保険は郵便局の手を通して国家が運用してゐるのである。

しかしながら……保険事業は，それが未来のものに属し更に生命と，その生命の活動する事象及び生命保存に必要なる財産の保全に関するものである以上，郵便制度の如くさう簡単に取扱ふわけには行かない。……即ち，社会心理の上に建設される組合保険は単純なる事物の取扱と違って，(一)生命保全の意識的社会組織に関係があり，(二)社会心

理の努力に従って確率に非常な変化を起し，（三）来るべき災害の変転を防止する互助愛的施設によって能率を異にする。（四）社会文化の成長と保険加入書の心理的能率の成長率に従って，保険の成績に非常な変化が起こる。（五）道徳危険率に左右せられる。（六）互助組織の比例に従って危険率の分散，保険能率の増進に非常な差違が出来る。（七）意識的文化の目覚めの程度に従って，確率の予知，保健医学，天災の測定，災害予防等に対する相互的連絡を組織化し得るために，保険事業を意識化することが出来る。以上挙げた七つの点は……保険事業が，国家的事業であるにしても，単なる権力によって組織され得ないことを我々に暗示するものである」（pp.52-54）。ここで賀川は「社会心理性」という表現を駆使し，人々の相互扶助的な道徳思想の発達が「唯物史観」と逆行することを指摘する。そして「協同組合保険を基礎としてその上に国家管理を延ばして行く必要」（p.54）を述べるのである。

本著において，国際的な視座の上で，年金・医療・失業のさまざまな社会保険制度に言及し，協同組合保険を語る賀川の姿勢は，「木を見て森も見る」ものと評価されよう。

ただし，注意かつ強調すべきこと，それは，賀川の共済論が協同組合全体のゴールをどこに置いていたか，という点を看過してはならないということであろう。

（3）米谷隆三「組合体に担われたる保険」『農協共済発達史・資料編』1968年（初出は1954年）

米谷隆三（まいたに）（1899-1958）は，1955年に「約款法の理論」で日本学士院賞を受賞した保険学者。共済研究の大御所である坂井幸二郎氏は，保険と共済について，米谷の指摘する8つの相違点を次に要約，大きな時の流れを感じると述べている。「一，保険金額　保険＝無制限，共済＝制限あり。二，再保険　保険＝不可欠，共済＝必要度弱い。三，料率　保険＝地域，職域によって格差，共済＝考慮されない。四，危

険の選択　保険＝必要，共済＝なさるべきでない。五，保険（共済）金　保険＝損害の填補，共済＝救済（一定の共済金）。六，給付と反対給付の関係　保険＝両者間に対価性あり。客観的。共済＝計算上対価たる意味のない制度。七，危険の基礎　保険＝合理的基礎が建前，共済＝あまり重要でない。八，経営　保険＝開放的，独立的。共済＝閉鎖的，従属的（他の事業に）」。

しかし，次の印南が引用したことで知られる米谷の文言は，以下に出てくる。即ち，「保険にあっては合理的な損害の填補という建前になっているが，共済にあっては非合理的他力的な災害の救済という建前になっている。だが，われわれの偶然性に曝された生活利益の安固を企図するにあたっては，保険経営の近代性をもってしても，そこに経営採算からの限界が存する。ここにおいて保険の限界に共済が展開されることを，われわれのせいかつそのものが要請することになる。されば『保険の終わりは共済の始まり』ということになろう[4]」。この「保険の終わりは共済の始まり」という言葉は，後にさまざまな解釈を呼ぶことになる。

（4）印南博吉「共済事業の性格と前途」『共済と保険』2003年6月（『共済保険研究』創刊号，1959年9月の復刊）

印南博吉（1903-90）は，共済保険研究会の初代会長である。「共済と保険を端的に表わそうとするならば，私は，「共済は事業であり，保険は営業である[5]」，といえば宜しいかと思う。……もっとも，共済事業はすべて非営利事業であるが，保険相互会社や簡易保険局も非営利事業であることを建前としているが故に，営利的かどうかということは，……共済と保険との相違点にはならないわけである」（p.24-25）。

「……保険の加入者は，どんな職業どんな土地の人たちが同じ保険に加入しているか，全然知らないのである。よく，保険は『一人は万人のために，万人は一人のために』One for all, all for oneという共存

共栄,相互扶助の精神に立脚した事業である,といわれるが,加入者の精神についてみる限り,これはマッカなうそであり,保険事業を不当に美化した言葉であって,共済事業こそ,この言葉があてはまる,といわねばならない」(p.25)。

「共済は保険とまったく異なるものでもなければ,同一の存在でもなく,いわば純粋共済と保険との中間に位し,その在り方の如何によって,ときには純粋共済に近く,ときには保険に近いことが有りうるのである」(p.27)。

「『利益社会から組合社会へ』というのが,今日における資本主義陣営における大衆的な動向であるとすれば,社会主義陣営は,それより一歩先んじて「組合社会から共同社会へ」という目標を追って進んでいるのである」(p.31)。という主張から,共済は社会主義制度へ向かう過渡的形態と解釈できよう。

(5) 笠原長寿「労働者共済運動の視角と若干の問題点」『労働者福祉研究』第4号,1975年1月

印南を師とする笠原長寿(1921-81)は[6],保険学者として日本学術会議の会員となったが,病で早世している。共済論の指導的立場にあった笠原は,労働者共済について,その運動の意義と役割を次に整理している。「(1)労働者は,資本主義の本で労働者階級の経済的生存条件から生まれた大衆的経済事業としての保険協同組合である。(2)その目的は,……保険資本の追加搾取を排除または軽減させて労働者階級の生活擁護と向上に奉仕する。……(3)労働者の共済は,……独占資本と国家の負担による社会保障の拡大の運動を明かにし,保険労働者と共に保険資本の搾取活動を民主的に規制する役割を果たす。(4)……労務管理的企業内福祉を規制し,民主化する役割を果たす。(5)共済を通じた労働者の共同財産を蓄積し労働運動並びに階級闘争の発展に有利な物質的基礎を強化する」(pp.8-9)。その上で,事業の拡大については,経営主義的傾向の弊害を指摘しながらも,「それ自体す

ぐ経営主義であるとして否定すべきでないと思う」(pp.9-10) とも述べている。さらに，機械化についてはその自主性や職業病，人間疎外に配慮しながらも導入すべきであって技術革新は不可避なこと，共済を労働組合の付属物としてとどめることなく，共済活動の実質的な結集・統一をすすめ，企業内組合の体質から脱却すべきこと（pp.15-18)，を指摘した。総じて氏の見解は，1980年代初めまで公然と主張された保険業界や官庁による「共済規制」の動向への反論を，多分に含むものである。

なお，上記とは無関係な文脈となるが，同時期の1975年に「保険（共済）と教育」というテーマで『共済と保険』誌上に数号なされた議論は，現在にも色あせない視座を提供するものである[7]。

2　第2期　1980年代に入った生協共済論

既に，全労済（全国労働者共済生活協同組合連合会，1957年創設の労済連を改称）の1976年の創設や[8]，1973年に埼玉県民共済が創設，1979年に日本生協連（日本生活協同組合連合会）による「COOP共済」の開始など，1970年代にも生協共済の大きな動きはあった。が，これらが発展し，生協の共済として着目されるようになったのは1980年代といえよう[9]。A．F．レイドロー「西暦2000年における協同組合」報告後の影響もあったこの時期は[10]，各種の生協共済についての個別の紹介記事が目につきだし，論及も始まる。

まず，大学生協連（全国大学生協連合会）が開始した「学生総合生協」（1981年）に関係する評論として，次のものがある。

(6) 福武　直「共済と保険をめぐって」『生活協同組合研究－生活問題研究所月報』1984年8月

1981年，厚生省に認可されて浸透し始めた大学生協の共済事業に

ついて，私保険の発想からの脱却を，氏は簡潔に主張する。

「……共済は私保険よりも社会保険に近い。したがって，共済は社会保険的な視角から検討すべきものであり，私保険的な損得勘定から評価してはならない。……共済は「商品」ではないといった私の発言の原点にたちかえってほしいわけである。この商品という表現は，大学生協の事業でも普通に使われる。他の事業について，私は，この言葉を否定しようとは思わない。生協においても，スーパーやデパートに劣らぬ商品感覚は必要である。しかし，同時に売上高といわないで供給高と称し，利益といわないで剰余と称する生協の本質を忘れてはなるまい。そして，共済事業のばあいは，商品的な視点からの脱却を，とくに重視したいのである。……共済の普及拡大とともに共済の本質を組合員に理解してもらうことが，社会保障の根幹である社会保険についての正しい認識を培うことにも通じる」(p.2)。

この主張は，「八三年の運動をつくり出す出発点となったのは，私たち大学生協連の会長理事・福武先生が，一月の全国理事会の席上で「大学生協の共済をほんとうに大学の中に根づいた，学生みなさんの懐に入りこんだものとして，助け合い事業として育てていくということを真剣に理事会から，地連から，会員生協でとり組んでほしい。この点ではまだまだ不十分すぎる」という厳しい指摘をされたことから始まりました[11]」。

次に，全労済が1983年に開始した「こくみん共済」に関する論考を掲げる。

(7) 根立昭治・大森実「対談　全労済とこくみん共済」『共済と保険』1984年6月

大森氏は「(1年間で50万人の加入者を獲得した「こくみん共済」の対象は) 組合員それ自身，あるいは不特定多数といわれながらも，本当に簡便でわかりやすく，しかも一定の保障が得られるという制度として，まあ人気を得たといいますか，要するに国民的な合意を，こ

の一年の中で得たのだと自信をもっています」(p. 21) と述べる。それに対して，根立氏は，「組織された労働者が意識的に安くていい私的保障をつくりだすことは，それはそれでいいのですが，ただそれが自覚していない未組織労働者の，企業保障の代替物であったり，政府の足りない社会保障の補完的役割を一時的に埋めあわせるものおわらなければいいがな，という懸念」(p. 25) を示し，しかし，その上で「私見では社会保障の不足部分は，前に言ったことと矛盾するようですが，自助努力で埋めていかざるをえない。そのスキマを埋めるのが「こくみん」共済だと思うわけです。……高齢化社会になって誰にも頼れない老人に，最後には共済が手を差しのべるという役割。つまりもっとも欠けているところをめざして共済運動を展開してほしいと思うんですね」とまとめている[12]。

急速に伸張した県民共済に関しては，

(8) 根立昭治，正木萬平「埼玉県民共済を語る」『共済と保険』1984年7月

同年で累計44万人が加入する埼玉県民共済について，正木氏は「(低所得者層の) 人たちは実は最も生命保険を必要としていながら経済的理由で生命保険に入ることができなかった層で，こうした底辺をうちがさらったといえるでしょう」(p.19) と分析する。さらに，根立氏が今後の高齢化に伴い「共済は相互共済の制度ですから，死亡率の変動によって料率をあげていかれることもあっていいのではないかと思います。……無理をして事業が崩壊するようでは元も子もありませんから」(pp.21-22) という懸念に対しては，「……共済事業というものは掛金を下げる競争はすべきではないと，掛金は私にいわせれば十分にいただいて，そして払うべき共済金は確実にお支払いをして，そうして事業費を徹底的に節約をして，あまったお金を割戻金として加入者にお返しをして，その結果，安かったとなるべきと考えているわけです」(p.22) と正木は応じている。それに加えて社会還元の具体

な手法を補追している[13]。

　地域生協の共済に関しては，次のものがある。

（9）小松一夫「地域購買生協における共済・保険事業について」『共済と保険』1987年7月

　地域生協の共済制度に対する組合員の期待が大きく多岐にわたっていると認識したうえで，この種の共済の基本的与件を次に要約する。「第一に，社会保障制度や社会福祉の制度との関係の明確な認識についての研究，学習，教育が必要である。……第二には，是非とも自前の元受共済制度を企画開発し事業として発展させることである。……第三には，生命保険・損害保険に対する基本的考えを明確にすることである。……第四に，とはいっても，地域共済の共済にオールマイティな保障制度の期待を寄せることは許されないことというべきであろう。……第五に，……専門職員の配置と専門所管部署の設置が最低限必要といえる」(pp.44-45)。そして，その使命と立ち位置については，「そもそも，地域生協が別組織の代理店によって生協組合員の保険契約をも取り扱おうとする意図は，組合員が消費者としてあらゆる保障について必要としている制度の知識，利用方法等について適切な教育指導をも兼ねたコンサルタントとしての使命が主であることを理解しておかなければならない。……地域生協の保険事業は，それが生協とは別人格の組織によって展開されようとも，組合員のための共済事業との関連性を維持しながら，絶えず，社会保障，福祉制度の動向を生協らしく正しく判断して組合員の生活全体をトータルで安全な，安定的な指向を定めていくという視点に立つべきであろうと思う」(pp.46-47)。

　以上のような生協の共済に絞り込んだ論考が出現してきたとはいえ，この時期も共済全体を包含した論考が，主流を占めていることは明らかである。主要なものとして，次の数点を挙げておきたい。

(10) 根立昭治・笠松健一監修，日本協同組合学会編『共済の現状と課題』お茶の水書房，1984年（執筆者，根立昭治，松田佶次，山本一郎，相馬健次，坂井幸二郎，押尾直志＋質疑応答）

根立氏によれば「共済とは，資本主義社会においては経済的弱者である小生産者，労働者の組織する協同組合が，資本家的保険企業に対抗して，組合員の自覚された危険補償を充足するために経営する保険である」(p.14) と定義づける。そして，共済の課題について，1. 組合員（加入者）の教育を徹底すること 2. 自主的経営組織と合理的経営組織づくりをやること 3. 高齢者社会に対応した共済種目を開発すること 4. 兼業農・漁家のための共済種目を開発すること (pp.24-28)，としている。

さらに1990年代に入り，有力な論客による共済の本質に関する議論が雁行して現れる。

(11) 根立昭治「共済の本質について」『共済と保険』1990年12月

氏は，水島一也『現代保険経済，第三版』千倉書房，1988年の記述「（共済は手段と目的が逆転しているだけで）ほぼ保険と共済と同一である」と主張する保険法学者に異議を唱え，「……協同組合が営む共済は，例え共済が保険と同じ機能を持っているとしても，その機能は協同組合の特徴からあくまでも非営利と相互扶助，あるいは自立共助のために展開されなければならないという制約を受けるので，保険と共済は決して同一でないと理解をしている」(p.46) と自説を展開する。

(12) 押尾直志「共済の本質について」『共済と保険』1990年11月

「日本の共済事業を問題にする場合には，日本の経済の発展なり変化，変質を前提において理解しなければならない」(p.18) とした上で，代表的な共済概念として，ノア・バルー，三輪昌男，水島一也，笠原長寿を取り上げ，各人の論点をキーワードと嚙ませつつ，バラン

スよく整理している。

(13) 本間照光「共済（協同組合保険）の本質について」『共済と保険』1990年10月

　本間氏は，竹内昭夫氏，吉川吉衞氏らの唱える共済監督法（共済基本法）必要論について，消費者規制，歴史認識，保険本質論の観点から，さらには国家規制の必要や自治と大数の法則を対立するものとする見解に対して，徹底的な批判を展開する。その上で，「私，何事によらず，ひいきのひき倒しはよくないという立場である。例えば，公的な保障がなくても，私的な保障，私的な保険でなんとかなる，あるいは，保険がだめでも共済があるから大丈夫だということは，大きな間違いである。われわれは，あくまでも資本主義社会，そして独占資本主義，あるいは国家独占資本主義といわれる現実の中で生活し，生活課題，リスクを受け止め，また，協同組合を運営している。だから，そういう中での限界は当然持っている。保険についても共済についても，一方的な自画自賛ではいけないのであって，生活の根本課題解決に向けて，協同組合と共済がどのように対処していくのか，そしてまた資本家的な経営者によってではなく，自主的経営能力それから自浄能力，これを持った組合員大衆をどうやって参加させ，組織し，担われていくのか。それとも，資本の大海に飲みこまれ，同化していくのか。非常に大事な分岐点にあるものと考える」（p.54）。

(14) 三輪昌男「共済事業の原理と課題」『共済事業と「社会的貢献」共済と保険臨時増刊―日本共済協会発足記念論文集』(社)日本共済協会，1993年

　「かつて一九四〇年代後半から六〇年代半ばにかけて，共済の本質を保険とは異なるものとする議論が盛んに行われたことがあった。保険会社＝営利保険批判の思いを込めた議論であり，それなりの意義を持っていたといえようが，議論された保険との違いは協同組合の営む

保険であることに由来しているのであって，それを本質の違いとすることには無理があったといわざるを得ない」（pp.47-48）。としながらも共済事業の特質を，①協同組合の理念に基づくこと，②低所得層，遠隔地，地震保険などの高リスク分野への取り組み，③営利の排除，④前記的保険への取り組み，⑤社会的対抗力，⑥公的保険の改善を促すこととそのカバー，⑦協同組合間の連携，⑧国内外の提携，⑨保険として最も本来的なもの（pp.54-55），と列挙する。また，モンドラゴンの共済に高い評価を加えているが，後年刊行された文献（シャリン・カスミア著，三輪昌男訳『モンドラゴンの神話――協同組合の新しいモデルをめざして』家の光協会，2000年）を勘案すると，興味深いものがある。

また，既存の共済研究に批判的な論考も現れてくる。

(15) 庭田範秋「最近の共済研究に思う」『共済と保険』1990年10月

「……運動理念が鮮明さを欠き，共済職員のサラリーマン化が目立ちだす。……このような趨勢にありながら，共済の新しい道を指し示さなければならない共済学者のその学理の，なんと陳腐で，黴の生えていることか。おおかたはマルクス経済学や金融資本論の亜流または焼き直しであり，さらに前時代的協同組合論そのものに過ぎない」（p.40）と手厳しく現状を批判する。そして，「共済と社会保険」との関係の理論と，共済事業の金融活動や組合員のファイナンシャル・プランを指導する理論としての「金融論」の欠落を指摘し，今後に期待すると結んでいる（p.41）。

(16) 真屋尚生「現代協同組合保険論－協同組合保険をめぐる自由と平等－」『共済と保険』1992年1月

「……共済のポスターにも，タレントやスポーツ選手が微笑んで登場していますが，これによって共済と保険の本質的な違いを判断できる一般消費者が，どの程度いるでしょうか。……共済の保険化が進行

している，とさえ感じられないでもありません」(pp.23-24) と述べた後，注目すべき指摘をしている。「生活者たる共済加入者の立場からいたしますと，共済も保険も大切でしょうが，これ以上に生活の基本的な部分を支えている社会保障の方が重要なはずです。日本においては，私たちの生活保障，経済的保障は，社会保障制度を基盤にし，その上に各種の制度が積み上げられる形で成り立っています。これは，理論的にも，大方の人々が承認するところであります。ところが共済と社会保障の関係を，共済専門家，共済関係者が，きちんと整理して議論された，ということを耳にしたことがありません。共済が，真に共済たるためには，保険にのみ目を向けるのではなく，むしろ生活者の立場に立って，……それ以上に社会保障にもっと目を向けることによって，共済は，現代社会におけるその独自性を社会に示すことができるのではないでしょうか」(p.24)。

3　第3期　保険業法の改正（1996年）と共済論

　この期は，坂井幸二郎氏が「共済らしさ」が薄れたことは否めないとしながらも，大学生協共済，JA共済の建物更生共済，埼玉県民共済の個人定期生命共済，共水連の乗組員更生共済等を高く評価し，またその一方，新保険業法の施行後，競争の激化が想定されるので一層の創意工夫を必要と指摘した時期である[14]。さらに，後発の全国生協連（県民共済）が，JA共済連，全労済に続く第3の共済勢力となる可能性を坂井氏が示唆した時期に入る[15]。

　保険業法の改正に関連して共済を論じたものとしては，次のものがある。

(17) 柳田勘次「協同組合における共済事業の現状と課題」『共済と保険』1997年6月

氏によれば，今後の共済の課題として，1)共済協会の拡充強化，2)行政指導への対応，3)制度（商品）のフルライン化の対応，4)風・水・雹・雪害を担保する再共済機関の設立，5)地震共済の開発と地震再機構の設立，6)共済事業権の拡大，7)協同組合共済間の競合に対するルール作り，8)契約者保護と経営目標の設定など数多くの環境整理と遵守，契約者保護のために「共済生協についていえば，未加盟の各共済生協は日生協に加盟し，既加盟の全労済と大学生協で系統グループを形成すべきである。日生協も，従前の購買生協偏重の組織運営を克服して中央会機能を確立し，系統グループを育成する必要がある。一方このグループは，「日本共済協会・共済生協部会」を構成して基金を設立し，経営破綻の場合の契約者保護に当たるべきである」(p.35)，9)行政指導にあたる館長ごとの基準の差を埋める活動，の9つを挙げている。

(18) 押尾直志「大競争時代の共済」『協同組合研究』第18巻第2号，1998年12月

「共済協同組合間協同を促進するためにも，大手保険会社に匹敵する事業規模を有する大規模共済団体が中心になって，いっそう連繋・連帯を進めるべきである。……不幸にして経営破綻に陥った場合に対処するために，すべての共済団体が参加し，早急に支払保証制度を確立する必要がある」(p.47)。さらに，押尾氏は，「改訂保険業法で協同組合保険事業が「保険事業」から排除された以上，共済事業は独自のあり方を追求すべきだと思います[16]」。と主張する。

他方，厳しい知見もある。

(19) 大塚英昭「保険業法の改正に伴う共済事業の課題（下）―組織―」『共済と保険』1995年10月

「共済において，果たして最後の段階の共済というのは念頭に置かれているのだろうか。要するに，つぶれてしまったとか，資産がこれ

だけでもうやめてしまうとかいうこと。どうも念頭に置かれていないのではないか。……さらに言ってしまうと，共済というのは永続することを念頭に置いているのだろうか，あるいは前段階である組合は，やめることは考えていないのではないだろうか」(p.41)。

(20) 真屋尚生「社会保障制度改革と共済の課題」『共済と保険』2002年12月

「……共済を協同組合保険としてとらえるかぎり，共済も，保険が有する決定的な限界を突き破ることはできない。共済掛金を負担できない人々を包摂しての相互扶助の展開を共済に望むことは，きわめて困難である。……所得の上昇を期待しえない状況下で，保障ニーズが増大しても，共済や保険に（十分には）加入できない，あるいは社会保険料さえ納付できない人々が増えるだけになるかもしれない」(pp.22-23)。新時代の日本的経営を契機として，不安定で低賃金な労働者がどんどん増えた時期，現実を踏まえた見解である。

4　第4期　無認可共済問題に伴う保険業法の一部改正（2006年）と生協法の改正（2008年）をむかえて

この期は保険業法の一部改正，各種協同組合法の改正および保険法の制定が行われ，保険と共済をめぐる制度的枠組みに変更がもたらされた。なお，無認可共済問題については，日本協同組合学会第25回春季研究大会シンポジウム（座長：押尾直志）のテーマとなった。

(21) 本間照光「『無許可保険』問題と共済理論の復権」『協同組合研究』第25巻第2・3合併号，2006年10月

「……行政の「認可（根拠法がある）」「無許可（根拠法がない）」という区分けのみでは，問題の本質がみえなくなってしまう。無認可で

はあっても協同組合保険（co-operative insurance）としての実体をもっている協同自治組織によるこれまでの共済と「共済便乗保険商法」は別のものである」（p.4）と問題を指摘する。その上で，「問題の根本に，歴史的社会的視点をもたない保険理論があり，共済の側には，共済理論の欠如と，欠如させた事業運営への安住がある」（p.6）と共済の未来を案じている[17]。

(22) 押尾直志「生協の共済事業」（現代生協論編集委員会・編『現代生協論の探究〈現状分析編〉』）コープ出版，2005年

1975年から2000年の間に組合数が4.2倍に増加し，組合員数が4864万人に到達した。この成長の要因と背景を分析し，どのような役割を果たしているか，そして課題は何かを包括的に論じたものである。

氏によれば，「共済事業発展の経済的・社会的基盤は，1) 保険政策の矛盾，2) 保険会社の反社会性，3) 労働者・消費者の保険経営の実践，の3点にあると考えられる」（p.216）。

そして，消費者の生活保障にニーズが死亡保障から生存保障に変化してきたことを受け，日本生協連が1994年より「保障の見直し講座」とライフプランニング活動を取り組んでいること，コンプライアンスへの取り組みを強化し「CO・OP共済勧誘方針」を作成して会員生協にも遵守を徹底していることを記している。他方，課題としては，若年世代層をいかに確保するか，組合員のニーズを具体化していく取り組みを求められるとし，さらに「今後，生協の共済事業は外部監査制度を導入し，経営責任体制を確立するとともに，透明性の確保を図ることが不可欠である。また，ネットワークを構築し，共済協同組合間協同を具体化していくことが望まれる」（p.228）と結んでいる。

(23) 大塚英昭「生協法改正に臨んで――協同組合と共済事業の原点」『共済と保険』2007年9月

共済事業における契約者保護のありかたについて，故・竹内昭夫博士の見解を土台とし，公的監督の主体について二様に展開する可能性を論じたもの。「結局のところ，共済事業には二つの対立的な捉え方がある。一方で生活協同組合という「組織」の規模や運営手法など，保険「事業体」との現実的共通点を切り札にすれば，共済事業もまた保険と同様の「契約者保護」に服すべきである。他方，あくまで協同組合保険としての理念を決め手とすれば，保険契約と同様の地位に置かれると共済は常に「座りの悪さ」を感じていなければならない」(p.19)。

(24) 山下友信「生協法改正と共済のあり方」『生活協同組合研究』2008年3月

本稿で，企業性の強化と相互扶助という性格を調和するため，さらに株主の配当請求権を認めないことを可能とする2005年制定の新しい会社法の条文を背景に，氏は次の提起を行っている。「……止揚する新たな考え方はないのかという問題提起として，「協同組合的株式会社はありえないのか」ということを指摘してみたい。……株式会社の形態で会社を設立し，利益の上がる経営をし，上がってきた利益をすべて公益目的で寄付し，株主には配当しないという公益事業会社が作れるのではないか……」(p.37)。

生協法に関しては，「生協についてとりわけ議論になったのは，様々な経済事業と共済事業を兼業することの当否」(p.40)であるが，それ以外の点では生協共済の規制と他の共済規制との差異は大きくなく，「生協の共済事業についての規制に関しては兼業あるいは外部監査をどうするかという点で多少議論があったが，生協事業のあり方そのものに対する大論争に比べると，それ程論争無く決着したという印象を持っている」(p.40)。

そして，金融界全般についての監督の潮流について，「『……法令では非常に大きなところでリスク管理についてはこんな考え方でやって

ください』と規律していくプリンシプル・ベースの監督を行うという方向性が顕著になっている」と結んでいる。

(25) 生協共済研究会・編著『生協の共済——今，問われていること』日本生活協同組合連合会，2008年

2006年度から2年間かけて進められた研究会の成果で，5編の現状編，7編の研究編，3編の参考編の3部構成をとっている。研究編は次のとおり。江澤雅彦「大規模生協共済のアイデンティティー」，岡田太「生協共済のビジネスモデル」，恩藏三穂「生協共済の強みと今後の発展可能性」，中林真理子「生協共済のコーポレートガバナンスに関する一考察」，福田弥夫「協同組合における字の義務及び責任とガバナンス」，宮地朋果「生協共済における環境変化と未来」，山崎博司「生協共済加入推進の現状と課題」。

岡田氏は，「主要3生協共済を比較すると，……「相互扶助」として簡素で低廉な保障を提供し，迅速確実な共済金の支払いを行う点で共通している。その他，資産運用についても安全確実に行い，財務健全性を維持すると共に，剰余金の還元に努めている」（p.124）と評価する。

恩藏氏は，生協共済に今後大きな影響を及ぼす要因として，少子高齢化，保険商品との同質化，生協法改正の3点を指摘する。ただ，生協法改正に関しては，宅配時に「生協法の改正による委託配送会社ドライバーの共済勧誘禁止は，一つの販売チャネルの減少を意味している」と述べる一方で，組合員の自宅に定期的にアプローチ出来てチラシを渡せるし，生協職員による配達時では従来どおり勧誘は可能なことから，依然として生協の強みは残っているという。また，共済金請求を職員の側から組合員に問う良心的行動ができる組織として，生協固有の強みを記している。

宮地氏は，生協の不払い問題に対してコメントし，生協共済間にもリスク区分の相違があることに論及する。そして，保険との区別は，

結局は「生協らしさ」が保てるか否かであると結んでいる。

5　若干のまとめ

全体として，気づいたことを箇条書きにしてみよう。
1．共済と保険の相違（異同）についての議論は，古くて新しいものであって，トーンは下がってきたものの続いている。乱暴に言えば，双方ともに決定打が出ていないということであろう。近年では，共済については，その本質論よりも現実論・技術論の論調が目につくようである。
2．共済の展開と発展が，私的保険を補完するとともに，結果として私的保険のあり方の是正につながったという見解は，論者間でほぼ共有されている。また，数々の保険側の不始末が，生協共済拡大の好機となったこともそうである。
3．労働者階級を主対象とする議論から市民・消費者へと対象の移ってきた生協共済の流れは，日本における他の諸社会運動の潮流と類似している。
4．競争の激化している要因には，かつてのように保険との競合以外に，共済相互の競合が深化していることによる。商品によっては，保険と比較して必ずしも生協共済側が有利といえず，均等・同質化がすすんでいる。
5．賀川豊彦の共済論をめぐる論考については，本稿では取り上げなかったが，それを紹介・検証する論考が断続的に出現し続けている。この傾向は今後も続くであろう。
6．一部の論者は既に指摘しているが，ここでは，ひとまず，2点の問題を挙げてむすびにかえたい。これらは，今後ますます論議すべきことがあるように思う。
a．いまや，全労済の「こくみん共済」は600万件超（2004年5月），

全国生協連の共済類型加入件数が1700万件超（2007年11月），日本生協連のCO・OP共済加入者数が700万件（2009年11月）となり，広範に普及・拡大したことは疑いない。しかしながら，日本における世帯あたりの（共済を含む）私的保険料は，国際的に比較すると極めて高額であり，その全体的なパイは減りこそすれ，大きくなることは今後は考えづらい。格差拡大，及び所得の縮小と失業におびえる人々がますます増加する昨今，一般経済誌のみならず，マスコミでも家計節約を提唱するファイナンシャル・プランナーたちは，多くの世帯で私的保険料は支払いすぎなので，ここを削るべきことを主張している。このような潮流のなか，最小限の保障としての共済をすすめる論者が多い一方，分野によって（例えば，医療）そもそも私的保険は必要なのか，公的な医療保険に組み込まれた高額療養費制度（1973年創設）を知るべきではないか，そもそも基本は貯蓄から，という議論も表出してきている[18]。この種の議論にどう答えるかは，論点となろう。

b. 上のa. と関連するが，そもそも前提となる社会保険制度（国民健康保険，国民年金）からはじき飛ばされている層（意図的に加入しない少数の人もいるにせよ）が急増している状況をどう見るのか。むしろ共済（特に職域で）に加入している人々は社会保険も含め実は恵まれている階層であって，弱者でない実態がある。格差拡大社会において，また家計の逼迫する世帯の増加するなか，公的社会保険制度と連関性の強い共済部門についてどのように位置づけるのか，改めて問われることとなろう。

〈注〉

(1) ベルギーにおける共済組合（La Prévoyance Sociale）の指導者として，また赤十字の副理事長，近代的なサナトリウムや孤児院の建設など，多種の社会活動の提唱者として高名なジョゼフ・ルメール（Joseph Lemaire, 1892-1966）もここで取り上げるべきであろうが，紹介パンフ以外の一次資料が手

元にないため割愛した。邦語の紹介記事として，黒川泰一「ベルギー協同組合保険の父——ジョゼフ・ルメールの偉大な生涯」『共済と保険』1974年5月を参照。

（2）第2次世界大戦により中止を余儀なくされるまで5回にわたって行われたこの研究会で，元ロシア人民銀行ディレクターの肩書きのバルーは，最多の3回の報告を行っている。バルーの報告論題は，第2回（1932年）「資本主義制度のもとでの協同組合のファイナンス」，第3回（1934年）「協同組合保険」，第5回「使用者としての協同組合」であった。なお，ジョルジュ・フォーケ（1873-1953）の「協同組合セクター」論は，本研究会の第3回で初めて提起されたものである。

(Confer ; Henri Desroche, "Charles Gide, Un antécédent de l'UCI : l'Institute International d'Etudes Coopératives (I.I.E.C.) 1930-1938. Communautés - *Archives de sciences sociales de la coopération et du développement,* No54, 1980, pp.9 et 17-18)。

（3）柳田勘次「賀川豊彦と協同組合（2）」『共済と保険』1999年10月，p.61-62。

（4）K.S.「米谷隆三先生とその周辺」『共済と保険』1997年3月，pp.28-29。

（5）関連して，坂井氏の見解も列挙しておこう「保険の経営では保険金の支払いをいかに少なく済ませるかが重要であり，対して共済のポイントはいかにヨリ多く共済金を支払うかにある」（坂井幸二郎「共済と保険の相違」『共済と保険』2005年8月，p.23）。

（6）例えば，富田順一「故笠原教授の"共済"遺稿集と富田編「共済事業論攷集」について」『労働者福祉研究』第21号，1982年7月，を参照。また，印南博吉と笠原長寿を多面的に記したものとして，坂井幸二郎「共済人物誌」『共済と保険』1994-95年の連載を参照。

（7）本件の関連資料として，祖父江泰「公教育における保険教育の位置付け」『共済と保険』1975年3月，青谷和夫「保険（共済）と教育」同誌，1975年5月。「保険と教育」（特集）同誌，1975年6月，を参照。

（8）1973年，労済連が『労働者共済運動史』第1集（資料編）の刊行を始めたことは特筆すべき出来事であろう（2007年12月現在，第19集まで刊行）。

(9)「運動が組織労働者から未組織労働者に広がり,さらに一般市民へと手を伸ばすに至って,労済運動は同時に「生活協同組合による共済運動」の色彩を鮮明にするに至った。この辺の変化・推移がはっきり示されたのは,「こくみん共済」(昭和五十八年)の開始だと筆者は受け止めている」(坂井幸二郎「「運動」からみた共済史(上)――労働者共済を中心に」『共済と保険』1996年8月,p.68)。さらに,共済規制を主張する側と,共済側の対応が軟化した時期に入った。

(10) 1980年10月15日,第27回ICAモスクワ大会で報告されたレイドロー「西暦2000年における協同組合」を踏まえた見解として,笠原長寿(談)「「西暦二〇〇〇年における協同組合」について」『共済と保険』1981年1月,2月に,3つのセクターについての紹介がある。さらに,三輪昌男「西暦二〇〇〇年における協同組合と共済事業」『共済と保険 臨時増刊』20周年記念特集号,1981年11月も参照。

(11) 福武氏の主張は,吉田幸司「助け合いの心をはぐくむ大学生協共済」『共済と保険』1984年3月,p.19の記述に通ずる。また,関連資料として,秋元聡「学生どうしの助けあい――『学生総合共済』の発展と未来にむけて」『生活協同組合研究-生活問題研究所月報』1988年8月を参照。

(12) 後年,角瀬保雄『企業秘密』東洋経済新報社,1980年と,日本生協連1992年2月中間報告の「公開性の項」を踏まえ,情報公開と社会的責任を全労済の総会資料を具体的に示しつつ論じたものとして,金子雄次「共済生協から見たトレード・シークレット(企業秘密)とディスクロージャー(情報公開)の課題」『協同組合研究』第12巻第1号,1992年10月,を参照。

(13) 関連する紹介記事として,例えば,鈴木三郎「県民共済の現状と課題「教育問題を中心に」」1984年10月(「埼玉県民共済」の共済事業経営理念・経営七則,1.非営利性,2.共済掛金軽減則,3.付加掛金軽減則,4.事業費軽減則,5.生産性向上則,6.付加金ゼロ目標則,7.還元率100％目標則(pp.33-34),を示し,さらに,将来ビジョンとして,県民共済方式の海外輸出の可能性を述べたもの),正木萬平「埼玉県民共済のブライダル事業について」『共済と保険』1985年8月(非常に利益率が高いブライダル事業へ埼玉県民共済が参入

した理由と現状，展望について），橋本幸雄「千葉県民共済の運営と教育について」『共済と保険』1987年4月（当時，千葉県議会議員であった橋本氏が，多角経営の中，1982年より県民共済事業を開始した理事長の報告），小野桂之介『県民共済グループ躍進の研究』東洋経済新報社，2004年（埼玉県民共済の紹介を軸に，大阪府民共済，栃木県民共済のリーダーたちとのインタビューを収録したもの）を参照。

(14) 坂井幸二郎「共済事業に期待するもの」『共済と保険』1996年4月。

(15) 坂井幸二郎「共済事業（協同組合保険）の変遷と現状」『生活協同組合研究』2001年8月。なお，本論は「特集　共済事業」のなかに組み込まれている。なお，これ以外の本特集の内容としては，本間照光「保障と矛盾の集中としての共済事業――求められる協同組合保険論の復権」，大友弘巳「地域生協の共済事業の現状と課題」，佐藤　孝「大学生協の共済事業」，阿部晃司「全労済の共済事業――全労済21世紀ビジョン第2期計画にもとづく活動展開」，小島泰宣「12万人のたすけあいの意味するもの――ちばコープ」。

(16) 押尾直志「金融・保険業の現状と共済事業の課題および今後の方向」『生活協同組合研究』1999年2月，p.43。

(17) 本論に関連する見解として，押尾直志氏「かつては保険業法の中に組合保険として認められなかった自分たちが今度は立場を代えて，自分たちが同じような過ち，轍を踏み，教訓にできなかったということが非常に残念ですし，そういう点で，現在の協同組合共済のあり方について大きな課題が明らかになったと思います」（押尾直志，本間照光，阿部誠三郎，住江憲勇，山田浄二，石塚秀雄（司会）「座談会・共済と保険業法改正」『いのちとくらし　研究所報』No.15，2006年5月，p.19），「協同組合法の改正を通じて，協同組合共済に対しても保険業法に平仄を合わせた規制が行われるようになりつつあり，このまま事態が推移すればいずれ協同組合共済も保険業法の規制の下におかれ，大きな打撃を受けるであろう」（相馬健次「「非営利・協同の自主共済」の特質と共済概念における位置づけ」『協同組合研究』第27巻第2号，2008年11月，p.41）。

(18) 生命保険文化センター「生命保険に関する全国実態調査」（平成18年度）によ

れば，1世帯あたりの年間払込保険料は，平均52.6万円となっている。

(19) 例えば，内藤真弓氏の論調。氏の『医療保険は入ってはいけない』2006年，ダイヤモンド社によれば，共済を「補完的に割安な商品」(p.163)と一定の評価をしているが，その後，「……保険が必要ないなら，共済にだって入る必要はない。共済の掛け金が，月2000円として，年間2万4000円。10年で24万円。結構な金額になる。その分貯金しておいたほうがよっぽどいい」と述べている(『週刊東洋経済』2008年11月29日，p.58)。

(20) 厚生労働省の発表によれば，2007年度の国民年金保険料の未納率は36.1％。さらに，2008年6月時点の国民健康保険の滞納世帯数は，約453万世帯，当該保険世帯総数の20.9％に及んでいる。

生協を中心とした共済のⅠ～Ⅳ期略年表

		共済をめぐる動き		関連する事象, 法制度, 社会の動き
（Ⅰ） 1901～ 1980年	1922年	田中義一ら岐阜県高田で火災共済組合を創設	1916年	国営簡易保険の創設
	1942年	共栄火災海上保険（株）創設	1949年	消費生活協同組合法施行
	1948年	北海道共済農協創設		
	1949年	千葉県野田醤油生協共済事業を開始		
	1954年	大阪で労働共済生協創設, 火災共済を開始	1951年	全国共済農業協同組合連合会創設
	1957年	全国労働者共済生活協同組合連合会（労済連）創設, 火災再共済を開始		
	1958年	全国大学生協連創設 労済連, 生命共済開始		日本生協連（日本生活協同組合連合会）創設
	1959年	『共済保険研究』（1964年創刊『共済と保険』の前誌）創刊	1961年	国民皆年金皆保険
	1962年	労済連, 総合共済（慶弔共済）を開始	1973年	福祉元年, 高額診療費制度開始
	1965年	労済連, 団体生命共済を開始		
	1973年	埼玉県民生協創設		
	1976年	全労済（全国労働者共済生活協同組合連合会）創設（労済連を改称）		
	1979年	日本生協連, CO・OP共済開始		
（Ⅱ） 1981～ 1995年	1981年	全国生協連（全国生活協同組合連合会）創設。 大学生協連, 学生総合共済開始		
	1982年	共済研究会はじまる。 全国生協連「生命共済事業」開始		
	1983年	全労済「こくみん共済」開始		
	1984年	日本生協連, CO・OP共済《たすけあい》開始。 全労済「ねんきん共済」開始		
	1986年	全労済「医療・新希望共済」開始		
	1987年	全労済「マイカー共済」開始		
	1988年	共済理論研究会発足。 全労済「総合医療共済・せいめい共済」開始		
	1989年	全国共済連「こども共済事業」開始		
	1990年	日本生協連《たすけあい》「700円, 1700円, 2700円コース」開始		
	1992年	社団法人日本共済協会発足		
	1993年	全国生協連「傷害共済事業」開始		

	1994年	日本生協連「《たすけあい》シルバー700円, 1700円, 3900円コース」開始		
(Ⅲ) 1996〜 2005年	1996年	全労済, 車両共済開始	1996年	保険業法改正
	1997年	全労済, 自賠責共済開始 全国生協連, 生命共済「入院2型」開始	1997年	保険会社破綻相次ぐ
	1998年	全国生協連「熟年共済事業」開始 日本生協連《たすけあい》「女性コース」開始	2000年	介護保険法施行
	1999年	全国生協連「生命4型」・「入院4型」・「生命2型＋入院2型」開始 日本生協連子ども向けコースである「《たすけあい》ジュニア18コース」開始		
	2000年	全労済, 自然災害共済開始 全国生協連, 3つの特約共済開始		
	2001年	全労済, 介護保障付総合医療共済開始 日本生協連, CO・OP共済《あいぷらす》開始		
	2002年	全労済, 団体生命移行共済開始 全国生協連「医療特約」開始 日本生協連《たすけあい》ゴールド80」, 「《あいぷらす》医療コース」開始		
	2003年	全労済, 火災共済「借家人賠償責任特約」開始 全国生協連, 保障体系を「生命保険」に一本化		
	2004年	全労済の「こくみん共済」保有契約件数が600万件突破（5月）		
	2005年	全国生協連, 火災共済「借家人賠償責任特約」開始 日本生協連《あいぷらす》のがん特約」開始		
(Ⅳ) 2006年 〜	2007年	全国生協連の共済加入件数が1700万件に（11月）	2006年	保険業法一部改正
	2008年	日本コープ共済生活協同組合連合会創設	2008年	改正消費生活協同組合法施行
	2009年	「《あいぷらす》ゴールド80医療型」の新設 コープ共済連のCO・OP共済の加入者数が, 700万件を突破（11月）		
	2010年	全国大学生協共済生活協同組合連合会創設（6月） コープ共済連「《たすけあい》ジュニア18コース」に告知の緩やかな「J1900円コース」を新設		

(出所)『日本の共済事業　ファクトブック　社団法人　日本共済協会』をもとに著者作成

〈参考文献〉

N. バルウ著, 水島一也監修『協同組合保険論』, 社団法人共済保険研究会, 1988年

賀川豊彦『日本協同組合保険論』, 有光社, 2600年（1940年）

米谷隆三「組合体に担われたる保険」『農協共済発達史・資料編』, 1968年（初出は1954年）

印南博吉「共済事業の性格と前途」（『共済保険研究』創刊号, 1959年9月の復刊）『共済と保険』, 2003年6月

笠原長寿「労働者共済運動の視角と若干の問題点」『労働者福祉研究』, 1975年1月第4号

富田順一「故笠原教授の"共済"遺稿集と富田編「共済事業論攷集」について」『労働者福祉研究』1982年7月, 第21号

吉田幸司「助け合いの心をはぐくむ大学生協共済」『共済と保険』, 1984年3月

福武　直「共済と保険をめぐって」『生活協同組合研究—生活問題研究所月報』, 1984年8月

根立昭治・大森実「対談　全労済とこくみん共済」『共済と保険』, 1984年6月

鈴木三郎「県民共済の現状と課題「教育問題を中心に」」『共済と保険』, 1984年10月

根立昭治・笠松健一監修, 日本協同組合学会編『共済の現状と課題』『共済と保険』, お茶の水書房, 1984年11月

正木萬平「埼玉県民共済のブライダル事業について」『共済と保険』, 1985年8月

山田稲造「医療共済の回顧と現状」『共済と保険』, 1986年12月

小松一夫「地域購買生協における共済・保険事業について」『共済と保険』, 1987年7月

坂井幸二郎「21世紀の共済事業」『共済と保険』, 1987年11月

橋本幸雄「千葉県民共済の運営と教育について」『共済と保険』, 1987年4月

秋元聡「学生どうしの助けあい〜『学生総合共済』の発展と未来にむけて」『生活協同組合研究—生活問題研究所月報』, 1988年8月

庭田範秋「最近の共済研究に思う」『共済と保険』, 1990年10月

押尾直志「共済の本質について」『共済と保険』, 1990年11月

根立昭治「共済の本質について」『共済と保険』，1990年11月

大塚英昭「共済の法的諸問題」『共済と保険』，1991年8月

真屋尚生「現代協同組合保険論―協同組合保険をめぐる自由と平等―」『共済と保険』，1992年1月

前川　寛「共済事業と協同組合をめぐる諸問題―共済事業の性格に関する研究ノート―」『共済と保険』，1992年5月

金子雄次「共済生協から見たトレード・シークレット（企業秘密）とディスクロージャー（情報公開）の課題」『協同組合研究』，1992年10月，第12巻第1号

浅野　晋「消費者の目から見た生命保険・共済」『共済と保険』，1993年5月

三輪昌男「共済事業の原理と課題」『共済事業と「社会的貢献」共済と保険臨時増刊―日本共済協会発足記念論文集』，(社)日本共済協会1993年

米沢和一郎「ひたむきな労働福祉への歩み―賀川豊彦の協同組合精神の原点―」『共済と保険』，1994年2月

高村勲・賀川純基・本間照光（出席者）・松田佶治（司会）座談会「なぜ，いま賀川の協同組合保険論なのか―共済事業に関与する者の自戒―」（上）（下）『共済と保険』，1994年2月，3月

坂井幸二郎「共済人物誌」『共済と保険』1994年〜95年に連載

柳田勘次「協同組合における共済事業の現状と課題」『共済と保険』，1997年6月

押尾直志「大競争時代の共済」『協同組合研究』，1998年12月，第18巻第2号

押尾直志「金融・保険業の現状と共済事業の課題および今後の方向」『生活協同組合研究』，1999年2月

柳田勘次「賀川豊彦と協同組合」（連続6回連載）『共済と保険』，1999年9月〜2000年2月

坂井幸二郎「共済事業（協同組合保険）の変遷と現状」『生活協同組合研究』，2001年8月

本間照光「保障と矛盾の集中としての共済事業―求められる協同組合保険論の復権―」『生活協同組合研究』，2001年8月

大友弘巳「地域生協の共済事業の現状と課題」『生活協同組合研究』，2001年8月

佐藤　孝「大学生協の共済事業」『生活協同組合研究』，2001年8月

阿部晃司「全労済の共済事業—全労済21世紀ビジョン第2期計画にもとづく活動展開—」『生活協同組合研究』，2001年8月

小島泰宣「12万人のたすけあいの意味するもの—ちばコープ—」『生活協同組合研究』，2001年8月

中川雄一郎「共済の情報開示のあり方—生協と農協の比較を通じて—」『共済総合研究』，2002年8月，第41号

西村万里子「医療保険制度改革・医療の規制改革と共済事業」『共済と保険』，2002年9月

真屋尚生「社会保障制度改革と共済の課題」『共済と保険』，2002年12月

小野桂之介『県民共済グループ躍進の研究』，東洋経済新報社，2004年

押尾直志「生協の共済事業」現代生協論編集委員会・編『現代生協論の探究〈現状分析編〉』，コープ出版，2005年

押尾直志，本間照光，阿部誠三郎，住江憲勇，山田浄二，石塚秀雄（司会）「座談会・共済と保険業法改正」『いのちとくらし　研究所報』，2006年5月，No.15

本間照光「「無許可保険」問題と共済理論の復権」『協同組合研究』，2006年11月，第25巻第2・3合併号

大塚英昭「生協法改正に臨んで—協同組合と共済事業の原点—」『共済と保険』，2007年9月

山下友信「生協法改正と共済のあり方」『生活協同組合研究』，2008年3月

生協共済研究会・編著『生協の共済　今，問われていること』，日本生活協同組合連合会，2008年

資料

日本の共済事業の概要
全労済の事業概要
全労済協会の事業概要
コープ共済連の事業概要
大学生協共済連の事業概要
全国生協連の事業概要

日本の共済事業の概要

　日本共済協会がまとめた2009年度事業概要を見ると以下のような実績（表1）となっている。会員数は，統合・合併により各団体とも減少し，6,921会員となっている。組合員数は，JA共済で6万人，生協の共済で89万人増加し，全体合計で，84万人増加して7,309万人となっている。総資産は，約1兆7,000億円増加し，51兆2,265億円に，契約件数では，主に全国生協連が91万件，コープ共済連が23万件増加し，一方JA共済で52万件，全労済で75万件減少し1億5,320

表1

項　目	JA共済	JF(漁業)共済	生協の共済	中小企業等協同組合の共済	その他共済	合　計
会員数（団体）	825	1,135	588	308	4,065	6,921
組合員数（万人）	949	40	5,555	334	431	7,309
総資産（億円）	446,633	4,751	57,515	2,188	1,179	512,265
契約件数（万件）	5,491	74	8,728	266	761	15,320
共済金額（億円）	4,075,757	56,757	5,344,810	100,790	1,642,573	11,220,687
受入共済掛金（億円）	61,357	569	15,024	816	806	78,572
支払共済金（億円）	37,404	545	7,842	413	377	46,841

上表は共済年鑑2011年度版（2009年度事業概要）社団法人日本共済協会p.4-5　59の共済事業実施団体の協力を得しまとめている。
〈共済団体〉
JA共済：全国共済農業協同組合連合会
JF(漁業)共済：全国共済水産業協同組合連合会，
生協の共済：全国労働者共済生活協同組合連合会（全労済），日本再共済生活協同組合連合会（日本再共済連），全国生活協同組合連合会（全国生協連），日本コープ共済生活協同組合連合会（コープ共済連），全国大学生活協同組合連合会（全国大学生協連），全国共済生活協同組合連合会（生協全共連），全国電力生活協同組合連合会（全国電力生協連）ほかに労働組合生協共済団体8団体，職域生協共済団体9団体を含めている。
中小企業等協同組合の共済：全日本火災共済協同組合連合会（日火連）ほか5団体。
その他の共済：全国農業共済協会（NOSAI全国）ほか6団体。

万件となった。共済金額（自動車共済・自賠責共済を除く）は、12兆497億円減少して1,122兆円に、受入共済掛金は、1,254億円増加して7兆8,572億円に、支払共済金は、3,585億円減少して4兆6,641億円となっている。減少要因は、主にJA共済の満期共済金の減少等によるものである。一方生協の共済は全体で支払共済金は、170億円増加した。

なお、民間保険の世帯の保険加入状況（個人年金保険を含む）については、生命保険文化センター発表の2009年度生命保険に関する全国実態調査（**表2**）がある。日本の世帯の生命保険加入状況は、全生保[*1]90.3％、民保（かんぽ生命含む）76.2％、簡保30.9％、JA11.8％、生協・全労済28.8％となっている。

生協・全労済を除いた全生保従来ベース[*2]の世帯加入率を見ると減少傾向が続いているとし、その要因については、世帯年収の減少など経済的な影響と、相対的に加入率の低い高齢者世帯の増加によるものと分析している。

表2　世帯の生命保険加入状況

項　目	全生保	民保（かんぽ生命）	簡保	JA	生協・全労済
加入率	90.3％	76.2 (5.7)	30.9	11.8	28.8
加入件数	4.2件	2.9 (1.7)	2.2	2.3	2.2
普通死亡保険金	2,978万円	2,758 (606)	676	2,292	861
払込保険料	45.4万円	37.4 (24.9)	28.5	30.1	8.4

＊1 全生保は、民保（かんぽ生命含む）、簡保、JA、生協・全労済を含む。
＊2 全生保（従来ベース）と表記し、民保（かんぽ生命を含む）、簡保、JAの3機関集計。
　生協・全労済：生協・全労済の調査対象機関は、①全国生活協同組合連合会②日本コープ共済生活協同組合連合会③全国労働者共済生活協同組合連合会（全労済）の3機関であり、それらの機関および商品の総称として用いている。

日本の共済団体や民間の生命保険の加入状況概要は以上のような状況であるが、当生協共済研究会事務局団体（全労済、全労済協会、コープ共済連、大学生協共済連）およびオブザーバー参加の全国生協連の2009年度事業概要を以下に掲載したので参照されたい。なお、全

国生協連の事業概要は,「全国生協連・県民共済グループの現状　2009年度（2009.4.1～2010.3.31）」の事業報告をもとに,生協総合研究所事務局の責任で抜粋・まとめたものである。

全労済の事業概要

1 全労済とは

　全労済は組合員に万一の場合の保障を提供することを事業とする生活協同組合の連合会である。「みんなでたすけあい，豊かで安心できる社会づくり」という理念を最上位概念として，変わらぬ価値観，事業運営における価値・態度・信条として位置づけ，活動を展開している。

　組合員の豊かで安心できる暮らしの実現に向けて，生活保障設計運動を通じて，組合員一人ひとりが自分に合ったライフプランを組み立てられるよう，生活関連情報の提供や相談活動を通じて組合員を幅広くサポートしている。

　特に保障分野では，身の回りのリスクを軽減・回避し安心に変えるため，生涯にわたる総合的な生活のお手伝いとして，6つの分野に分けて必要な保障内容，金額の目安や考え方を提案している。

図1　リスクとその対策

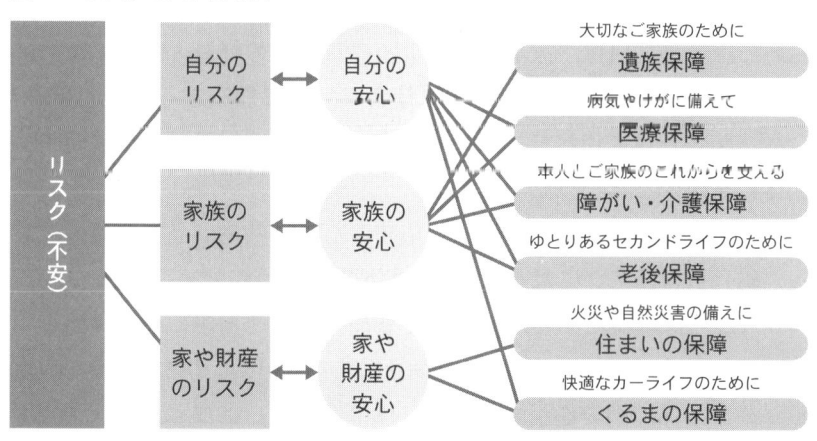

6つの分野は，遺族保障，医療保障，障がい・介護保障，老後保障から，火災等による住宅・家財の保障，さらに自動車事故による賠償責任の補償の分野にわたり，それぞれの分野に以下のような共済制度を備えている。

図2　全労済の6つの保障領域

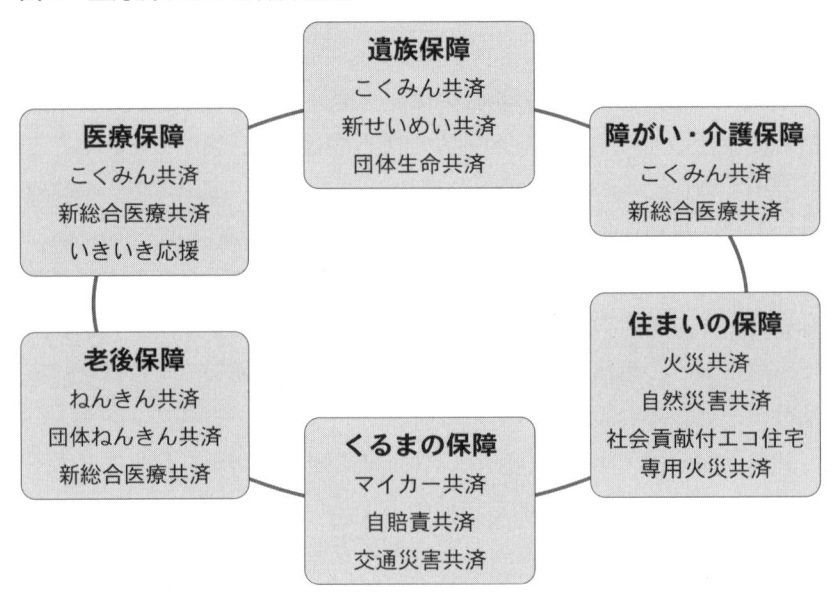

遺族保障
こくみん共済
新せいめい共済
団体生命共済

障がい・介護保障
こくみん共済
新総合医療共済

住まいの保障
火災共済
自然災害共済
社会貢献付エコ住宅専用火災共済

くるまの保障
マイカー共済
自賠責共済
交通災害共済

老後保障
ねんきん共済
団体ねんきん共済
新総合医療共済

医療保障
こくみん共済
新総合医療共済
いきいき応援

　特長的な共済としては「社会貢献付エコ住宅専用火災共済」が挙げられる。この共済は，火災や自然災害のリスクの軽減・回避のために共済制度を利用することと同時に社会貢献に参加できる共済である。全労済が組合員に代わり，共済掛金の一部を環境保護活動を展開する団体に寄付するというしくみである。

　また，組合員の保障ニーズに対応するため，共済商品を開発・改定し，組合員のリスクに対する不安を解消するように努めている。2009年6月からは健康に不安がある方でも加入することができる「いきいき応援」の取り扱いを開始した。2010年4月には自然災害共済を改定し，従来の保障内容を引き継いだ「標準タイプ」に加え，これまでよ

り一層手厚い保障を実現する「大型タイプ」を新設した。2011年4月にはこくみん共済を改定し，先進医療やがん，後遺障がいなどを手厚く保障する新しい保障タイプ「生きるための保障」を新設した。

2　事業概況

2009年度の主な経営指標は図3～8のとおりである。

2009年度の契約高は微増し672.9兆円に，契約件数は減少し，3,504万件となった。共済別の主な特徴としては，自然災害共済，終身共済，マイカー共済の契約件数が増加した。一方，契約件数の主なマイナス要因は，団塊世代の退職等により，職域向け制度加入者の減少などが挙げられる。

図3　契約高の推移

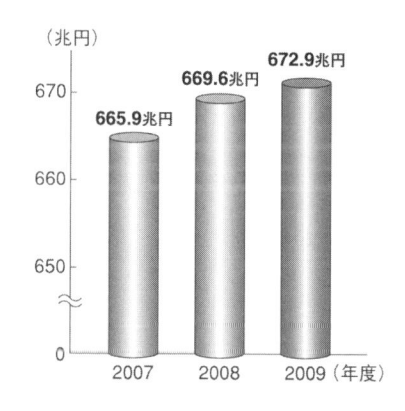

(兆円)
- 2007: 665.9兆円
- 2008: 669.6兆円
- 2009: 672.9兆円

図4　契約件数の推移

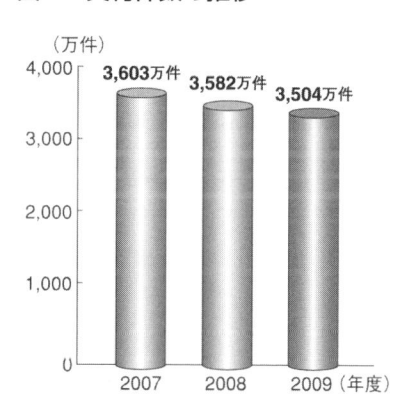

(万件)
- 2007: 3,603万件
- 2008: 3,582万件
- 2009: 3,504万件

2009年度の支払共済金は合計で約3,263億円となった。特徴としては，ねんきん・団体ねんきん共済の受給契約者の増加などが挙げられる。そのほか，「駿河湾を震源とする地震」「2009年台風18号」など地震や台風などの自然災害による共済金等の支払いは，火災・自然災害・慶弔・マイカーの4共済合計で17億円であった。2009年度も

自然災害により組合員の生活に影響をもたらした1年ではあったが，共済金を通じて「保障の生協」としての役割を果たしている。

図5 共済金支払いの推移

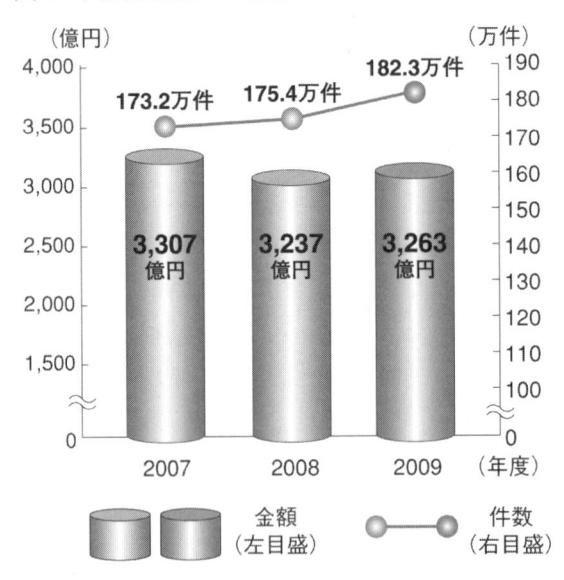

年度	金額（億円）	件数（万件）
2007	3,307	173.2
2008	3,237	175.4
2009	3,263	182.3

図6 共済金支払額の内訳

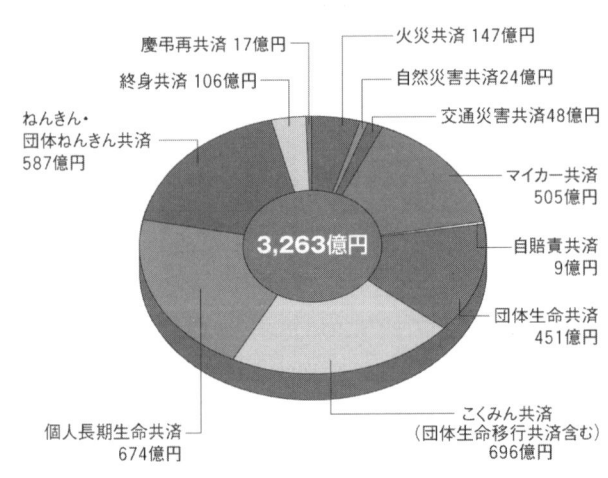

合計 3,263億円

- 火災共済 147億円
- 自然災害共済 24億円
- 交通災害共済 48億円
- マイカー共済 505億円
- 自賠責共済 9億円
- 団体生命共済 451億円
- こくみん共済（団体生命移行共済含む） 696億円
- 個人長期生命共済 674億円
- ねんきん・団体ねんきん共済 587億円
- 終身共済 106億円
- 慶弔再共済 17億円

3　収支・財務概況

　全労済は，組合員からお預かりした掛金を安全・確実に管理運用し，組合員の万一の時の保障のために共済金をお支払することを最大の使命と考えている。そのためには，経営の健全性を更に高めることが必要であり，全労済では，「2009年度～2013年度中期経営政策」の中で「組合員から信頼・支持される事業体基盤への革新」を重点課題の1つに位置づけ様々な改革課題に着手している。

　特に，財務基盤強化に関する取り組みとして，自己資本を増強し，支払保証資力の増強に努めている。その一環として，2009年度は責任準備金の積み増しを含む共済契約準備金に1,000億円繰り入れた。

　また，運用環境の改善もあり，経常剰余は前年対比101億円増加し，422億円であった。

　2009年度の自己資本は，出資金の増加および評価・換算差額等の改善により93億円増加し，2,380億円となった。異常危険準備金，価格変動準備金を含めた修正自己資本は5,109億円に，修正自己資本比率は17.1％となり，組合員の信頼に応えられる充分な自己資本を有している。

　また，基礎利益は前年比で83億円増加し，1,279億円となり健全な経営水準を維持している。支払余力比率は，自己資本の増加および責任準備金の積み増しを行い支払余力総額が増加したことから，前年比120.0ポイント増の1,036.4％となった。

図7　損益の状況

経常収益計　6,789億円
経常費用計　6,367億円
経常剰余　　　422億円

収益

共済掛金等収入　5,975億円
（うち受入共済掛金：5,893億円）
（うち受入再共済金：73億円）

共済契約準備金戻入額　325億円

資産運用収益　468億円

その他経常収益等　21億円
（その他事業収入含む）

特別利益　6億円

費用

共済金等支払額　4,240億円
（うち支払共済金：3,263億円）
（うち支払再共済金：153億円）

共済契約準備金繰入額　1,000億円

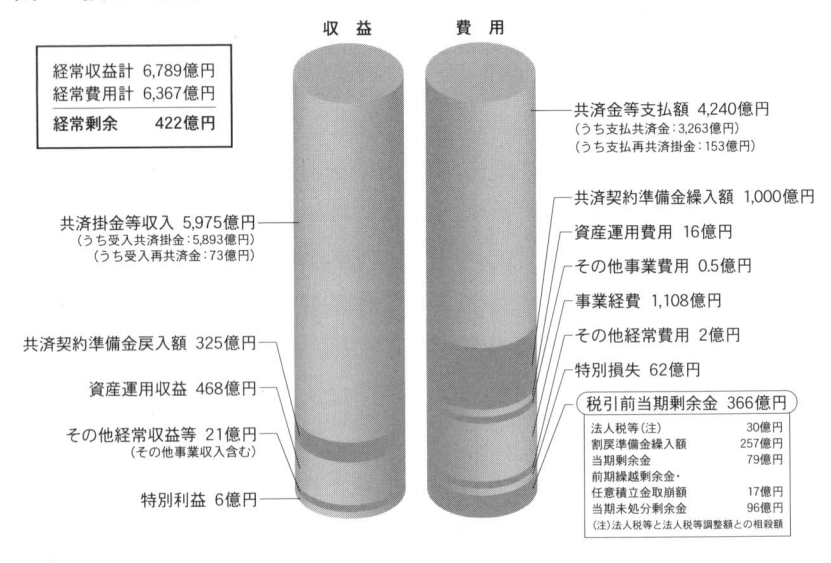

資産運用費用　16億円

その他事業費用　0.5億円

事業経費　1,108億円

その他経常費用　2億円

特別損失　62億円

税引前当期剰余金　366億円
法人税等（注）　　　　　　　30億円
割戻準備金繰入額　　　257億円
当期剰余金　　　　　　　　79億円
前期繰越剰余金・
任意積立金取崩額　　　17億円
当期未処分剰余金　　　96億円
（注）法人税等と法人税等調整額との相殺額

図8　資産と負債の状況

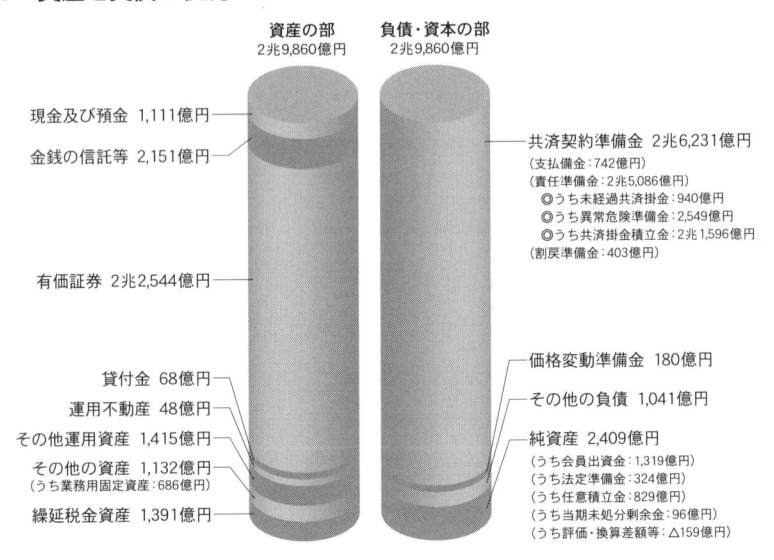

資産の部
2兆9,860億円

現金及び預金　1,111億円
金銭の信託等　2,151億円

有価証券　2兆2,544億円

貸付金　68億円
運用不動産　48億円
その他運用資産　1,415億円
その他の資産　1,132億円
（うち業務用固定資産：686億円）
繰延税金資産　1,391億円

負債・資本の部
2兆9,860億円

共済契約準備金　2兆6,231億円
（支払備金：742億円）
（責任準備金：2兆5,086億円）
　◎うち未経過共済掛金：940億円
　◎うち異常危険準備金：2,549億円
　◎うち共済掛金積立金：2兆1,596億円
（割戻準備金：403億円）

価格変動準備金　180億円

その他の負債　1,041億円

純資産　2,409億円
（うち会員出資金：1,319億円）
（うち法定準備金：324億円）
（うち任意積立金：829億円）
（うち当期未処分剰余金：96億円）
（うち評価・換算差額等：△159億円）

4 今後の活動方針

全労済は2009年度から5ヵ年の中期経営計画として次のような重点政策課題を掲げ，諸活動を展開している。

「2009年度～2013年度　中期経営政策」の重点政策課題
Ⅰ．すべての業務の革新による業務品質のさらなる向上

　組合員から信頼・支持され続ける協同組合組織をめざし，すべての業務の革新をすすめ，常に期待水準を上回る業務品質を実現します。

Ⅱ．協力団体と組合員一人ひとりの期待に応える事業推進活動への改革

　戦略的な政策・推進の実現が可能となる新たなしくみの構築をおこなうとともに，「中期経営政策期間中の事業推進戦略」の着実な実行によって，事業推進活動の抜本的な改革を実現します。

Ⅲ．協同組合価値の向上に向けた事業・組織運営の再構築・ガバナンスの強化

　新生協法を踏まえた全国的な機関と構成の見直しによって，事業・組織運営の再構築とガバナンスの強化をはかり，迅速な意思決定と効率的な経営を実現します。

　また，組合員の意思反映と組合員運営参加の検討をすすめ，協同組合価値の向上をめざした積極的な事業を展開します。

Ⅳ．全労済全体（協力職員および関連事業会社等含む）の人材の育成強化

　革新的な組織・職場風土の構築をめざすとともに，全労済の理念・信条の具現化に向けた取り組みを実践できる人材を育成します。

V. 激変する環境変化への迅速な対応を可能とする経営構造への転換

　将来にわたる組合員への保障と安心の確実な提供と利差損（逆ざや）を早期に解消するため，事業費の削減をはじめとした財務基盤強化基本計画を確実に実行することにより，財務基盤の抜本的強化をはかります。

　また，会計基準や監督規制への対応に向けてリスク管理の高度化をすすめ，より健全で競争力のある事業体への転換を実現します。

VI. 社会的責任のさらなる発揮と21世紀構想の実現

　さらなる社会的責任の発揮をめざし，新たな社会的取り組みに向けた構想案を策定するとともに，全労済グループおよび関連事業団体との連携をはかり協同組合間協同の拡充をすすめます。

〈全労済第106回通常総会議案書（2010年8月26日）より〉

　これらの着実な実行は，理念である「みんなでたすけあい，豊かで安心できる社会づくり」に向かい，組合員へ最良の品質を提供し続ける，生協としての全労済の社会的使命である。

全労済協会の事業概要

　財団法人　全国勤労者福祉・共済振興協会（全労済協会）は，1982年11月20日（名称変更2004年6月1日）に，基本財産を全労済等からの出捐により設立され，全労済グループ基本3法人（全労済，日本再共済連，全労済協会）の一翼を担っています。

1　全労済協会の活動目的

　グローバル化の進展や産業構造の転換，本格的な少子・高齢社会の到来，ライフスタイルの多様化などにより，わが国の経済・社会構造は大きく変化してきています。
　こうした変化の中で，これまで形成されてきた社会保障制度（年金・医療・福祉）や税制，労働法制などの社会システムは全般的な見直し・改革が求められています。
　全労済協会は，こうした社会環境を踏まえ，社会保障問題，雇用問題，少子・高齢社会対策など勤労者の生活・福祉に関連するテーマについて，シンポジウムやセミナーの開催，各種調査研究の実施等を中心とした「シンクタンク事業」に取り組むとともに，勤労者相互の連帯と相互扶助による「相互扶助事業」を実施しています。
　全労済協会は「シンクタンク事業」と「相互扶助事業」の2つの事業を両輪として，勤労者福祉の向上をめざした事業活動を総合的に展開することを通じて，豊かな福祉社会づくりに貢献しています。

2 シンクタンク事業

勤労者の福祉の分野における調査研究活動を推進し，勤労者の生活問題に関する各種情報の発信に取り組んでいます。

(1) 調査研究活動
勤労者の福祉や生活に関する課題をテーマとした勤労者意識調査活動ならびに勤労者福祉研究会の設置，公募による委託調査研究，指定委託調査研究等を実施しています。

(2) 研究成果の発信・広報活動
勤労者福祉研究会，委託調査研究，勤労者意識調査活動などの成果を取りまとめた研究報告書を発行しています。

(3) シンポジウム・研修会の開催
＊社会保障，労働者福祉の分野の中からテーマを選定して「シンポジウム」を開催しています。
＊労働組合の役職員を対象に退職準備教育研修会（インストラクター養成講座）を年3回（東京2回，大阪1回）開催するとともに，スキルアップ研修会等でフォローアップをしています。

3 相互扶助事業

勤労者や関係団体を取り巻く環境の変化に対応し，相互扶助事業の拡大と発展に取り組んでいます。

(1) 慶弔（自治体提携用）共済
「慶弔（自治体提携用）共済」は，全国の中小企業で働く勤労者の相互扶助・福利厚生を充実させるために，各地方自治体（市区町村）

が設立した中小企業勤労者福祉サービスセンターなどの団体が行っている慶弔給付事業をサポートするための保障制度です。

(2) 団体建物火災共済

「団体建物火災共済」は，労働組合や労働金庫，生活協同組合，中小企業勤労者福祉サービスセンターなど，勤労者が組織する団体の所有する建物・動産が火災などの被害を受けた場合に，その損害を補填するための保障制度です。

(3) 団体（法人）自動車共済

「団体（法人）自動車共済」は，労働組合や労働金庫，生活協同組合，中小企業勤労者福祉サービスセンターなど，勤労者が組織する団体の所有する自動車が，万一事故を起こし，第三者に法律上の賠償責任を負うことになった時や，自己の過失により発生した事故で国が行う自動車賠償責任保険などの補償が得られない場合などに，被害者の救済や損害を補填するための補償制度です。

2010年10月末の加入状況（件数）

項　目	慶弔共済	団体建物共済	団体自動車共済	合　計
2010年10月末	579,153	3,975	3,300	586,428
期首（2010年6月）	575,702	4,051	3,417	583,170
純増加件数	3,451	-76	-117	3,258

4　公益法人制度改革関連の取り組み

公益法人制度改革にもとづく対応では，法人格を一般財団法人（非営利型）として，新法人移行（2013年を予定）後も次の事業を継続実施すべく対応中です。

＊シンクタンク事業
＊相互扶助事業

コープ共済連の事業概要

1　コープ共済連とは

　日本コープ共済生活協同組合連合会（コープ共済連）は，2008年4月の消費生活協同組合法の改正にもとづき，CO・OP共済を取り扱う全国の生協と日本生活協同組合連合会（日本生協連）が共同で設立しました。2010年11月現在，会員生協数は，購買生協が中心で157生協（生協連合会を含む）。新たに組織を設立しましたが，加入の窓口は従来と同様に購買生協であり，組合員へ提供する保障商品についても変更はありません。
　「より良い保障をより手頃な掛金で提供すること」「ニーズに応えること」「購買生協を窓口とすること」により，加入者同士がくらしをささえあうことをCO・OP共済のブランドコンセプトとしています。

2　CO・OP共済の事業概況

(1) 元受共済と受託共済

　CO・OP共済には，元受共済と受託共済があります。元受共済は，コープ共済連が契約引受団体となり，共済掛金を受け取り，契約内容を保全し，共済金を支払う責任を負う共済であり，CO・OP共済《たすけあい》，CO・OP共済《あいぷらす》があります。2011年度には，終身共済（医療・生命）を実施予定です。元受共済だけではカバーできない分野の保障については，全労済と連携し，組合員のニーズに従って，CO・OP火災共済，CO・OP生命共済《新あいあい》を受

託共済として提供しています。

(2) 組合員の声を受けた商品開発

　CO・OP共済は組合員の声に基づいた事業を運営しています。CO・OP共済に関する「苦情」「意見・要望」は，専門の窓口で受け付け，管理システムにて一元管理しています。特に商品の開発や共済金のお支払いに際しては，組合員の声に基づき改善をおこなっています。

　また，共済金お支払い書類にアンケートを同封しており，2009年度のアンケートの中には，52,005件もの「感謝の声」もいただいています。この「感謝の声」は，共済の意義を確認するツールとして，学習資料や広報誌などで加入者および職員と共有しています。

(3) 購買生協を窓口に共済金請求の呼びかけ

　CO・OP共済は，共済金の請求もれがないよう，全国の生協職員が食品の配達時や来店時に積極的に声かけを行っています。2009年度の元受共済加入者数669万人のうち，共済金支払件数は115万件であり，支払い件数のほぼ半数が子ども向けの商品である「《たすけあい》ジュニア18コース」が占めています。また，共済金請求書に折鶴を添えたり，大災害時に被災地を訪問するなどして，多くの組合員にお見舞いの心を届けています。

3　CO・OP共済の商品

CO・OP共済《たすけあい》

　CO・OP共済《たすけあい》は，入院及びケガによる通院の保障を中心に，本人死亡や重度障害のほか，家族死亡や住宅災害の保障などが組み合わされた共済です。男女及び年齢の区別なく一律掛金となっており，1年更新で入院・通院は一日目から保障をします。「生きてい

く中での必要な保障を手頃な掛金で」提供するというのが，この共済のコンセプトになっています。

CO・OP共済《たすけあい》各コースの特徴

ジュニア18コース	子どもに多いケガ通院、病気入院を1日目から保障
女性コース	女性がかかりやすい88種類の病気に手厚い保障
医療コース	入院や手術、ケガ通院等幅広い医療保障
ベーシックコース	入院や手術・死亡を中心にしたスタンダードな保障

※本項の保障内容は2010年3月20日現在のものです。
※上記のコース以外に、高齢者向け商品として「シルバー70コース、《あいぷらす》ゴールド80」があります。
※ジュニア18コース、女性コース、ベーシックコース、医療コース、ウェルカムコースに追加して個人賠償責任保険に加入できます。個人賠償責任保険は、共栄火災海上保険㈱を幹事保険会社とし、コープ共済連を団体保険契約者とする団体保険契約です。

　CO・OP共済《たすけあい》は，0歳から加入でき，CO・OP共済の満65歳以降の保障商品で最長満85歳まで続けていただくことができます。

CO・OP共済《たすけあい》の保障体系

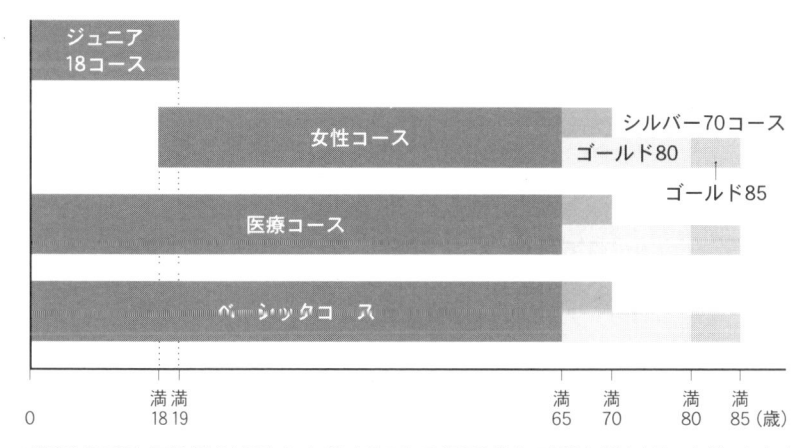

※満80歳の時に更新(掛金が変わります)することで、満85歳まで保障を継続することができます。
※ゴールド80は、定期生命共済事業規約にもとづく共済です。《たすけあい》とは別の共済です。

トピックス 1

子どもの保障を充実

　2010年1月，ジュニア18コースに，通院中でも加入ができる告知緩和型商品「J1900円コース」が誕生しました。「病気などで保障を得ることが難しい子どもにも，安心できる保障を」という組合員の声を受けとめた全国の生協担当者の強い要望をもとに開発しました。加入時の健康告知事項の条件が緩やかであり，ぜんそくなどの持病により通院中のお子さまも加入でき，比較的大きな保障を手頃な掛金で得ることができます。また，ジュニア18コースは2010年の「第4回キッズデザイン賞※」を受賞。このことは，ジュニア18コースが子どもを安心して育てられる環境作りの一翼を担う商品と認められたことの表れともいえます。

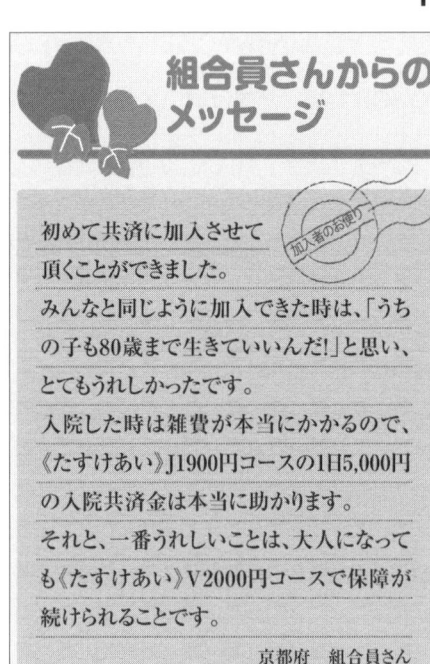

> **組合員さんからのメッセージ**
>
> 初めて共済に加入させて頂くことができました。
> みんなと同じように加入できた時は、「うちの子も80歳まで生きていいんだ!」と思い、とてもうれしかったです。
> 入院した時は雑費が本当にかかるので、《たすけあい》J1900円コースの1日5,000円の入院共済金は本当に助かります。
> それと、一番うれしいことは、大人になっても《たすけあい》V2000円コースで保障が続けられることです。
>
> 京都府　組合員さん

※「キッズデザイン賞」とは，特定非営利活動法人キッズデザイン協議会が主催し，経済産業省が後援する，子どもたちの安全・安心に貢献するデザイン，創造性と未来を拓くデザイン，そして，子どもたちを産み育てやすいデザインを顕彰する制度です。受賞作品には「キッズデザインマーク」の使用が認められます。

KIDS DESIGN AWARD 2010

資料　コープ共済連の事業概要

「ジュニア18 1900円コース」リーフレットより。
本コース発売約1年で,加入申込者数が2万人を超えました。

CO・OP共済《あいぷらす》

　CO・OP共済《あいぷらす》は，死亡や重度障害など万一の時の保障を充実させた10年の定期生命共済です。手頃な掛金で最高2,000万円の生命保障が得られ，必要に応じて入院特約・がん特約を付帯することができます。また，既存の高齢者向けのコースに，「手頃な掛金で入院保障が充実した商品を」という組合員の声を受け，CO・OP共済《たすけあい》年齢満期後のコースであるCO・OP共済《あいぷらす》ゴールド80に，従来の商品よりも死亡保障をおさえ，医療保障を重視し，手頃な掛金としたゴールド80医療型が2009年9月に誕生しました。

CO・OP共済《あいぷらす》がん特約加入者人数と付帯率

年　度	2005	2006	2007	2008	2009
加入者人数（人）	49,880	140,597	230,612	309,765	411,591
付帯率（％）	11.2	24.0	32.1	36.4	40.4

4　2009年度の事業実績

　2009年度末時点において，CO・OP共済の元受2商品（《たすけあい》《あいぷらす》）の加入者は合計669.4万人となりました。誕生から10年となるCO・OP共済《あいぷらす》の加入者は，101.8万人となり，昨年対比119.7％と大きな伸びを見せています。2009年度の主な共済事業の実績は，保有契約高9兆7,987億円，受入共済掛金1,368億円，支払共済金額526億，支払件数115万7,790件，財務概況では，総資産は1,791億円で，そのうち共済契約準備金は980億円となりました。損益では，経常収益1,423億円に対し，経常費用は1,094億円となり，そのうち支払共済金は526億円となりました。基礎利益は371億円（危険差益367.9億，費差益0.55億円，利差益3.3

損益概況
● 収入および費用の状況

〔2009年3月21日〜2010年3月20日〕(億円未満切り捨て)

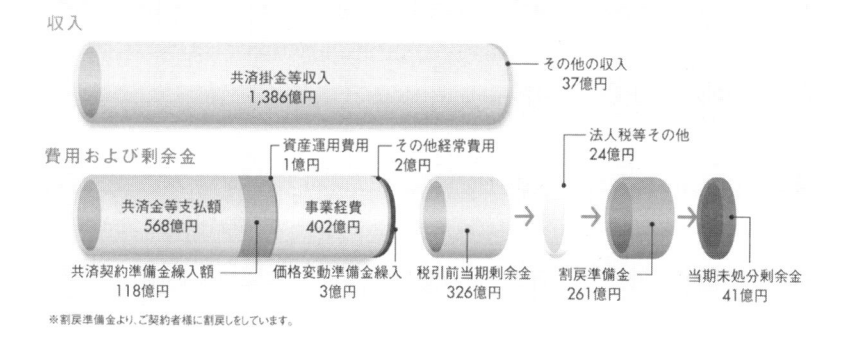

収入
- 共済掛金等収入 1,386億円
- その他の収入 37億円

費用および剰余金
- 共済金等支払額 568億円
- 共済契約準備金繰入額 118億円
- 事業経費 402億円
- 価格変動準備金繰入 3億円
- 資産運用費用 1億円
- その他経常費用 2億円
- 税引前当期剰余金 326億円
- 法人税等その他 24億円
- 割戻準備金 261億円
- 当期未処分剰余金 41億円

※割戻準備金より、ご契約者様に割戻しをしています。

億円)，税引前当期剰余金は326億円，支払余力比率は983.5％，自己資本691.1億円，異常危険準備金を含めた修正自己資本は847.9億円となりました。

5　割戻し

CO・OP共済《たすけあい》

　2009年度の各事業規約に定める契約者割戻準備金は，各事業規約における経常剰余金の60％以上を積み立てました。また，受入共済掛金に対する割戻率は20％以内とし，2009年3月末の有効契約者に対して生命共済・住宅災害共済（ジュニア18コース以外のコース）では受入共済掛金の20.0％，こども共済（ジュニア18コース）では同17.5％，全体で同19.4％，総額194.99億円の割戻しを実施しました。

CO・OP共済《あいぷらす》

　定期生命共済における経常剰余金の60％〜70％の範囲で，契約者割戻準備金を積み立てています。2009年度は66億7,000万円（受入共済掛金の約19.5％に相当）を積み立てました。割戻金の額は加入コ

ース，年齢，性別により異なります。基本的には満期まで積み立ててお支払いします。

元受共済の状況 (単位：千円／千円未満切り捨て)

項　目	2009年度
加入者数(単位：人)	6,714,212
契約口数(単位：口)	97,987,039
契約高(単位：億円)	97,987
共済金支払件数(単位：件)	1,157,790
受入共済掛金	136,800,515
支払共済金	52,684,217
経常収益	142,335,453
共済掛金等収入	138,613,492
共済契約準備金戻入額	2,586,734
資産運用収益	898,074
経常費用	109,410,781
共済金等支払額	56,873,519
共済契約準備金繰入額	11,829,898
資産運用費用	122,303
経常剰余金	32,924,672
基礎利益	37,185,947
割戻準備金繰入額	26,169,289

注1　契約口数は，生命共済，こども共済および定期生命共済の基本契約共済金額10万円を1口として計算しています。
　2　契約高は，各共済事業規約の基本契約（死亡保障）の共済金額の合計金額です。
　3　共済掛金等収入額＝受入共済掛金＋受入共済金＋受入受託手数料
　4　共済金等支払額＝支払共済金＋支払共済掛金＋支払返戻金＋支払割戻金
　5　基礎利益は，経常剰余金－キャピタル損益－臨時損益で計算しています。

6　ライフプランニング活動

　「ライフプランニング活動」とは，組合員がくらしの保障やお金について学ぶ活動です。中心的なテーマである「保障の見直し」の学習では，組合員が本当に必要な保障を自ら選択する力をつける手助けをしています。

　コープ共済連では，活動の担い手として，組合員や職員を対象に「ライフプラン・アドバイザー（LPA）」を養成しています。LPA養成セミナーの受講者は，コープ共済連所定の講座でライフプランニングや保険，税金，金融等について総合的に学習し，修了後にLPAとなります。2009年度末現在でLPAは2,446名（2008年度対比235人増）となり，全国の生協で組合員向けの講演会・学習会の企画をし，自ら講師となり，くらしや保障についての学習を広げています。

トピックス　2
子どもの事故防止の取り組み

　コープ共済連では，全国の生協と連携しながら，乳幼児を育てる親にとって関心の高い「子どもの事故」をクローズアップし，学習会などを行って，赤ちゃん（乳幼児）の事故防止につながる取り組みを継続しています。

　この「生協の赤ちゃん事故防止学習の取り組み」が2009年の「第3回キッズデザイン賞」を受賞しました。

「赤ちゃん事故防止学習の取り組み」の概要
- 事故予防のためのガイドブックの作成，配布
- 学びあい（ワークショップ）形式による事故予防学習会
- 事故予防講演会の開催支援

事故予防のためのガイドブック

学びあい(ワークショップ)の様子。

大学生協共済連の事業概要

1 大学生協共済連について

　全国大学生協共済生活協同組合連合会（略称「大学生協共済連」）は，2008年4月の消費生活協同組合法（以下，生協法）の改正にもとづき，全国の大学生協および全国大学生活協同組合連合会（全国大学生協連）の総意によって，2010年6月に創立されました。その後，2010年10月1日よりそれまで全国大学生協連によって行ってきた大学生協の「学生総合共済」の事業および共済契約を引き継ぎ，事業を開始しました。2010年9月現在，加盟会員生協は，225生協（全国大学生協連および各地大学生協事業連合を含む）となっています。

2 大学生協の共済＝「学生総合共済」の理念と活動

　「学生総合共済」の基本理念は，「みんなが健康に安全に大学生活を送ることができるように。もしも万が一の時は経済的にも精神的にも支援できるように。そして何よりも，共済金の支払いを受けた人も受けなかった人も，生協の共済を通じて"たすけあいの心"を実感して社会に巣立って欲しい。他人の気持ちを思いやれる人間になって欲しい」というものです。
　大学・大学生協は，新学期の比重が大変大きいという特性がありますが，「加入」「給付」「報告」「予防提案」の4つを共済事業に不可欠な4本柱と位置づけ，日常的に総合的に取り組むことを重視し，推進しています。当然，その中核をなすのが加入（＝たすけあいの仲間づ

くり）です。

　また，大学生協では，4本柱を推進するにあたって，主人公である学生の参加，学生と教職員，生協職員の協力や結びつきを大切にしています。新入生を迎えるさまざまな場面で先輩が後輩に学園生活のアドバイスを行うことをはじめ，共済の説明を行ったり，給付事例や提案を紹介する「給付ボード」（掲示板）を手作りで作成したり，食生活や交通事故等の予防提案企画を行うなど各大学ごとに工夫した取り組みを行っています。

　全国共済セミナーおよび各地域ごとに開催する共済企画には，生協職員だけでなく，多くの学生が参加し，共済の歴史・理念や活動の学習や活動交流を行っています。

健康チェックの取り組み　　　　　食生活相談

共済セミナー　500名以上の参加

3　大学生協共済連の事業概況

(1) 制度概要

　学生総合共済には，生命共済と火災共済があります。いずれも，大

学生協の組合員が契約者となる保障制度です。2009年より短期共済（加入期間1年間）へ制度改定を行いました

生命共済

　在学中の学生本人の病気による入院・手術・後遺障害・死亡の保障，ケガによる入院・通院（固定具使用保障含む）・手術・後遺障害・死亡の他に，父母・扶養者の死亡お見舞金保障および扶養者事故死亡の場合の卒業までの学業費用保障があります。

　24時間，国内・国外で学生生活のすべての場面をカバーする保障です。

　GF型を基本としておすすめしていますが，近年増加している留学生向けには，RF型という保障内容・掛金が少ないタイプも用意しています。

　35歳未満は，それぞれ一律の掛金となっています。35歳以上は，10歳ごとに年齢別掛金を設定しています。

火災共済

　在学中，自宅外から通う学生が賃貸アパートや寮など借りている部屋における火災，風水害，水漏れ等による家財の損害保障や被共済者の過失により火災，破裂・爆発，給排水設備からの水漏れの場合の借家人賠償保障，借りている部屋での盗難による家財，現金，借用戸室修理の保障があります。

　保障内容，掛金は，建物構造および地域にかかわらず全国一律で，日本国内のみの保障です。自宅からの通学生は加入できません。

(2) 加入状況

　2009年9月末現在で生命共済60万1,724名，火災共済33万8,636名で総加入者数は，64万2,436名という状況です。

(3) 収支状況

共済掛金等収入は56億円，支払共済金等事業費用は，21億円，事業経費は17億円で，当期未処分剰余金は15億円となりました。

収入		費用および剰余金	
共済掛金等収入	56億円	支払共済金等事業費用	21億円
		事業経費	17億円
		事業外費用	1億円
		法人税等および法人等調整額等（過年度調整額含む）	2億円
収入合計	56億円	当期未処分剰余金	15億円

会員での給付報告の取り組み

共済メイト 年4回発行

(4) 財務状況

総資産は，約191億円，共済契約準備金は，約111億円になりました。

資産の部		負債・資本の部	
現金・預金	14億円	共済契約準備金	111億円
有価証券	27億円	流動負債	11億円
その他の流動資産	3億円	固定負債	3億円
長期預金・長期有価証券等	122億円		
その他の固定資産	23億円	剰余金	64億円
資産合計	191億円	負債・資本合計	191億円

主要経営指標

	2008年度	2009年度
加入者数（人）	652,197	642,436
契約口数（口）	963,371	940,360
契約高（億円）	14,122	11,860
共済金支払件数（件）	32,834	31,413
受入共済掛金（千円）	5,144,450	2,495,431
支払共済金（千円）	2,275,946	2,203,869
共済事業収入（千円）	5,737,755	5,620,185
共済契約準備金戻入額（千円）	9,674,095	9,156,500
資産運用収益（千円）	121,168	120,669
共済事業費用（千円）	2,264,284	2,051,327
共済金等支払額（千円）	2,321,404	2,253,184
共済契約準備金繰入額（千円）	14,405,389	11,190,282
共済事業剰余金（千円）	1,455,471	1,869,316

（注）
1　契約口数　生命共済，火災共済を別に集計
2　共済事業収入＝受入共済掛金＋未経過共済掛金戻入額＋共済掛金積立金戻入額＋資産運用益－支払解約返戻金－未経過共済掛金繰入額－共済掛金積立金繰入額－価格変動準備金繰入額
3　受入共済掛金　2009年募集分より従来の長期共済から短期共済に変更したため，受入共済掛金額が大幅に減少しています
4　共済金等支払額＝支払共済金＋支払返戻金

全国生協連の事業概要

　全国生活協同組合連合会（略称：全国生協連）は，消費生活協同組合法に準拠し，厚生大臣（現厚生労働大臣）の認可を受けて設立された生活協同組合法人です。

　1971年12月18日に首都圏生活協同組合連合会として設立され，以来入院や死亡など幅広いリスクに備える「生命共済」を初め，「新型火災共済」などの共済事業や，卸供給（紳士服）事業などを展開してきました。出資金746億8,264万円（出資口数：7,468,264口2010年3月末）会員数45生協（内，共済代理店数：40生協）を有する連合会です。

　「非営利主義・最大奉仕・人道主義」を事業哲学に掲げ，共済事業にあっては「一律掛金」を特徴とした分かり易さを堅持し，共済の本質である「保障」に徹した事業姿勢を貫くとともに共済の理想である「掛金負担の軽減」に努め，創業以来，一度も掛金を引き上げることなく，保障内容の改善を行ってきました。また，過剰宣伝を戒め，共済制度の情報伝達については，新聞広告，折込，普及員によるパンフレットの家庭へのお届けなどの方法を用いています。さらに徹底した効率経営により事業費の削減に努め，生じた剰余金は割戻金として加入者に還元しています。「事業者」よりも「生活者」の視点に重点をおいて，ニーズに応える独創的な共済制度の開発に取り組んでいるほか，迅速な給付，還元率（給付率と割戻率の合計）のより一層の向上に取り組んでいます。業界でも加入者数はもとより，還元率の高さが注目されています。

1 事業の概況（2009.4.1～2010.3.31）

(1) 共済事業の概況

　2009年度は，デフレによる雇用・所得環境の悪化の影響により，個人消費の低迷が続く厳しい状況となりました。このような経済情勢の中で，すべての共済事業である生命共済（こども型・総合保障型・熟年型），傷害共済，新型火災共済の基本コース（合計）の純増加入数は，589,506人（件），前年度比88.6％と減少しましたが，期末の加入数は，前年度比103.3％の18,449,395人（件）となりました。

　共済制度では熟年型の入院保障額の引き上げを行いました。従来は70歳になると入院日額が減額となりましたが，60歳から80歳までの入院保障を同額とすることにより，高齢者の生存保障の充実を図り，本年4月より施行しました。

　収支状況では2009年度の正味受入共済掛金は前年度比105.2％の4,985億円と前年度より244億円の増加となりました。また，正味支払共済金は，従来の普通支払備金に加え，生協法改正により2009年度から適用されるIBNR（既発生未報告）備金を計上いたしましたが，給付率や割戻率への影響を考慮し，平準化を目的に前年度から一部先行して計上を行ったため，前年度比105.1％の2,780億円，給付率は前年度と同率の55.8％となりました。なお，将来の巨大災害等の発生に備えるために，従来より損害系の共済事業については異常危険準備金の積み立てを行っておりましたが，生協法改正により2009年度からすべての共済事業において共済リスクの区分に応じて異常危険準備金を計上することとなりました。

　一方，2009年度も引き続き経費削減に努め，事業費率は前年度より0.3ポイント減の13.3％となりました。この結果，割戻率はIBNR備金や異常危険準備金の計上もあり，共済事業全体で前年度より1.4ポイント減の26.7％，同様に還元率も1.4ポイント減の82.5％となり

加入および収支概況

(金額：百万円，率：%)

年　度	2008年	2009年	増減
加入数（人／件）	17,859,889	18,449,395	589,506
（特約）	(4,239,253)	(4,757,614)	
（伸び率）	103.9	103.3	
正味受入共済掛金	474,166	498,596	24,430
（伸び率）	106.1	105.2	
正味支払共済金（件数）	1,165,187	1,285,242	120,055
（金額）	264,509	278,046	13,536
	(244,430)	(255,158)	(10,728)
（伸び率）	114.2	105.1	
	(105.5)	(104.4)	
基礎利益	144,461	152,619	8,157
割戻引当金	131,265	130,990	△275
事業費率	13.6	13.3	△0.3
給付率	55.8	55.8	0.0
	(51.5)	(51.2)	(△0.3)
割戻率	28.1	26.7	△1.4
還元率	83.9	82.5	△1.4

※正味支払共済金および給付率に記載の括弧内の数値は，IBNR（既発生未報告）備金を除いた値です。
※「伸び率」は，前年度比を表示しています（以下，同様）。

ましたが，今期も80％を超える還元率となり，良好な事業運営を反映する結果となりました。

(2) 財産および損益の状況
①貸借対照表の主要項目

　資産の状況は，資産合計が前年度比112.9％の4,832億円となりました。負債および純資産の状況は，IBNR備金や異常危険準備金の計上が増加し，負債合計が3,277億円となりました。また，純資産合計は当年度も会員出資金の増資により前年度比107.1％の1,555億円となり，自己資本比率は前年度より1.7ポイント減の32.2％となりました。

①貸借対照表の主要項目

(金額:百万円,率:%)

年　度	2008年	2009年	増減
資産合計	428,185	483,276	55,091
（伸び率）	114.5	112.9	
現金及び預金	380,861	425,220	44,358
有価証券	26,821	26,126	△694
貸付金	390	317	△72
その他資産	20,111	31,611	11,499
負債合計	282,995	327,724	44,729
（伸び率）	112.2	115.8	
共済契約準備金	266,002	306,376	40,374
支払備金	34,563	57,018	22,455
責任準備金	100,173	118,367	18,193
未経過共済掛金	69,389	72,523	3,133
異常危険準備金	30,783	45,843	15,060
契約者割戻準備金	131,265	130,990	△275
その他負債	16,993	21,348	4,355
純資産合計	145,190	155,551	10,361
（伸び率）	119.2	107.1	
会員出資金	68,886	74,682	5,796
法定準備金	14,405	15,773	1,368
任意積立金	52,287	57,373	5,086
当期未処分剰余金他	9,610	7,722	△1,888
負債・純資産合計	428,185	483,276	55,091
（伸び率）	114.5	112.9	

②損益計算書の主要項目

　経常収益として共済掛金等収入5,017億円，共済契約準備金戻入2,358億円，資産運用収益8億円などの収益があり，経常収益合計で7,389億円となりました。また，経常費用として共済金等支払額3,888億円，共済契約準備金繰入1,452億円，資産運用費2億円，事業経費666億円などの費用があり，経常費用合計で6,015億円となりました。
　この結果，経常剰余は1,373億円となり，契約者割戻準備金として

資料　全国生協連の事業概要

②損益計算書の主要項目

（金額：百万円，率：%）

年　度	2008年	2009年	増減
経常収益	691,474	738,909	47,435
（伸び率）	104.8	106.9	
共済掛金等収入	477,167	501,730	24,563
受入共済掛金	477,167	501,730	24,563
共済契約準備金戻入額	212,603	235,836	23,232
支払備金戻入額	12,808	34,563	21,755
責任準備金戻入額	66,534	70,006	3,472
未経過共済掛金戻入額	66,389	69,389	3,000
異常危険準備金戻入額	145	617	472
契約者割戻準備金戻入額	133,260	131,265	△1,994
その他事業収入	526	477	△49
資産運用収益	1,105	815	△290
その他経常収益	71	50	△21
経常費用	549,854	601,529	51,674
（伸び率）	107.8	109.4	
共済金等支払額	377,611	388,849	11,238
支払共済金	242,754	255,591	12,836
支払再共済掛金	1,651	2,035	384
支払割戻金	133,205	131,223	△1,982
共済契約準備金繰入額	106,772	145,219	38,466
支払準備金繰入額	34,563	57,018	22,455
責任準備金繰入額	72,209	88,200	15,991
未経過共済掛金繰入額	69,389	72,523	3,133
異常危険準備金繰入額	2,819	15,677	12,858
その他事業原価	463	410	△52
資産運用費用	242	219	△23
事業経費	64,565	66,616	2,051
その他経常費用	198	212	14
経常剰余	141,019	137,380	△4,230
（伸び率）	94.4	97.0	
特別利益	0	218	218
特別損失	1	7	6
法人税等	3,515	1,779	△1,736
（伸び率）	68.2	50.6	
契約者割戻準備金繰入額	131,265	130,990	△275
（伸び率）	98.5	99.8	
当期剰余金	6,837	4,821	△2,015
（伸び率）	61.0	70.5	

1,309億円を計上し、当期剰余金は48億円となりました。

(3) 共済事業の種類別の実績
①共済の種類

共済の種類		主な保障	保障対象年齢・物件
生命共済	こども型	入通院、死亡保障等	0歳から18歳まで
	総合保障型	入通院、死亡保障等	15歳から65歳まで
	特約（総合特約）	医療型特約、がん型特約、三大疾病型特約、介護型特約	
	熟年型	入院、死亡保障等	60歳から85歳まで（特約は80歳まで）
	特約（熟年特約）	医療型特約、がん型特約、三大疾病型特約	
傷害共済		入通院、死亡保障等	60歳から80歳まで
新型火災共済		火災、風水害、地震保障	居住用の住宅および家財
	特約（火災特約）	借家人賠償責任特約	

※総合保障型には、「生命共済6型」を含んでいます(以下、同様)。

②加入数の状況

　こども型の新規加入数は、363,021人で前年度比103.5％と増加した一方で、総合保障型の新規加入数は、前年度比95.5％の777,688人と減少しましたが、こども型と総合保障型を合わせた新規加入数は1,140,709人となり、12期連続で100万人を超えました。

　また、熟年型の新規加入数は、前年度比99.1％の110,462人と減少しましたが、12期連続で10万人を超えました。

　その結果、生命共済（こども型・総合保障型・熟年型）の新規加入数は120万人を超え、2010年3月末の加入数は14,889,077人となり、前年度比103.7％の伸び率となりました。

　なお、傷害共済の新規加入数は9,934人、新型火災共済の新規加入数は187,450件となり、すべての共済事業を合わせた2009年度の新規加入数の合計は1,448,555人（件）、2010年3月末の加入数は

18,449,395人（件）となりました。

(加入数：人／件，率：%)

共済の種類	生命共済				傷害共済	新型火災共済	合　計
	こども型	総合保障型	熟年型	小　計			
新規加入数	363,021	777,688	110,462	1,251,171	9,934	187,450	1,448,555
（伸び率）	103.5	95.5	99.1	98.0	76.7	109.8	99.2
純増加入数	95,559	155,972	277,066	528,597	△42,077	102,986	589,506
（伸び率）	97.6	70.2	95.2	86.5	―	118.9	88.6
当年度末加入数	2,757,706	10,173,222	1,958,149	14,889,077	731,166	2,829,152	18,449,395
（特約）		(4,098,160)	(599,229)			(60,225)	(4,757,614)
（伸び率）	103.6	101.6	116.5	103.7	94.6	103.8	103.3

※純増加入数には，自動継続（こども型から総合保障型へ133,670人，総合保障型から熟年型へ228,530人）を含んでいます。

③受入掛金，支払共済金および割戻金等の状況

正味受入共済掛金は，共済事業全体で前年比105.2％の4,985億円となり，伸び率は前年度より0.9ポイント減となりましたが，熟年型は前年度比121.0％と引き続き高い伸び率を示しました。

正味支払共済金は，熟年型の伸び率が引き続き高く前年度比122.4％となりました。その一方，新型火災共済については共済事故の発生が少なく，前年度比84.0％と低率な伸び率となりましたが，支払件数は共済事業全体で120万件を超え，前年度比105.1％の2,780億円となりました。

また，新型火災共済については，将来予測される風水害等の大規模自然災害発生時の共済金の支払いを確実に履行するために，異常危険準備金の積み増しを行い，掛金総額の13.5％を計上いたしました。

この結果，割戻引当金として共済事業全体で1,309億円を計上することとなりました。なお，給付率と割戻率を合計した還元率は共済事業全体で82.5％となり，前年度に引き続き80％を上回ることができ

ました。

(金額：百万円，率：％)

共済の種類	こども型	総合保障型	熟年型	傷害共済	新型火災共済	合　計
正味受入共済掛金	41,500	333,863	64,349	9,164	49,718	498,596
（伸び率）	104.1	103.2	121.0	95.5	103.5	105.2
正味（件数）	408,442	654,619	185,091	28,262	8,828	1,285,242
支払共済金（金額）	25,759	194,133	32,377	14,158	11,617	278,046
	(23,167)	(178,665)	(30,560)	(11,411)	(11,352)	(255,158)
（伸び率）	107.9	104.3	122.4	100.3	84.0	105.1
	(106.9)	(103.1)	(121.9)	(101.0)	(86.3)	(104.4)
支払再共済掛金	—	—	—	—	2,035	2,035
割戻対象掛金	40,824	328,009	63,374	9,002	49,327	490,538
割戻引当金	8,193	81,046	21,988	0	19,761	130,990
事業費率	14.1	14.0	8.7	10.9	14.3	13.3
給付率	62.1	58.1	50.3	154.5	23.4	55.8
	(55.8)	(53.5)	(47.5)	(124.5)	(22.8)	(51.2)
割戻率	20.0	24.7	34.7	0.0	40.0	26.7
還元率	82.1	82.8	85.0	154.5	63.4	82.5

※割戻対象掛金は，2010年3月末日現在の加入者の当年度受入掛金集計額です。
※総合保障型の割戻率は，地域（都道府県）により異なります（表中の率は平均）。
※傷害共済は，決算の結果，共済金等の支払いが多額となり割り戻しを行うに至りませんでした。
※新型火災共済の地震保障部分は割り戻しを行わず，大規模災害発生時の保障に備えるため再保険や準備金に充当しています。そのため，還元率には反映されません。
※正味支払共済金および給付率に記載の括弧内の数値は，IBNR（既発生未報告）備金を除いた値です。

◎生協共済研究会の構成

第Ⅲ期　2008年4月〜2009年3月

座　　長	福田弥夫	（日本大学法学部教授）
委　　員	甘利公人	（上智大学法学部教授）
	梅田篤史	（駒澤大学大学院）
	江澤雅彦	（早稲田大学商学部教授）
	岡田　太	（日本大学商学部准教授）
	恩藏三穂	（高千穂大学准教授）
	久保田治助	（大同工業大学教養部非常勤講師）
	千々松愛子	（内山アンダーライティング研究員）
	中林真理子	（明治大学商学部教授）
	平澤　敦	（中央大学商学部准教授）
	宮地朋果	（慶應義塾大学非常勤講師）
	山崎博司	（九州産業大学商学部准教授）
事務局	稲村浩史	（全労済経営企画部次長）
	今泉信一郎	（全労済経営企画部企画調査チーム副主査）
	鈴木洋介	（全国大学生協連合会共済センターマネージャー）
	俵　綾子	（全労済協会調査研究部）
	西岡秀昌	（全労済協会調査研究部長）
	田原　智	（日生協共済事業センター共済企画本部渉外・広報部部長）
	和田長太郎	（日生協共済事業センター共済企画本部経営企画部長）
	西村一郎	（生協総合研究所研究員）
オブザーバー	田中隆幸	（全国生協連共済企画部部長）
	内田智幸	（日本共済協会・共済生協懇談会）

第Ⅳ期　2009年4月〜2010年3月

座　　長	岡田　太	（日本大学商学部准教授）
委　　員	甘利公人	（上智大学法学部教授）
	梅田篤史	（駒澤大学大学院）
	江澤雅彦	（早稲田大学商学部教授）
	恩藏三穂	（高千穂大学教授）
	千々松愛子	（内山アンダーライティング研究員）
	中林真理子	（明治大学商学部教授）
	福田弥夫	（日本大学法学部教授）
	宮地朋果	（拓殖大学商学部准教授）
	山崎博司	（九州産業大学商学部准教授）
	平澤　敦	（中央大学商学部准教授）
事務局	今泉信一郎	（全労済経営企画部企画調査チーム副主査）

	高野　智	（全労済経営企画部次長）
	鈴木洋介	（全国大学生協連合会共済センターマネージャー）
	清藤　正	（生協総合研究所事務局長）
	俵　綾子	（全労済協会調査研究部）
	西岡秀昌	（全労済協会常務理事）
	柳田朗浩	（コープ共済連企画本部渉外・広報部部長）
	西村一郎	（生協総合研究所研究員）
オブザーバー	田中隆幸	（全国生協連共済企画部部長）
	早房直人	（日本共済協会）
	坂本純一	（コープ共済連）
	伊藤良彦	（日本生協連参与）
	谷内陽一	（全労済協会調査研究部）
	小野寺正純	（大学生協連常務理事）

第Ⅴ期　2010年4月～2011年3月

座　　長	岡田　太	（日本大学商学部准教授）
	甘利公人	（上智大学法学部教授）
	梅田篤史	（駒澤大学大学院経営学研究科研究生）
	江澤雅彦	（早稲田大学商学学術院教授）
	恩藏三穂	（高千穂大学商学部教授）
	千々松愛子	（東京海洋大学工学部非常勤講師）
	中林真理子	（明治大学商学部教授）
	福田弥夫	（日本大学法学部教授）
	宮地朋果	（拓殖大学商学部准教授）
	山崎博司	（九州産業大学商学部准教授）
事 務 局	高野　智	（全労済経営企画部次長）
	今泉信一郎	（全労済経営企画部企画調査チーム副主査）
	西岡秀昌	（全労済協会常務）
	俵　綾子	（全労済協会調査研究部）
	柳田朗浩	（コープ共済連企画本部渉外・広報部長）
	鈴木洋介	（大学生協共済連執行役員・本部長）
	松本　進	（生協総合研究所研究員）
オブザーバー	田中隆幸	（全国生協連共済企画部部長）
	早房直人	（日本共済協会）
	坂本純一	（コープ共済連）
	伊藤良彦	（日本生協連参与）
	小野寺正純	（大学生協共済連専務理事）
	南雲徹也	（共栄火災海上保険株式会社営業統括本部課長代理）
	栗本　昭	（生協総合研究所主任研究員）

◎生協共済研究会活動日誌

第III期	
2008年4月25日	「保険法改正の動き」「生協共済における環境変化と今後の展望」「共済事業における組合員の期待とギャップ」
5月30日	「全労済の現状と課題」「全国生協連の現状と課題」「生協共済のコーポレートガバナンスに関する一考察」「生協共済のビジネスモデル」「大規模生協共済のアイデンティティー」
6月27日	報告書「生協の共済―今　生協共済に問われていること」
7月26日	公開研究会　講演：「保険法の改正と共済」 報告：「生活協同組合の理事の義務及び責任とガバナンス」「大規模共済のアイデンティティー」「生協共済のビジネスモデル」パネルディスカッション
9月12日	「コープ共済連の設立に向けて」日生協
10月17日	全労済について「全労済ぐりんぼう」における事業推進展開「労働金庫における共済代理店の取り組みについて」「全労済における共済金の支払いについて」
11月21日	コープ共済連について「コープ共済連の共済金支払いについて」「組合員の声推進室の取り組み」「コープ共済連の設立について」「ライフプランニング活動の取り組み」
12月19日	全国生協連について「県民共済グループにおける組織形態と役割」「全国生協連の広報活動について」「全国生協連の共済金支払いの流れについて」
2009年1月16日	「ジェロントロジーと共済」「保険と共済の境界について」
2月13日	「格付アナリストからみた共済経営の現状」
3月19日	「2009年度第4期の研究会について」

第IV期	
2009年4月20日	「連合会のガバナンス」コープ共済連，全労済
5月18日	「契約前後の情報開示」全労済，コープ共済連
6月15日	「内部監査・外部監査」全国生協連，コープ共済連，全労済
7月13日	「英国の金融オンブズマン（FOS）の現状と課題」
9月10日	「商品政策」全労済，コープ共済連
10月26日	「組合員実態調査」全労済モニター制度について，日生協全国生協組合員意識調査
11月16日	「全労済における共済代理店の取り組みについて」「CO・OP共済推進活動の特徴」
12月21日	「全労済における保険法施行に向けた対応について」「保険法・生協法に対応した事業規約変更　コープ共済連」

2010年1月18日		「エフコープのアンケート調査に関する分析―医療保障の現状,保障ニーズ,および共済の評価―」「大学生協における共済の現状と課題」
	2月15日	「ICMIFについて」「トロント総会の報告」
	3月 2日	「2009年度の生協共済研究会のまとめ」

第V期

2010年4月19日		「CO・OP共済事業の課題（仮題）―現代生協論寄稿論文より」「生協（生協共済）に関する文献レビューをまとめて」
	5月24日	「生協共済の商品戦略に関する考察」 「損害保険会社から見た生協共済」
	6月21日	「生協共済の連合会のガバナンスをめぐる考察」 「生協共済のステイクホルダーとしての組合員に関する再考察」
	7月26日	「エフ・コープの医療ニーズと"たすけあい"の意義」 「大規模共済における資産運用の特質について」
	8月23日	「共済の差別化軸とは何か～組合員との関わり方～」 「生協共済における優位性と独自性」 「保険法における危険選択～保険法改正の実務への影響～」
	10月 1日	「生協共済とADR―生協法の発展的な改正に向けて」 出版関係,公開研究会関係の打合せ
	11月 5日	「生協共済の経営に関する理論的考察と商品を中心にした経営戦略」
	12月20日	「FPから見た生協共済」
2011年1月24日		「各団体の2009年度事業の今後の課題について」 全労済,コープ共済連,全国生協連 次回以降の研究会と公開研究会の内容確認
	2月14日	「2010年度事業活動と2011年度事業方針について」 大学生協共済連より報告
	3月11日	東日本大震災発生
	3月19日	「21世紀の生協の共済に求められるもの」公開研究会延期
	3月28日	「生協の保険代理店の現状」 生協保険代理店会 長島壮夫氏より報告 次年度の研究会計画について検討

◎執筆者紹介（あいうえお順）

甘利公人	上智大学法学部教授
梅田篤史	駒澤大学大学院経営学研究科研究生
江澤雅彦	早稲田大学商学学術院教授
岡田　太	日本大学商学部准教授
恩藏三穂	高千穂大学商学部教授
千々松愛子	一橋大学大学院法学研究科特任講師
福田弥夫	日本大学法学部教授
宮地朋果	拓殖大学商学部准教授
山崎博司	九州産業大学商学部准教授

21世紀の生協の共済に求められるもの

［発行日］2011年6月27日　初版1刷
［検印廃止］
［編著者］公益財団法人　生協総合研究所　生協共済研究会
［発行者］芳賀唯史
［発行元］日本生活協同組合連合会出版部
　　　　〒150-8913　東京都渋谷区渋谷3-29-8　コーププラザ
　　　　TEL 03-5778-8183
［発売元］コープ出版（株）
　　　　〒150-8913　東京都渋谷区渋谷3-29-8　コーププラザ
　　　　TEL 03-5778-8050
　　　　www.coop-book.jp
［制　作］OVERALL
［印　刷］日経印刷

Printed in Japan
本書の無断複写複製（コピー）は特定の場合を除き、著作者、出版者の権利侵害になります。
ISBN978-4-87332-305-3　　　　　　　　　　　　落丁本・乱丁本はお取り替えいたします。